書不盡言
言不盡意
有覺聖智
完成人格

辛卯冬 二〇二一年
九四頑童
南懷瑾

出版说明

《易经》是中国文化名著，也是古代士子学人必读的教科书。相传为孔子所作的《系辞传》上、下篇（又称"系辞上、下传"），则是《易经》的通论，内容包括《易经》的义蕴、功用、起源以及筮法等，历来为世所重。本书是著名学者南怀瑾先生有关《系辞传》的讲记。其方式是：先摘录每一章的原文，然后综罗古今历史知识、社会现象和自然现象，逐段逐句地加以阐述，语句平易而哲理深刻。

兹经版权方台湾老古文化事业公司授权，将老古公司二〇〇九年三月版校订出版，以供研究。

复旦大学出版社
二〇一八年六月

前　言

《易经杂说》出版已两年多了，印行到四版，一直受到读者极大的欢迎，为此之故，我们加紧整理南老师一九八四年另一系列讲座的记录，内容是《周易·系辞（上、下传）》全部。

在前出版的《易经杂说》一书中，也涉及部分《系传》的内容，但是，《杂说》内容广泛，可使读者了解《易经》的全貌，而本书则是后来完整的《系传》讲录内容，系统地介绍了孔子研究《易经》的心得，虽与《杂说》略有重叠，但并不是重复，反而更得深广解说之妙。

本书内容包含了政治艺术、身心修养之道、人文文化最高的哲理，以及做人做事的智慧之学。读了这本书，你会发现《易经》是很平易的一种学问，是人人都需要的一种学问。最重要的是，本书会使你豁然开朗，智慧大增。

这本书能与读者见面，阎修篆先生功不可没，是他在百忙中，抽暇整理录音记录完成本书。由于时间的因素，本书未交作者过目，请读者原谅。

老古文化事业公司
一九九一年二月

目 录

出版说明   1
前　言   1

系辞上传   1

第一章　天尊地卑   2

象数之钥   2
《易经》是情报学吗   3
三坟　五典　八索　九丘   5
符号逻辑   6
《易经》文化中的尊卑   8
独立的方块字   9
远近、难易与贵贱   10
宇宙的生命   12
刚日读经　柔日读史   13
达尔文的祖宗   15
人类历史的祸根子   16
变的哲学   17
随流顺变   18
打秋千的学问   19
大自然的法则   22
人文世界的开始   24
把戏只隔一张纸   27

第二章 设卦观象 29
　《易经》与鬼 29
　刚柔相推而生变化 31
　人生的历程 32
　下台一鞠躬 35
　人生的价值 36
　向心力与离心力 37
　心安故理得 38
　自天佑之 吉无不利 39
　以经解经 41

第三章 象者言乎象者也 42
　卦象爻象 42
　楚人失弓 44
　善于补过 44
　月儿弯弯照九州 46
　辞也者各指其所之 48

第四章 易与天地准 49
　一切学问的准则 49
　神秘的无字天书 50
　旅　程 52
　人生的问题 53
　谁创造了宇宙万物 54
　堪舆学上的问题 55
　难得糊涂 56
　狮子与狗 57
　青山何处不埋人 58
　神奇的堪舆术 59
　理论与科学 61

死生如旦暮	62
道家不死之药	63
儒者之耻	65
安土与爱	67
情与无情	68
宇宙的大学问	69
圆的哲学	70
光明来自黑暗	72

第五章 一阴一阳之谓道 74

道可道 非常道	74
矛盾与均衡	75
性与情	77
旁门八百 左道三千	78
错误的相对论	80
宇宙间至善的代表	82
凡夫不知的道	84
天爱万物 一切平等	87
真正的爱	88
永远活着	90
道与零	91
占与卜	92
变通与通变	94

第六章 夫易广矣大矣 97

无所不包的易	97
致虚极 守静笃	98
好梦由来最易醒	100
生老病死 春夏秋冬	102
至善平凡	103

第七章 易其至矣乎　　　　　　　　　104
　　人生的最高原则　　　　　　　　　104
　　成性存存和如如不动　　　　　　　106

第八章 圣人有以见天下之赜　　　　107
　　无所在　无所不在　　　　　　　　108
　　无是无非的形而上　　　　　　　　111
　　鹤鸣九皋　声闻于天　　　　　　　113
　　如临深渊　如履薄冰　　　　　　　115
　　先闹后笑　　　　　　　　　　　　116
　　君子之道　　　　　　　　　　　　119
　　同人与同仁　　　　　　　　　　　120
　　争白茅的战争　　　　　　　　　　121
　　高高山顶立　深深海底行　　　　　124
　　有终的君子　　　　　　　　　　　125
　　以功下人　大吉大利　　　　　　　127
　　高处不胜寒　　　　　　　　　　　128
　　不读书的现代人　　　　　　　　　130
　　为历史背黑锅的女人　　　　　　　131
　　亢龙有悔的人　　　　　　　　　　133
　　梅花易数　　　　　　　　　　　　136
　　保密的最高原则　　　　　　　　　137
　　苦命的皇帝　　　　　　　　　　　139
　　万物之盗　　　　　　　　　　　　141

第九章 天一地二　天三地四　　　　144
　《易经》的数　　　　　　　　　　　144
　　地心的奥秘　　　　　　　　　　　146
　　古代的祭祀　　　　　　　　　　　147
　　合十与合适　　　　　　　　　　　148

后天八卦与洛书	149
易学在蜀	151
五的哲学	152
大衍之数五十	153
蓍筮的程序	154
大衍揲蓍次序演绎表	156
孙悟空七十二变	159
数理的最高境界	160
道与神通	161
中国历史上的巫筮	163
文王课与火珠林	165
隐身术与祝由科	166
台湾庙宇的杯筊	169
天圆地方	170
指南与指北	171
科学的排列	172
演绎与归纳	175
向南与向北	177
二十八宿的分野	178
无往不复 无平不陂	179
上了老师的当	180
六十花甲 有好有坏	181
奉了西方的正朔	182
《参同契》与一阳来复	184
四季无寒暑 一雨便成秋	185
复与姤	186
生命的圆与七日来复	188
道家的长生不老术	190

女性修道的秘诀	192
活子时的奥秘	195
一阳来复与回光返照	197
冬至子之半　天心无改移	199
第十章　易有圣人之道四焉	**202**
圣人之道	202
有感斯应	203
学《易》的基本原则	205
形而上道体与无为	208
寂然不动	209
生命真谛的根	211
第十一章　开物成务　冒天下之道	**214**
开物成务	215
千秋大业	215
退藏于密	218
最高的智慧	219
神武不杀的圣人境界	221
领导人的条件	223
中国圣人的"齐"戒	224
变与通	225
你我的太极	228
大富大贵　以利万民	231
圣人寻宝	233
九与十的变化	234
第十二章　自天佑之　吉无不利	**236**
孔子的宗教哲学	236
没有声音的语言	238
圣人之意	240

念佛珠与乾坤圈 242

地球的轮回 244

之乎者也 245

有情世界 246

中国文化的道 247

割舍之难 250

推的哲学 251

千秋万代 252

差不多先生 253

一言兴邦 255

系辞下传 257

第一章 八卦成列 258

不动心与权力欲 258

权力欲与我 259

善《易》者不卜 262

恩以生害 263

祸福无门 惟人自召 265

月球是我们中国的 267

大千世界的奇观 268

万变不离其宗 269

银河系里的妙音 270

人生成败关键 272

领导学的奥妙 274

大君的统治学 275

第二章 包羲氏之王天下 277

包羲氏作八卦 278

"田"字的文化意义 280

文字语言和卦	281
医技、易理与鬼神	282
人类文化的起源	284
从农业到商业	285
变的开始	286
服牛乘马　更上层楼	288
罪恶与文明并生	289
文物衣冠	291
葬的异俗	293
教育文化的功过	295
第三章　易者象也	**296**
一动生吉凶	296
第四章　阳卦多阴　阴卦多阳	**298**
阴和阳　奇与偶	298
同床异梦	299
第五章　憧憧往来　朋从尔思	**301**
孔夫子的道行	303
隐声的瀑布	306
上台容易下台难	307
孵豆芽的学问	309
精义入神	310
非所困而困	312
解困玄机	314
藏器于身　待时而动	315
学问与治事	319
因果报应	322
天将厚其福而报之	324
小恶小善	326

- 其亡　其亡　系于苞桑　327
- 张公百忍　329
- 德薄位尊　330
- 几与神　332
- 介如石　334
- 良马见鞭影而驰　335
- 男女构精　阴阳怪气　338
- 全始全终　341
- 安其身　342
- 易其心　344
- 定其交　344
- 立心勿恒　346
- 友爱仁慈　347

第六章　乾坤其易之门邪　349
- 《易》之门　349
- 龚定盦的影响　351
- 《春秋》言三世　352
- 太平逍遥的日子　353
- 知往而察来　354
- 成功失败两相依　356

第七章　易之兴也　其于中古乎　358
- 忧患意识　358
- 成功的妈妈叫失败　359
- 困穷而通　361
- 不择手段　362

第八章　易之为书也不可远　365
- 万变不离其宗　365

第九章　原始要终　以为质也　369

原始要终 369
　　杂物撰德 370
　　未济的人生 372
　　二与四 374
　　柔与中 375
　　三与五 376

第十章　广大悉备 378
　　三才之道 378

第十一章　易之兴也 381
　　医世的学问 381

第十二章　夫乾天下之至健也 383
　　乾健　坤顺 383
　　人心天心 385
　　识人的才能 386
　　人人都是诸葛亮 388
　　爱恶相攻 389
　　相由心生 391

南怀瑾先生著述目录 393

系辞上传

第一章　天尊地卑

　　天尊地卑，乾坤定矣；卑高以陈，贵贱位矣；动静有常，刚柔断矣；方以类聚，物以群分，吉凶生矣；在天成象，在地成形，变化见矣。

　　是故刚柔相摩，八卦相荡。鼓之以雷霆，润之以风雨，日月运行，一寒一暑。

　　乾道成男，坤道成女，乾知大始，坤作成物。

　　乾以易知，坤以简能。易则易知，简则易从；易知则有亲，易从则有功；有亲则可久，有功则可大；可久则贤人之德，可大则贤人之业。易简而天下之理得矣，天下之理得，而成位乎其中矣。

象数之钥

　　《易经》的主要内容分三个方面，就是理、象、数，我们前面已经讲过，真正说到易的境界在象与数——卦象、卦数，数还包括了阴阳、五行。如果真来研究，先天、后天八卦及八八六十四卦，必须要背得。大家没有背得，象数的基本原则又不懂，将来研究起来会困难重重，等于没用。你们各位都是同仁，也不便考试你们，要我真正上课，我是很严格的。每人都要当面考试，当场来背，这是我们老规矩的教授方法。这个方式，不好意思对大家来用，但我还是要把传统的教育方法告诉各位，希望大家注意。

　　什么叫卦？何谓爻？如果弄不清楚，听《易经》是白听的。希望大家不要像看热闹、听歌星唱歌一样，那就没有意思了。我今天很严肃地告诉大家，你们有人对象、数、卦、爻的基本法则、阴阳的原理原则还不清楚的，请先把过去我们讲的再复习一下，这对大家今后的学习，会有很多方便。

我们要研究《易经》，先要了解孔子的《系传》，这是很重要的。《易经》的象数，就是我们一般观念中的上知天文，下知地理，乃至算命看相、未卜先知那一套东西。要会那一套东西也是不容易的，必须要把象数真弄通了，还要懂得中国古代的天文学等等，才有点希望。差不多要几十年的读书、思考、研究《易经》不是光凭记忆的，有些必须要靠自己的聪明去思考、去探讨。《易经》也不是一个呆板的方式，运用到哪一方面都可以的。但是如果要精通《易经》，便一定要从呆板的方法开始，而且《易经》象数的多种法则都要了解才行。

有关象数与易理，以后我们会更进一步给大家讲，今天我们初步的研究，先把古代的方法告诉各位。大家必须知道，先把《系辞》上、下传研究通了，你自己研究象数的钥匙就可以拿到了，这是第一点。第二点，通了《系辞》之后，对中国文化的根本，才真正有个认识。第三点，孔子的哲学思想，以及他的一切理论及学说的来源，也都搞得清楚了。

《易经》是情报学吗

今天我们来研究《易经》的《系辞》上传，还是用传统的方法；像教中国哲学那样的教法，来同大家研究。说到这里，想到昨天有位同学，拿了一本《周易通论》给我看。这本书是大陆学者用很奇特的观点来讲《易经》的，认为《易经》是一部情报学。他们的主要观点是说，《易经》的作者当时被敌人俘虏了，为了向外面求救，就画了很多符号，所以他们认为八八六十四卦是作者为了求救，对外面通讯所用的方法。这套说法差不多已经有七八十年了。这种说法很可怕，把中国文化打得稀烂。

我们今天还是从中国文化本位的立场来研究，姑且认为《易经》的《系辞》上、下传，是孔子研究《易经》的心得报告，同古人对所谓的"十翼"（这"十翼"就是孔子研究《易经》的十种心得报告）的看法一样。这"十翼"对中国文化关系很大，大家懂了这一方面，对四书五经的原理，可以说大概已经贯通了。

基本上来说，《系传》的文字也很浅显，很容易懂。大家要研究古文，想把文章写好，便要先研究孔子的文章。如果我们讲文学史，我认为《系传》是第一流的文学。像老子呀，庄子呀，乃至屈原的《离骚》，都是南方文化的系统。上古时候，我们的文化还没有统一，各个地方不同。所谓齐鲁文化，就是孔孟文化系统，他们也是古代的文学大家。大家若要知道孔孟的文章，仅仅读《论语》《孟子》《大学》《中庸》是不够的，还要看《易经》的《系辞》上、下传，它的文字非常高明，一般人多忽略了。

> 天尊地卑，乾坤定矣；卑高以陈，贵贱位矣；动静有常，刚柔断矣；方以类聚，物以群分，吉凶生矣；在天成象，在地成形，变化见矣。

这一段就文字上来看，大家很容易懂，很浅显。但是，是不是真懂了呢？在我的观念里，恐怕还差十万八千里，也可以说完全不懂。十几年前一位同学说：我们研究中国的《易经》，怎么看都看不懂，现在我看了一本外国人翻译的《易经》，一看就懂了。我说很好啊！你是中国人，我也是中国人，我们研究自己文化的《易经》，搞了几十年还搞不懂，去学了几年英文，再看外国人翻译的英文《易经》，便真懂了《易经》，那些研究《易经》几十年还不懂的中国人，可是真笨呀！看来说这些话的人真聪明，外国人也真聪明，如果这样便真懂了《易经》，那就不叫《易经》了，不知该叫什么东西才对。

这个意思大家知道吗？与我们不同文化系统的人，研究我们另外一种文化系统，而能达到极高度的认识与境界，很轻松就弄通了，这是不可能的。

我们中国人很少读中国书，读了一辈子书，连中国的文章还是写不通。这是老实话。所以我们自己本身学自己的文化，想把自己的文字写得好，都还做不到，一个学英文出身的外国人，把《易经》一下子就学懂学通了，恐怕没有那么简单。

"天尊地卑，乾坤定矣。"文字非常简单，这就是孔子研究《易经》的心得。

我们学《易经》，大家要知道，现在我们称《易经》为《周易》，《周易》是周文王整理的；另外还有两种《易经》，就是《连山易》与《归藏易》。这三本《易经》统称为"三易"。《连山》《归藏》据说已经没有了，失传了，但是我们还可以从象数里边看到一些。大家要研究《连山易》《归藏易》，有一本书叫《易纬》，简单明了。还有一本书叫《关朗易传》，或者也可以约略地看到一点影子。不过话虽这么讲，真正研究起来，却不简单，并不容易都能懂得。

三坟　五典　八索　九丘

现在先跟各位讲一个故事：清朝初年有个才子，就是非常有名的袁枚——袁子才。他是乾隆时代的人，他的诗词是性灵派，等于现代人主张随口说出来，不加修饰，有思想、有灵性、有感情，不要那么古板，我也非常赞成。他当时遭人反对，但他的确是当代的才子，所以他考取进士，做了两任县官，四十多岁就辞官不做了。他在江宁知县任上买了隋织造的废弃了的隋园，稍加修葺，改名随园，自己享了一辈子清福，真正是天下闻名的才子。他在随园门口挂了一副对子，颇为自豪：

　　此地有崇山峻岭茂林修竹，
　　斯人读三坟五典八索九丘。

　　当时另一位名士叫赵翼的，是清代有名的历史学家，也是很有名的诗人，也是才子之一。他很不服气，故意要来挖苦他。有一天赵翼到了南京，用红帖子写了自己的名字（唐宋时的名帖叫刺），亲自拿着来访袁枚。刚好袁枚不在，家人很客气地招待赵翼："请问赵先生来访有什么事吗？"他说我没有事，只是想来借两部书。家人问他借什么书，他说三坟五典八索九丘，借去看看。袁子才回来知道他是来找麻烦的，便把门口的对联拿掉了。

　　三坟、五典、八索、九丘，不要说现代人不知道，连我们当时的袁先生也弄不清楚。三坟是什么？三坟就是三易：《连山》《归藏》《周易》。五典呢？就是五经，或者说是《尚书》，洪范五福。八索就是八卦。九丘就是九畴，就是河图洛书的理数。老实说，这些东西袁子才也都读过，但真要谈研究《易经》，实在说，他也并不很内行。所以赵翼故意来整他一下，出他的洋相。

　　这个故事说明什么呢？说明读中国古书之难，不是那么容易的。

符号逻辑

　　我们讲《系传》，一开始就讲到乾、坤两卦，这两卦过去我们都讲过的。《连山易》是以艮卦开始，艮卦代表山，像山之出云，所以叫《连山易》，那是神农时代的《易》。《归藏易》是黄帝时代的《易》，以坤卦为第一卦。我们手里的《易经》——《周易》，则是以乾、坤两卦开始。

大家要知道，所有的卦都是一个代号，借用现在最新的科学名词来说，就是符号逻辑。可是你要知道啊，千万不能说我们中国文化的《易经》"就是"符号逻辑，"就是"两个字就用错了。符号逻辑是最近新兴的人文科学，是从苏联开始的，现在美国也很流行。如果提到西方符号逻辑的科学精神，可以说我们中国几千年以前都已有了。例如我们《易经》的卦就是一种符号逻辑，但是如果说我们《易经》就是符号逻辑，那就错了。这就是不懂中国文化，把他打三个耳光还算客气的，在古代应该拉下来打三百大板，因为他的书根本就没有读通。为什么呢？我们老祖宗这个《易经》，在几千年以前就已经有了，而符号逻辑是近几年，还不到一百年才兴起的一种东西。硬要把我们几千年以前的老祖宗，拿来跟人家外来的文化孙子比："哎呀！你的东西真好呀，我们中国的《易经》讲的跟你们一样呀！"这岂不是笑话！这是不通的，所以大家要注意。

现在我们回转过来，说乾坤也好，八八六十四卦也好，借用西方人文科学新兴的观念来讲，它是个符号。说它是符号逻辑也好，逻辑符号也好，如果一定要说它是什么东西，无法下一个定义。

譬如乾坤两卦，乾代表天，坤代表地。拿人来讲，乾又代表男的，坤又代表女的。拿我们本身来讲，乾又代表头，坤代表肚子。拿中国历史来讲，乾代表后面，坤代表前面。所以说它是不定的，放到哪一面都可以。假设现在我们拿乾坤两卦来说，乾代表我们的头部，坤代表肚子，只是拿它来做代号，是一个标记。如果你非要确定地说乾坤两卦是什么，那你就根本不宜学《易经》。所以说学《易经》一定认为乾卦代表什么，坤卦代表什么，你就把它看得死板了，你学《易经》便不会通了，永远不会通了。因为它适用于任何方面，物理也好，化学也好，这个道理要搞清楚。但是孔子的报告，是一个总纲的报告，乾坤两卦代表了大自然的物理世界，它是代表了物理世界这个大自然的符号。乾代表了天，坤代表了地，我们现在这个宇宙，乾坤这两个符号就作了代表。

《易经》文化中的尊卑

就中国文字来看，如果认为天高高在上是很尊贵的，地在下，便很卑贱，很下贱，这种看法又是胡说，该打三百大板。天尊是尊贵、尊远。我们仰头一看这个太空，天在上面；到了太空，我们的头顶上还有太空，永远的虚空，无量无边的虚空。在我们上面永远很高远，很尊贵的，这就叫做天。

地很卑近，卑者近也。尤其是我们人类的文化，就是大土地的文化。人离不开土地，这个地球、土地对我们很卑近。换句话说，卑就是很浅近，很浅，很近。所以说：天，那么高远，无量无边的空间，永无止境；地，我们这个地球，同我们人文文化关系那么密切，非常切近。懂了这个原理，有了这个观念，再来研究《易经》就方便多了。因为我们对这个天的研究，太空的研究，内容太多太多了。就是地球物理的研究也太广泛了，没有办法记述。因此古人便归纳为两个简单的符号，所以说"天尊地卑，乾坤定矣"。

何以叫做"定"呢？定是确定的法则，不能变动的。譬如我们站在地面上，一看头上就是天，到了飞机上，向高空上面一看外面虚空上还是天，到了太空外也还是天，凡是我们脚跟踩的那个，那就是地。譬如太空人，在太空里头没有办法落地，永远在转。踏得到的那个东西，脚踏实地的，那个便叫地。这个法则是不能变动的，所以说"乾坤定矣"。

好了，现在我们了解了"天尊地卑，乾坤定矣"这两句话有那么多的意思。如果我们不加研究，一看文字，我也懂呀！跟白话一样嘛！可是进一步来探讨呢！实在没有懂。现在同时告诉大家，我们所讲的"天尊地卑，乾坤定矣"这个文化，由来很久远了。过去我们看到某家少爷跟某家小姐订婚，来个红帖子，吃了人家的喜饼，大家不约而同地会说："很好很好！乾坤定矣。"婚约订了，便是"乾坤定矣"。古人在婚书上写着"上昭天地神明祖先，两人永结同心"的字样，不像现在的结婚证书是为将来离婚、准备打官司时用的，还要有介绍人、公证人，准备将来上法庭当证人，这是从西方文化传来的风俗。

独立的方块字

"天尊地卑，乾坤定矣"这两句话、八个字，就说明了《周易》是以乾坤两卦做开头。换句话说，宇宙物理的法则，到达了人文物理，到达了地球物理。下面"卑高以陈，贵贱位矣"这两句话解释天为什么那样尊，地为什么叫做卑，"卑高"是翻转过来的运用。

我们看到中国文字，就想起了一个问题，现在的读书人没有学多少西方文字，便批评中国文字不合逻辑。像这里，有人会认为应该是高卑以陈才对。因为高是天，卑是地。上面说"天尊地卑"，跟着下来的解释又翻过来说卑高以陈，这是倒转的用法，要说中国文字不合逻辑，是自己没有弄清楚，就随便批评。因为中国文字与西方不同，它是一种独立的方块字，一个字代表了好几个观念、好几个意思。要好几个中国的方块字凑拢了，才能表达一个观念。真要研究中国文化、中国文字的人，认得了中国字，懂了这个字，便已懂了很多的观念、很多的思想了。这一种文字学问现在变成专门啦，到了大学、研究所才开始中国文字的研究，我们当年七八岁就开始了。

现在叫文字学，当年叫小学。所以我们中国的古礼，六岁入小学，就是学这个——"天"字为什么这样写法？"地"字为什么这样写法？它是属于哪一部的？哪个范围的？文字加上释义就叫训诂；一个方块字包括了六书的意义，发挥起来就多啦！诸如字形的演变与字义的由来，它的反切、音韵等等，本身就构成了一门学问。它的文字逻辑不是西方白话文那个逻辑，因此它可以随便运用自如。中国文字的每一个字，不仅具有独立的一个观念，也往往会连带了很多的观念。不管你怎么摆、怎么配合，它转了一个圈，回来还是那个意义。因此把第二句话解释为"卑高以陈"，并不影响卑与高个别的含义。天是那么高远，无量无边；地同我们的关系那么切近，那么卑近，那么有关联。"以陈"这个自然界现象，停留在那里，我们的生活天天可以接触它，随时随地、每一秒钟、每一个空间都接近天地。一个高远的天，一个切近的地，"卑高以陈"，它自然陈列，摆在那里。

"贵贱位矣"。因此形成人类心理观念上的贵与贱，这个位置确定了。为什么呢？人类有个很大的毛病，拿不到的东西，永远是高贵的；得到了就不珍贵，就看不起，就卑贱了。没有发财的人，看到钱，做梦都在想；但有了钱，钱多了的，不知道钱该怎么用，会讨厌那个钱，听到"钱"字便厌烦了——当然烦归烦，喜爱还是喜爱的。

远近、难易与贵贱

贵贱问题是由于人情的重远、轻近来的。人类的心理毛病，喜欢远的事情、困难的事情，尤其是不易得到的事情，所以重难而轻易。越是困难越是拿不到的，越是感到名贵得很，外来和尚会念经，因为他难得请。所以说人情重难而轻易，轻视容易的东西。"重难而轻易"是古文,我给它加上"重远而轻近",重视远大高远摸不到的东西,轻视眼前容易得到的东西。

还有,我再给它加上"重死而轻生",死了的人、古人都是好的,活着的人都差不多,没有什么了不起。有些同学们常说,老师真了不起。我也跟他们开玩笑说:我现在没有什么了不起,死后我有三千年大运,还有人给我修庙子,你们最好再投胎来做我庙子的管理人,可以借我的招牌发财了!人活着没有什么稀奇的,死了就是好的。这个道理你懂了,你就知道了"卑高以陈,贵贱位矣"的道理。

所以"卦"没有哪个叫做好的,没有哪个叫做不好的,天底下的事也是一样,希望而得不到的才是最好的。大家看李商隐的诗,人到老了还有那个境界:"此情可待成追忆,只是当时已惘然。"如果两个人结婚了,说不定到六十几还打离婚官司呢!就没有"此情可待成追忆"了。所以人类心理上贵贱的道理你懂了,像算命卜卦,便没有什么可算、可卜的了。"善易者不卜",《易经》道理懂了以后,不要算命,也不要卜卦,一切事情就都懂了。

有些做生意的同学来找我,说请老师为我卜个卦。我说问什么,他说做生意。我说我已经给你卜好了,不是赚钱,就是赔本,只有赚赔两条路,没有中间路线。你说生意做了三年,没赚钱也没赔本,我说那你就已经赔本了,你的时间、精神就已经赔下去了。你问吃药对不对?不是死就是活,没有中间的。善易者不卜的道理,也是这样。你懂了这个道理,再读古书,再读孔子的文章,那你便更加佩服、更加赞叹了:"哎呀!孔老二的文章,这位老夫子实在有一套。"不过他的文字很简化,如果现在的人,每两句话都可以做一篇博士论文。你发挥引申起来非常之多,现代博士论文容易写,引经据典,古今中外的参考书列个几百部,尤其找那些评审都没有看过的参考书,这可真把他们吓一跳;然后写完了,一篇论文拿出来，学位也拿到了。不过读完了这篇洋洋数十万言的论文，所有的意见都是别人书上的，问你老兄的意见究竟是什么，我什么意见都没有。可是古人不同，他很简单地几个字，包含的内容那么多。所以我说文字好懂，内容难懂。现在我们晓得"卑高以陈，贵贱位矣"，连接到上文"天尊地卑，乾坤定矣"八个字，介绍了天地宇宙的道理。

宇宙的生命

跟着下来，他讲这个宇宙自然的法则：

"动静有常，刚柔断矣。"学《易经》这个地方要特别注意，阴阳有时候代表固定的东西，有时候又代表不固定的。刚与柔、动与静都是抽象的名词，也可以说是实体的名词。实体也好，抽象也好，都是人为的假定。人们把摇摆的叫做动态；安定的、死板的叫做静态。假如我们老祖宗最初把那摇摆的叫做静态，把死板的叫做动态，那我们现在的观念里，对"动""静"的看法便完全两样了。所以，"动静""阴阳"都是人为假定的东西。

不过，既然老祖宗们这样假定了，天地间的形象既然也有动有静，再把两种形象用卦来表示：静态拿坤卦来代表，是属于阴的；动态的东西拿乾卦作代表，是属于阳的。这个要注意啊！你们打坐修道的更要注意！动起来是属于阳的，静下来是属于阴的。阳的符号代表动态的是乾卦，阴的符号代表静态的是坤卦。

"动静有常"，这个宇宙间的地球、太阳、月亮、星星，随时都在转动。以中国文化——《易经》的法则来看，这个宇宙是动态的宇宙，不是静态的宇宙，很多人讲中国文化都讲错了，像过去胡适之先生就大错而特错，认为中国文化是静态的。后来朋友们告诉我，我说反正他几十年来都是这样，没有什么好驳的。他们一定要我提出些意见，我说中国文化哪里是讲静态的，从《易经》开始就晓得宇宙生命永远在动，是个恒动的。宇宙生命如果不动，如果有分秒的静止，便乾坤息矣，这个太阳系便整个都要毁灭了。所以说这个道理你们要知道。你们打坐入定了，你们以为自己在入定，其实入定是个大动。动得太厉害时，反而觉得是一种静态，大家不懂这个原理，就搞不清楚真正所谓的动与静了。

动静是讲什么呢？是讲物理世界的现象。物理世界——这个太阳、月亮、地球的转动，"动静有常"，有一个固定的法则，是有常规的，不能改变的；自然的法则是规律的。

有一次我被他们拉去讲工业设计的科学与哲学。我说对不起，我对这个是外行。他们给我找了好几本外文的、中文的工业设计绘图的书籍。他们说这就是工业设计，故意做成这个样子，是一种新的设计。我拗不过他们，只好答应去讲。后来为他们讲艺术的境界美。

什么叫做美？东方的艺术境界美是自然的美，就是不规则的；西方的美是非常规则的美。有规律、规则的美，是违反自然的，是人为的；不规则的美是天然的。所以中国绘画就很不规则，中国的山林艺术也很不规则，大家看盆子里本来好好的一棵松树，偏偏要用铁丝把它弯起来，使它长成弯弯的形状，认为这样才美。西方的不同，西方是把它剪得圆圆的，像个笔筒一样才算美。

很多人去美国看尼亚加拉瀑布，认为好美。大家没有见过中国深山中的瀑布。好瀑布是不规律的，但是非常美。自然的法则，在不规律里面有它非常严整的规律，非常美的规则。这是自然，也就是"动静有常"的道理。

刚日读经　柔日读史

"动静有常"，讲物理世界一切的活动，不规律里边有它自然的规律，而且不能违反。像太阳如果不是从东方上来，如果倒回来一转，我们就受不了啦，地球马上就要毁灭。"动静有常"，动就是代表物理世界的常态。

"刚柔断矣"，"刚""柔"也是两个代号，代表宇宙的进化，已经到了物质的世界，但是物理世界还没有成形。譬如太阳、地球、月亮，这个是物质。物质世界在《易经》不叫做阴阳，而是刚柔。"刚柔断矣"，不是折断了，是确定的意思。物质世界有刚有柔，譬如土地、岩石是刚强的，水是柔的，一刚一柔确定了的，这就是断矣。所以"动静"是讲物理世界，动静有常是讲物理世界的法则；"刚柔"是讲物质世界的法则。原理都差不多，因此你学了《易经》，便了解了物理世界与物质世界的法则。

大约二十多年前，在一个朋友家里吃饭。他客厅里挂了副对子说："刚日读经，柔日读史。"大家看了都说这个字写得好呀！我说字写得是好，大家不好意思问什么叫刚日，什么叫柔日。刚就是阳，阳日谓之刚；阴日谓之柔。譬如我们今年甲子年，甲是木，子是水，那么我们今年是刚年呀还是柔年？是阳年还是阴年？简单地说是阳年。我们拿天干地支来研究，本来是阳中有阴，阴中有阳的。为什么说是阳年呢？因为今年是子年，子为鼠，老鼠有五个爪子，五代表阳（单数代表阳），所以说甲子年还是阳年，阳年就是刚年。碰到日子是子，是单数的，便是刚日，所以刚日读经，柔日读史，就是这个意思。这就是中国的文化啊！文学里边有哲学，今天我们这个思想，看到什么事情，社会呀，政治呀，各方面很不满意，我们感到很不平的时候，赶快读读书。读读《易经》呀！四书五经呀！心气就和平起来了。柔日读史，当心情很无聊，很沉闷，很想睡觉的时候，就可以看看历史，启发我们奋斗的勇气。所以说"刚日读经，柔日读史"，这是关于刚柔的道理。

达尔文的祖宗

"方以类聚,物以群分,吉凶生矣。"人类文化最大的哲学问题出现了,关于这个方字,我们都晓得四四方方是方,方也可以代表空间的方位。但就文字学来说,讲中国字要知道它的来源,方是怎么来的呢?方是个象形字,像个猴子,这是简单的象形。就像我们人,随便这么一画(𠂉),就像人了。所以方字就代表了猴子,或者是长的人,这就是本字的由来。后来简用了,就给它改做四方的方;方方正正的方,是借用来的。

我年轻时候看到一本《易经》的注解,也是受了近一百多年西方文化进来的影响,解释这一段"方以类聚",说方是代表细菌,人是细菌微生物变的,就是达尔文的思想,并以为人是由微生物慢慢变成猴子,猴子变成人类,所以猴子是我们的老祖宗。当时有位同学非常赞同这种说法,我说你们的祖宗是猴子变的,我的祖宗不是猴子变的,大家还拿了很多证据,辩论得一塌糊涂。

实际上,这句话是非常明白的。"方以类聚"包括了些什么呢?譬如拿政治来讲,就包括了地缘政治、地理环境等等的关系。像我们这个地球,乃至任何一个地方,东南西北方位不同,那个地方生长的物类,以及人的形态个性也都不相同。平常我们看到一个陌生人,一看便知道他是北方人、南方人或者广东人,大概判断得八九不离十。不像你们在宝岛温室中长大的人,没有这种经验。

由于每一个地方的不同,生长的植物、动物都有差异。新竹以北的壁虎不会叫,新竹以南的壁虎会叫,这就是所谓的"方以类聚",类就是所谓的归类。彰化人、嘉义人都不同,有些植物也是一样。像阿里山种的香蕉,我只要拿来一看,就知道是阿里山的,尤其吃到嘴里,一下就分别出来了。日本的苹果与韩国的完全不同，这就是"方以类聚"。所以西方人是西方人，东方人是东方人，由于地区不同，所生长的人物，乃至万物都不相同。

人类历史的祸根子

"物以群分"的这个物，指的是笼统的物，不定的物，一层一层的分类，一种一种的分类。这是自然的现象。虽然说"方以类聚，物以群分"，是一种自然的现象意识，但这里边就有好有坏了。所以我常常讲，台湾有些人闹台独的问题、分离的问题，这不稀奇。一点都不稀奇。中国人"方以类聚，物以群分"已经闹了几千年。清兵入关，有明、清之争；后来国民革命后，又有南北之争，可以说从一九二四年以来，都是南北之争。再后来革命党内部又有不同派别之争……一路的到底，反正是"方以类聚，物以群分"！人类只要有空间、有时间，人类只要存在、只要有社会就有纷争。

大家注意"社会"这两个字，我们当年一般不叫社会学，而叫群学。当时有一本很有名的著作，是严复翻译的，叫《群学肄言》，就是社会学。到现在《群学肄言》的价值还很高，他用中国的文字，比较接近新旧之间的文学技巧来翻译，现在重新拿出来看看，它的社会思想的价值还是很高、还是存在的，而且，比现在人白话翻译的还要好。

"物以群分"，就是说形成社会物类的不同。于是"吉凶生矣"，有人类就有意见，就有问题。因不同意见而相争，这是没有办法的事。所以读了《易经》以后来看天下事，看天下的治乱纷争，就知道那是人力很难挽救的事实。"方以类聚，物以群分，吉凶生矣！"这里从阴阳刚柔、天地宇宙讲到物理世界，讲到物质世界；讲到物理世界与物质世界空间关系；然后讲到"方以类聚"这个地球、人群物理的关系；因为人类有"物以群分"，就有意见，有意见便要争，争就有吉有凶。所以吉与凶就是类聚群分，群体社会出现后的必然结果。

变的哲学

这一小节的结论是"在天成象，在地成形，变化见矣"。《易经》的道理，是根据天文的观察而来，根据地球物理的观察而来，根据生物的观察而来，根据人类活动的观察而来，根据中国古代的医理而来，以及人类生命的变化中观察而来。所以在天就成象，在地就成形，太阳、月亮、星星、山川、河流，圣人要象其物宜，天就以乾卦作代表，太阳就以离卦作代表，地就以坤卦作代表，月亮就以坎卦作代表，震卦代表了雷电，艮卦代表了高山，巽卦代表了气流、空气，兑卦代表了海洋、江河，一共八个现象，所以叫做八卦。

卦是自然界随处都可以看到的现象，不需要科学仪器的研究，只要你不是瞎子，天体的八个现象，人人都可以看得到。所以"在天成象"，象就是现象，在天体上挂着的现象。

可是在地球上的生物呢？同天体都有关系，"在地成形"，有形质的关系。换句话说，地球上万物的变化，乃至人、物的生长，都与自然天体的关系非常密切。所谓"变化见矣"，这中间就看出它的变化来了。

《易经》告诉我们的是什么道理？是一个变的原则。大家千万记住，宇宙间没有不变的事，没有不变的人，没有不变的东西。而且天天在变，随时在变，随地在变，无一而不变，也不可能不变。所以我经常告诉年轻人，讲恋爱谈爱情，爱情是会变的呀！天地间很少有真的爱情，爱情是人文自然的产物，也随人为的意识而变化。为什么呢？因为天地万物都在变化，没有不变的，所以"在天成象，在地成形，变化见矣"。

随流顺变

学了《易经》，就知道变化的道理，以及变化的必然性。大体上说，我们普通人是随变化而走的，一点都做不了主。圣人呢？懂了这个法则，能领导变化，那也就是超人了。天地间的变化他了如指掌，下一步要怎么变，他都知道了。

譬如一盘食品，端出来是请大家吃的，你不吃它，过下子主人就收拾走了。你懂得去吃它，那就是你的智慧。吃与不吃看你的本事了。所以我常常说，第一等人领导变化；第二等人呢？把握变化；末等人呢？只有跟着变化走了。该变死，就跟着死，该活，就跟着活吧；这是普通人。所以，懂得《易经》就应该知道领导变，其次变是应变，最末等的人不必谈啦，跟着变化而走，与万物同化而已。我们知道天地宇宙万物随时都在变化之中，但是这一切的变化也都有它的法则——"在天成象，在地成形"。人与万物都是变化来的。道体变为有形天体时，就有风云雷雨日月星辰等现象；在地球上就有山川动植等等万象的形状。

因此我们研究了《易经》，再看西方的宗教，《圣经》上说，上帝根据他的形象创造了万物。这话没有讲错，是宗教徒们解释错了。这个上帝，这个天，不是天地的天，是形而上的一个法则。万物的情形，是形而下的一个形象；这个形象是由形而上的不可知、不可说的那个东西变来的，它具有固定的形态。就是这么一个作用，被宗教家套上宗教的外衣，拿来卖钱混饭吃，乱讲起来了。把那个上帝——形而上的那个不可知，讲得有形有象，以讹传讹。说穿了，那都是自然的法则。

譬如我们小时候看章回小说，都晓得凡是了不起的人物，都是天上星宿下凡来的，什么星宿下来变成什么人。这是什么道理呢？是从中国文化来的。譬如算命，什么叫算命？是星相学，是性命之学。真正算命算得好的人，必须要懂得中国的天文，那就会算命了。看相算命叫做星相之学，它的根据是科学的，是根据天文的变化来的。我们现在算命所用的甲子乙丑四柱，它是代表天体某一星座，在某一年、某一天、某一个时候所放射的功能，这个功能影响了地球新生人类的生命。

那么，地球人类在同一秒钟内有多少出生？中国人、外国人同一秒的时间中出生的人，八字都是一样，命运也应该一样吗？不一定！那又是怎么算法呢？算命除了根据星相八字，中间还加了地区、地形等因素；一个孩子生在同一房间，早一秒钟后一秒钟，或者妈妈立着来生、躺倒来生，都会有变化，这就很难算了。所以说，谁能算得准？大概只有两个人：一个已经死了，一个还没有生。算命有没有百分之百准确的？没有！最高最高的准确度也不过百分之九十九，因为那一份形而上的不可知无法计算，这个道理要懂得。这就是"在天成象，在地成形，变化见矣"的道理。这是孔子的报告。

孔子这一篇先把纲要提出来报告，我们明白了这个纲要之后，还要了解先后卦位，对下面这一段才能更透彻地了解。

打秋千的学问

> 是故刚柔相摩，八卦相荡，鼓之以雷霆，润之以风雨；日月运行，一寒一暑。

"刚柔相摩，八卦相荡"，这里大家要注意两个字，一个"摩"字，一个"荡"字，这是古文。大家知道我们的文字，一个方块字就代表了很多的意思，很多的观念，很多的思想。现在的白话文就不同了，要凑了好几个方块字才能表达出来一个意思或思想。这就是新旧的不同。这一代从白话文入手的人来读古书，统统没有办法，原因就在这里，因为没有经过文字的训练。其实大家不要害怕，我常常鼓励大家，文字的训练很简单，差不多两个礼拜就行了。

记得我当年在私塾里，老师为我讲训诂学，我盯着老师问了一个礼拜，后来课我都不要听了。那时候是读私塾，把最有名的老师请到家里来教的。后来老师问我，我说我全懂了，下面不要讲了。老师大骂我一顿，我说不信我讲给老师听，但是请老师不要告诉我父亲，老师说好。我讲了以后，老师说你这孩子真懂了，好啦不教啦，另外教别的东西吧！所以依我的经验，你们最好买一本《说文解字》来看；再把《康熙字典》开头多看几遍，看每一个字下面是怎么解释的。不过要买古本的《康熙字典》，上面还有篆字的，以后连篆字怎么写法你也知道了。这样一研究下来，你就全懂了，能够把部首研究清楚就已经差不多了。这是一条捷径，不过捷径也是很难走的啊！因为大家都没有根啊！

现在我们回到本文，"刚柔相摩，八卦相荡"，大家请注意"摩"与"荡"这两个字。我们现在看报纸，常常会看到"摩荡"，某某人等意见有"摩擦"，两个字凑拢来是一个观念。但是，实际上摩是摩，荡是荡，两个字的含义应有差别。"是故"用白话说就是所以。所以啦，我们老祖宗画的八卦是"刚柔相摩"，刚与柔是相互摩擦，这样才能够产生动能。摩就像用手这么搓，也好像是用手摸摸它，这是物理世界自然的法则。到了物质世界，阴阳刚柔必须相摩，同性相斥，异性相吸，自然发生这种现象，所以说"刚柔相摩"。

卦呢？是"相荡"，荡来荡去，像小孩子们打秋千，那就是荡。

小孩子打秋千不叫做打秋千，规规矩矩地来说，那个叫荡，是坐在秋千上，甩得高高的，荡过来，荡过去，是个动态的。所以八卦是互相在荡，互相在碰。因为宇宙物理、天地、太阳跟星球一样，万物都在放射。太阳的能永远不停地放射出来，每个星球都受它的干扰；我们地球的能，也不停地放射出去，太阳、月亮也受影响。这就是八卦相荡的道理。

好了，我们懂得了这个文字的道理，就可以知道这个名词的意义了。假如说，你们以后学《易经》，看风水算命，有时候碰到一个"荡卦"，如果不了解这些，完啦！什么叫荡？然后听那江湖人胡扯，把荡卦讲得玄之又玄，说是他师门不传之秘。当年我们听得云里雾里，后来一弄清楚，才知道江湖人物完全胡扯，他自己《易经》都没有学通。

文王八卦方位图

如何叫"刚柔相摩、八卦相荡"呢？大家看文王后天八卦：什么叫相荡呢？像坎跟离这么一甩，离卦原来在上面，像打秋千一样，甩到坎卦的下面。碰拢啦，叫水火既济；离卦代表火，水火就既济。或坎卦荡到离卦的下面，产生另外一个新的卦，火水就未济，这就是相荡。如果离卦荡到艮卦的上面，就叫火山旅卦。荡到艮卦的下面，便是山火贲卦。这样一卦一荡就荡成了八个卦；一个卦荡成八个卦，八八就是六十四卦。

天地间的事情也是一样。譬如我们教室门一开，进来一个人，你们大家就回头看看，他也就影响了大家，这就是八卦相荡的道理。一切的变化，都是这样产生的，所以说"刚柔相摩，八卦相荡"。我现在是讲原理，大家不能只听我讲，你们脑子里要有八卦图像，只要一荡，马上就会出现什么情形，不经思索，都要知道。所以八八六十四卦，你们非背不可，不会背六十四卦的话，这个《易经》听了是白听的。什么叫相摩？相荡？你要能不加思索地把它画出来——在你脑子里清清楚楚地画出来，才有用处。

孔子以上讲的这个法则，也就是宇宙的法则。

大自然的法则

"鼓之以雷霆，润之以风雨，日月运行，一寒一暑。"这不是自然的法则吗？同时大家看看古人的文字，一个字也不随便用。为什么要"鼓之以雷霆"？这不是像打鼓一样，鼓就是臌胀。在医院里看到一个病人肚子大大的，中医叫它水臌胀。其实是肝的毛病，肝发炎肚子就会大（其他肠胃有毛病，肚子也会大），旧的病名是水臌胀，就是这个鼓。这个字在这里是形容雷电的动能变化，"鼓之以雷霆"，物理世界生命的一切，鼓就是代表那个生命的动能；那个冲动的能，膨胀、生长。"鼓之以雷霆"，是雷电的作用，震卦的作用，这个雷电膨胀了以后，气流——阴阳一摩擦，"碰"！就打雷，打了雷以后没有事了，这个雷电已经消散了。消散之后变成什么？又变成气流，气流的阴阳一摩擦又发电，这就是刚才我们讲的"刚柔相摩，八卦相荡"。

气流一摩擦，就发电；发电以后，就打雷；雷电过了以后，它又变成气流。所以八卦中，震为雷，巽为风；风就代表大气，大气层跟雷电一样的相摩相荡，于是这个自然物理世界——"鼓之以雷霆"，充沛膨胀。这其间电能最重要，像原子呀！核能呀！现在的专家都在研究它，不过我们古人用一个代号，就包括了那么多的意义。

在这个物理世界中，如果没有雷电或气流，生物便不能生存，有了雷电还不够；所以下面"润之以风雨"。讲到这里使我对我们当前的教育，有着很多的感慨。记得我们当年的老师是坐着教，学生站在旁边听；现在是老师站着教，学生坐着听，将来恐怕是学生躺着听，老师跪着教。这个世界大概已经快到这一步了，是不是？"鼓之以雷霆，润之以风雨"，我们当年的老师，教到这里，特别要用红笔把这个"润"字圈一下，要大家注意雷霆是电流产生的变化。风雨是什么呢？风雨就是刮风下雨。你说气流又是什么东西呢？气流是没有什么东西的，我们感觉到风来是气流，那错了！风不是气流，气流是碰到物体，接触了才感觉到的。我们晚上听到嘘嘘的声音，那不是风声啊！虽然文字上描写说风声飒飒，其实飒飒不是风声，风是没有声音的；飒飒是它碰到物体而发出来的声音，反击出来的声音。我们说听到风的声音，那是风碰到我们的脸、碰到我们耳朵，我们才感觉到有声音。

所以风雨是什么东西呢？就是上面那句话，"在天成象，在地成形"，那是宇宙的能所变化的一种现象而已。所以光是"鼓之以雷霆，润之以风雨"还不行，重点还在下面。

我们谈地球物理，就是地球文化，它始终离不开地球。那么地球靠什么呢？靠太阳系统的法则："日月运行，一寒一暑。"

太阳月亮的运行，随时会使地球发生变化，因为太阳月亮是反转，地球是正转，所谓天道左旋，地道右旋，是两个不同方向的转动，才维系了太阳系统的和谐。假如地球跟太阳、月亮都是循一个轨道同时在那里转，说不定它们早就碰撞起来，早已碰得粉身碎骨了。这样连我们老祖宗也都没有了，哪还有我们的存在呢？

为什么它们不碰撞呢？因为它们各有规则——一个正转，一个反转，永远在那里转。因为它是相反的转，太阳、月亮中间各有一种引力，影响到地球也是一反一正。地球上热天冷天是怎么来的？我们现在固然很明白，它是由于太阳照射的角度，影响到我们地球而形成寒暑的现象。可是古人呢？他们没有像现在一般的科学知识，地球物理也没有这么发达，但他们却很明白地告诉了我们，用很简单的文字表达方法，说明了天气的变化是由于"日月运行，一寒一暑"。像这些话，我们孩童时期，在《幼学琼林》中就读过了。这两句话包括了所有科学的道理；但是话说回来，如果没有西方的科学冲击，来与我们东方文化相摩相荡的话，如果没有中国古人的地球物理的这些记载，便没有我们今天的科学文明。

孔子在这里讲的"刚柔相摩，八卦相荡"，是宇宙中极自然的道理。"鼓之以雷霆，润之以风雨，日月运行，一寒一暑"，这是构成地球人类万物生存的原理与生命的根源。

还有一点，大家要知道的，我们过去学古文，要学韵文，尤其是写文章，每一个字都要琢磨，气韵不对要换一个字。像这里的句子，它的平仄音韵，都对称得那么美，是很自然的文字组合。以上讲的是八卦相荡与物理世界、地球物理的关系。下面讲到人道的问题。

人文世界的开始

> 乾道成男，坤道成女，乾知大始，坤作成物。

在人文世界里，乾坤代表男女，乾坤是个代号，乾代表男，坤代表女。过去的算命先生，看到人家的八字，一定要先问是乾命还是坤命；换句话说，就是问是男的还是女的。"乾道成男"，大家千万不要以为男人就是阳，女人就是阴，那你就不懂《易经》了。因为阳里边有阴，阴里边有阳；人文世界乾代表男人，坤代表女人，乾坤只是一个代号而已。下面讲到乾坤的逻辑思想。

"乾知大始，坤作成物。"乾卦代表了形而上。大家不要以为这里所谓的"形而上"是西方人的学说，实际上"形而上"这个名词最早是孔子提出来的。在《系传》里就有"形而上者谓之道，形而下者谓之器"的说法。

"乾知大始"就是形而上的道。宇宙万物生命是从哪里来的？先有蛋呀先有鸡？先有男的先有女的？人是从哪里来的？是猴子变的，猴子又是从哪里来的？如说是上帝造的，又是谁创造了上帝？你说上帝是天生的，没有这回事；上帝是他妈妈生的，那他妈妈又是谁生的呢？他的外婆又是谁生的呢？

上帝造人是宗教家的说法，不能用科学来解释。如果你要用科学方法去了解去研究，对不起！宗教这里是谢绝参观的。我们自己的宗教呢？中国文化开始在《易经》的系统里，早已完全摆脱了宗教的外衣，绝不迷信，就这么伟大！

"乾知大始"，宇宙万物生命是怎么来的？有一个来历，你说它是上帝也好，菩萨也好，阿拉也好，随便怎么叫，孔子的《易经》把它叫做"乾"。"乾"是什么？就是这个"东西"——宇宙万物从哪里来的那个东西。"乾知大始"，由这里来，他那个生命也就是现在科学上所说的"生命的能"。"能"是假定的名词，"能"是什么东西？"能"是没有个什么东西的。"能"发动了以后，就构成了物质，物质的代号就叫做"坤"，就是"坤作成物"，构成了物理世界。

所以天地也不是上帝造的，也不是菩萨造的，乾坤就代表了宇宙万物的一切。"坤作成物"，构成这个天地万物的代号就是坤。如果你问形而上的乾坤到底像个什么东西？怎么生的？怎么变的？那么请问菩萨是什么样子？上帝又是什么样子？西方人看上帝是蓝眼睛、高鼻子。东方人看他就不同了。庙里释迦牟尼的像就是那个样子吗？圆圆胖胖白白的脸，像个女人，那是我们东方人看的。是不是原来释迦牟尼的样子？谁晓得呢！上帝也是一样，东方人看的是东方人的样子，西方人看的是西方人的样子，中东人看的是中东人的样子，反正都不一样。这些都是宗教的文化。

但是在我们《易经》的文化里，宗教的外衣早已经不存在了。就是这个符号"☰"（乾）、"☷"（坤），宇宙万物的动能，也就是创造宇宙万物的能。孔子在《系传》里就已讲出来了：

　　乾以易知，坤以简能。

你要了解宇宙万物的功能，它怎么能够发生万物、创造万物的？这个"易"，就是《易经》的"易"；它包括了宇宙的一切。大家研究了《易经》，懂得了《易经》的"易"，就可以上知大文，下知地理，知道这个宇宙是怎么来的。

坤呢？坤代表物理世界的功能。这个功能非常简单，我们由孔子这两句话可以得到一个结论。世界上最高深的学问，就是最平凡的；最平凡的才是最高深的。

大家学佛修道信上帝，"高深敬慎"这四个字永远不会懂。我们一提到上帝，一提到道，一提到佛，便以为如何高远，如何高深。所以我常常跟信佛的人说，你们信佛修道，你们心目中的佛和上帝，是自己想象的上帝和佛，思想上加入那种神秘高深，这些都不是原来的佛和上帝了。所以孔子说：

　　易则易知，简则易从；易知则有亲，易从则有功；有亲则可久，有功则可大；可久则贤人之德，可大则贤人之业；易简而天下之理得矣！天下之理得，而成位乎其中矣。

把戏只隔一张纸

"易则易知，简则易从。"《易经》的道理，过去有所谓三易，就是交易、变易、简易。后来有人加上"不易"，宇宙万物有一个不变的理，就是不易。实际上，《易经》的道理是"交易""变易"。一切的变化都是从交互中来的，变化之中有交互，交互之中有变化，从变化交互中看到万物的复杂性。到了二十世纪的今天，宇宙中有很多的变化，我们现在还摸不清楚；还有人类的历史文化，无论是东方、西方，都已经有了几千年的历史，但是，究竟生命是从哪里来的？到现在还没有办法知道。科学家、哲学家搞了几千年，谁也弄不清楚。

《易经》对这些问题的看法，就是"变易"。变易的道理你懂了以后，就知道"交易"才是万物发生的来源，非常简单；等于中国的禅宗，一悟便什么都懂了。所谓"易则易知，简则易从"，是因为《易经》最高深的地方非常简单，非常简单大家才容易了解，才能够实行。所以古人就那么简单地画了八个卦，万事万物便都在其中了，用不着思想逻辑。"易则易知，简则易从，易知则有亲，易从则有功。"因为易知，大家才喜欢，像吃饭，大家都知道，因为容易嘛！大家才有兴趣，有了兴趣去做，便会有成就。

"易从则有功，有亲则可久，有功则可大，可久则贤人之德，可大则贤人之业。"可久就是永久的历史价值。大家读历史，历史上那么多皇帝，大家所知道的名字有几个？最多不过十五个。那么多的名将，大家能叫出几个名字？那么多贤相，大家能叫出几个人？为什么呢？因为他的功业不能垂之永久。但是，如果我们一提孙悟空，谁都知道；一提关公，大家也知道；现在一贯道很流行，济公活佛,也是没有人不知道的。为什么?这就是孔子说的,"有亲则可久",可大可久,才能获得万世的尊崇。你有功名地位,两三年以后,这个人是谁,大家都不知道了,因为他没有可久可大的功业,没有这个"可久则贤人之德,可大则贤人之业"的贡献,所以很快就被遗忘了。

"易简而天下之理得矣,天下之理得,而成位乎其中矣。"《易经》的学问一点也不高深,因为它平凡,天地间万物万有的道理便都包藏在里边了。"天下之理得,而成位乎其中矣",这个法则,把所有一切应用物理的法则,一切人类的规则,统统都包括在内了。

第二章　设卦观象

圣人设卦，观象，系辞焉！而明吉凶。刚柔相推而生变化。是故吉凶者，失得之象也；悔吝者，忧虞之象也；变化者，进退之象也；刚柔者，昼夜之象也。六爻之动，三极之道也。

是故君子所居而安者，易之序也。所乐而玩者，爻之辞也。是故君子居则观其象而玩其辞，动则观其变而玩其占。是以自天佑之，吉无不利。

《易经》与鬼

圣人设卦，观象，系辞焉！而明吉凶。

大家研究《易经》，我再三要强调的，就是八八六十四卦的顺序，一定要背得来。如果要想运用的话，还必须把天干、地支、阴阳、五行都弄清楚了，才可以。

"圣人"是泛指我们老祖宗，有智慧、有道德、有成就的人。圣人设卦是说八卦，是以往古圣们假设的。说到这里，我们对《易经》这部书，不要看得太神秘，太去迷信它；但也不要轻视它，看得太轻易太单纯了。不过《易经》的神秘色彩，在我们中国却是由来已久的。记得我们小的时候，晚上睡觉枕头下放一本《易经》，就不怕鬼了。所以我们小孩子们，个个都读《易经》，就是因为怕鬼。

孔子研究《易经》的心得报告说："圣人设卦"。这个卦是个逻辑符号，是假设的。《易经》的八卦与八八六十四卦，究竟在讲什么，大家千万不要做成固定的看法，那样就不能学《易经》了。假定我们的艺术家学了《易经》，也可以另外画一种抽象画，那何尝不是《易经》呢？所以《易经》是包括了一切学问。孔子这个报告，重点在设卦，设是假设之辞，卦是符号，古人解释卦者挂也。卦是挂在天体上我们看得见的一种自然现象，等于我们墙壁上挂的画一样。所以说，卦者挂也，自然界的一切摆在那里。拿我们现在的话来讲，卦者摆也，摆在那里给我们大家看的，也就是太阳呀、月亮呀、风呀、雨呀，所有看得见的自然现象。所以圣人设卦，就是把一切自然现象，假设了一个代号，做什么呢？让我们观现象，观察这个自然的现象。

透过了这个符号的含义，观察自然界的现象——一切的山川河流、风物气候的自然现象。这些现象都观察清楚以后，"系辞焉而明吉凶！"《系辞》是卦下面的文辞文句，凡是卦下面写的文句，就是系辞。例如乾，元、亨、利、贞，就是所系的辞，辞就是文辞，是加以文字的解释。由这个自然的现象加以人文思想的解释，而使我们明白了吉凶。

"吉凶"两字大家要注意，天地间的事不是吉，便是凶，不是好，就是坏；没有不好不坏的。不好就是坏，不坏就是好。做生意，如果没有赚钱但也没有赔本，在你认为是没赚没赔，没赚没赔就是赔了，赔了精神、赔了时间……所以没有不赚不赔的事。由此可知天地间的现象，只有两种：不是吉，便是凶。所以说"系辞焉而明吉凶"，吉凶的道理是如此。

系辞的汇总叫做《系传》，为孔子所作（卦爻下面的辞，为文王、周公所作）。一般人写文章，说这个人的文辞如何如何，就是指这个"辞"，不是诗词歌赋的"词"。但是现在人很喜欢用这个

"词",这是不通的。不过大家都这样用了,你便也见怪不怪,跟人家讲下去,也就是了。如果说"词章"如何,那就要用诗词的词了。孔子写的叫《系传》,有上下两篇,拿现在的话来说,就是论文或心得报告,孔子那时叫《系辞》。因此他说:"系辞焉而明吉凶。"

刚柔相推而生变化

刚柔相推而生变化。

吉凶是哪里来的?拿物理现象来讲是:"刚柔相推而生变化。"刚柔,我们知道就是阴阳,物理世界中抽象的就叫阴阳,实质的就叫刚柔。刚就是阳,柔就是阴。像矛盾,事实上也是互相推荡的一种现象。在中国的文化思想中,矛盾也不过是一种现象,就是《易经》所谓的象。它表示了这种变化的关系,说明了矛与盾的原理。

像太极拳的推手一样,你推过来,我推过去,两种力量,互相推荡,"刚柔相推而生变化"。洋人们讲逻辑什么的,讲到矛盾呀,统一呀,肯定呀,否定呀……大家认为高明得很,以为这就是学问。我们当年也拼命地读,但我读完以后就丢了,那不过是变化的现象,没有什么了不起。等于现在讲心理学,举出很多的个案,证明这个心理反应是如何如何。这样做法很辛苦,个案看完了,有没有用?这些心理状况也许是社会上普遍发生的现象,也许是整个的社会心理发生的变化,总之,变化的过程太多了。譬如说我们用的电灯,开了电门我们只感觉它亮,不知它随时都在变化;刚开始那一秒的电已经消耗了,它随时在消耗,随时在成长,随时在生灭。可是大家看不到这个变化,只看到电灯在亮着。而《易经》已经看到这个变化,知道这个过程,所以它指出物理世界是"刚柔相推而生变化"。这两大原则大家要记住。

观察自然的现象,《系辞》告诉我们自然现象的含义。拿佛学来说,自然现象中山河大地是无情的东西;一切众生,像我们这些有生命的人,是有情的东西。所以佛学称众生为"有情",是有灵性,有思想的;物质世界则是无情的东西,是没有思想的。"圣人设卦",让我们观察到无情世界的现象,"系辞焉而明吉凶"。众生是哪里来的,也是宇宙物质世界的一种现象。"刚柔相推",是两种正反质能相互推动,因而产生了有情世界的一切众生。

假使这两大原则把握住了,知道了刚柔相推而生变化的理,你想卜卦算命的话就可以百算百准了。不过这个中间也有它的变化,是看时、空的大小来决定的。像医生看病,说今天病好一点没有?病人说没有,还是很痛。但你昨天还痛得躺在床上,今天已经可以下床活动了,已经不错了。可是人总不满足,因为他不晓得"刚柔相推而生变化"的道理,大家懂了这个原则以后,就可以进一步学《易经》了。

人生的历程

> 是故吉凶者,失得之象也;悔吝者,忧虞之象也;变化者,进退之象也。

这三个道理,就是最高的人生哲学,也就是政治哲学。我们知道,宇宙间只有两个现象:一个吉,一个凶。那么吉凶又是怎么来的?好与坏是怎么来的?是人为假定的。人类心理自己反应得失的一种现象,就成为"失得者,吉凶之象"了。譬如我想赚钱,钱到了我手,就是大吉大利;钱不到我手或失掉了,这就是凶。所以吉凶是人类心理相对的一种反应,天地间没有所谓绝对的吉凶,也没有绝对的是非，也没有绝对的好坏。这是指形而上者而言。

所以形而上者"没有"，形而下者"有"。有是哪里来的？是由人类心理来的。吉凶是怎么产生的？也是从人类心理的判别而产生的。譬如说青年人谈恋爱，谈到最热烈的时候很得意，但你不能就认为是吉。表面上看来很得意，事实上，说不定失意已暗伏在里边了。现在觉得很好，到时候分开也很痛苦啊！我常常说一个人求生不易，但求死也很难。想死还真不容易呢，跳水太冷，上吊很闷气……没有一样好受的。这些是非好坏都是从心理现象来的。

同样的，吉凶也是一种心理现象，一种失得的心理现象。我常说你学了《易经》以后就不要卜卦了，因为八八六十四卦没有一卦是大吉大利的，也没有一卦是大凶的，充其量告诉我们"吉、凶、悔、吝"四个现象。人生也只有四个现象，这就是《易经》阴阳的四象，所谓"太极生两仪，两仪生四象"。

太极以西洋人的说法，就叫做本体、叫上帝，佛家叫如来。我们中国文化不来这一套，不给它加一个宗教的外衣，也不赋予它一个假定的名词——本体；这个万有的生命，我们叫它太极。太极就生两仪，两仪就是阴阳，永远代表两个相对的力量，两仪就生四象。两仪生了四象，就是老阴、老阳、少阴、少阳。

人文世界的一切现象也只有四种——"吉、凶、悔、吝"。怎么叫悔呢？就文字看，知道就是后悔，人生对任何事情每一刻都在后悔中。刚刚吃饭的时候，菜很好吃，拼命地吃，吃饱了，肚子难过了，后悔了，"刚才少吃一口多好"，这就是悔。悔字以我的解释，它真正的意义，只有一个名词可借用来说明，才最恰当，就是佛经上讲的"烦恼"，这就是悔。佛经讲的烦恼不是痛苦，是开始时心里感到很烦，过久了感到不舒服，也不是痛，可是随时随地就是很不爽朗，很烦、很苦恼，也就是不高兴。一般人说的烦恼，就是《易经》的悔。"烦恼"两字是印度的宗教文化，后来传入中国的。

吝是什么？吝就是困难、是悭吝。整个《易经》八八六十四卦，只有吉、凶、悔、吝四个变化。四个之中只有一个吉是好的，其余三个成分都是坏的。悔吝是小凶，不是大凶，不好，也不是太坏。宇宙间的万事万物不动则已，一动只有四分之一的成分是好的，四分之三都是坏的。这个以后还要再讲，现只先说一下。

"是故吉凶者，失得之象也；悔吝者，忧虞之象也。"忧就是忧愁、烦恼。虞就是思虑，脑子不停地想；用脑筋叫做虑。用脑也很痛苦，一个人要不痛苦，什么都不要想才好。不用脑筋，只睡觉，睡醒了走来走去最舒服。但是那很难做到，绝大多数人都要用脑筋；只要用脑筋就有忧愁，就有烦恼。所以说"悔吝者，忧虞之象也"。由此可知宇宙间一切事情，一切人的心理，都离不开"吉凶悔吝"四个字。所以人生只要有思想，就有烦恼，心理上就有得失，得到了高兴，失掉了痛苦、烦忧。

"变化者，进退之象也。"有进有退，这就是变化。"进退之象"，就是各种的变化。如果反过来讲，什么是进退呢？就是"变化之象也"。同样地，"失得者，吉凶之象也；忧虞者，悔吝之象也；进退者，变化之象也"，也是很好的文字，其理论是一样的。不过前者是把结论先拿出来讲，后者是把主题放在结论里头来讲。

这是古文的写作方法，它变动不居，又是音韵铿锵的，不但可以朗诵出来，而且还可以谱在乐器上面演奏或歌唱的，一个字也不能差。它的音韵要清楚，像吉凶者，失得之象也等都是很好的文字，也是很好的音乐。

我们学了《易经》后，如何来判断一个问题呢？现在根据《易经·系传》孔子思想的原理，来告诉大家怎么样才叫吉凶，那就是"失得之象也"，或者说"失得"两个字也可以。假设我们问什么叫做悔吝？答案是"忧虞之象也"。什么叫做变化？答案是"进退之象也"。这是《易经》讲的，不要自作聪明，随便乱加乱减，那是不行的。孔子把答案都告诉了我们，你只要懂了这些就可以了。下面孔子进一步再来发挥。

下台一鞠躬

>刚柔者，昼夜之象也；六爻之动，三极之道也。

在物质世界里，孔子《系辞上传》第一章中，提到"刚柔"这两个字。刚就是阳，柔就是阴；白天属于阳，属于刚；夜间就是阴，属于柔。所以说刚柔者，昼夜之象也。换一句话说，这个物理世界是一阴一阳，我们夜里看到的是黑暗、是阴，但黑夜并没有什么可怕。譬如我们的手，翻过来是这一面，翻过去是另一面；一阴一阳是它的变化，白天夜里也只是变化的现象而已。所以懂了《易经》之后，就不会怕夜暗，更不会怕鬼，阴阳只是现象，与鬼没有关系。

我们年轻时怕鬼，现在我却想看到鬼，因为鬼比人友善得多了。假若我们跟鬼交交朋友，不是也满好吗？可是鬼还看不到呢！我尤其喜欢夜里，因为夜里比白天舒服得多了，夜深人静时那份安闲、那份静谧，真是好，白天却嘈杂得不知道搞些什么才好。所以这就是观念问题。

其实太极并没有昼夜，昼夜是物质世界的一个变化。假设我们利用现在的科学，去太空，在太空也不分昼夜了。昼夜是地球转动而产生的现象，这种现象，并不完全是由地球自身形成，而是由于太阳、月亮、地球转动的结果。一个球被挡住了就变成夜里，太阳照到那个球时就叫白天，就是这个样子，没有什么了不起。所以说，"刚柔者，昼夜之象也"。因此产生了一个哲学：人有了白天的忙忙碌碌，夜里总要休息一下；同样地，上台忙了一阵子后，总要下台来歇歇；下台久了以后，说不定还要再上上台。这一上一下，也就是"昼夜之象"也，没有什么，而是很自然的现象。

人生的价值

下面讲到卦，圣人设卦，卦有六爻，"六爻之动，三极之道也"。先天图是画三画的，如乾为天☰，坤为地☷等等，都是三画。后天八宫卦是用六画的。如乾为天䷀，天风姤䷀，每一卦必须有六爻。爻就是交的意思，彼此交互的关系。

《易经》的卦为什么有六爻？六爻是由三个步骤来的。什么叫三极呢？就是天、地、人。这是中国文化的特点：上曰天，下曰地，中间是人。天地有没有缺陷呢？以《易经》看起来，天地是有缺陷的，天地并不圆满。譬如，西方人说天地是上帝造的。实在说起来，也算是粗制滥造。如果把这个世界全部造成白天，连电都不用浪费了，还要发明电灯做什么？它永远下雨嘛，也好呀！我们就可以变成鱼啦！也用不到盖房子、造汽车啦！很多的现象都是一半一半，使人忙死了！又晴天，又雨天，有时还刮台风。我常说笑话，人的眼睛长得不好。如果前边长一只，后边长一只，不是前后都看得见吗？鼻子也长得不好，吃饭还用牙齿咬。有人说眉毛长得也不好。如果长到手指上，连牙刷也可以省了。这个笑话是说明了天地有缺陷。于是中国文化中提到人文文化的价值，也是孔子曾经讲的一句名言——人生的价值在"参赞天地之化育"。

说到这里，我讲一段亲身经历的故事，这已经是四五十年前的事了。那时候我在四川大学教书，还很年轻。他们请我专题演讲，讲题是"人生的目的"。我说这个题目不好讲，因为问题本身就是答案，用不到我讲。这个题目已经告诉了大家，人生是以人生为目的，其他的都是后人加上去的。如西方人认为人生是以享乐为目的啦！还有国父孙中山先生以为人生以服务为目的啦！其实享受也好、服务也好，都是后人为它加上去的。

什么叫目的呢？像我今天来上课，上课是我的目的；大家从家里走来听课，听课是大家的目的。人从妈妈肚子里生出来，没有一个人会在妈妈肚子里问：我为什么要生出来？我生出来的目的是什么？没有一个人是问明白了才生出来的。到底人生以什么为目的？我告诉你，大声地告诉你，人生是以人生为目的。这个题目本身就是答案，还有什么好讲的！

如果勉强来说人生以什么为目的，古今中外的说法都是空谈。拿孔子的话来说，人生的目的，我们不能说是人生的目的，应该说是价值才对。

人生的价值是什么？是在"参赞天地之化育"。参赞就是弥补的意思，弥补天地的化育之不足。如天要刮风下雨，人类发明房屋把风雨挡住，可知人生的功能是参赞天地之化育，也就是帮助万物。因此中国文化把天、地、人并称为三才——宇宙间的三才。提到人的价值，在中国文化中把人提得非常高。现在我们听到外国人讲一声人道主义，便跟着人家屁股后面走，我看了真有无限的感慨。这些人真是可怜，忘记了自己的文化。放眼世界今天讲人道主义的，除了我们中国以外，都是乱吹的，都是后生晚辈。大家回头看看我们的《易经》，那才真是人道主义的文化。

向心力与离心力

"六爻之动，三极之道也。"这个天、地、人的三极一动，就是六爻；六爻又动，就生相对的力量，就有了阴阳。也就是说，有了向心力就有离心力。所以读了《易经》以后，我感到很可怕。古人说懂了《易经》便可以为将相，我今天还在跟一位同学讲用人之道：这个人对我们忠心耿耿的，我们对人家也绝对地忠诚，但是到了利害关头要命的时候，忠心不忠心便不知道了。因为有向心力，便有离心力。我常常说，世界上谁又是最可靠的人？连自己都不可靠，还能够相信别人吗？因为人是会变的。人文思想的产生，是希望人在动乱要命的时候，能够不变，那就是圣人，有道之人，三极之道就是这些。这个"道"，在这个地方讲的是原理，都是形而上的原理，《易经》所以有六爻的答案就在这里——所谓"三极之道"也。因为变动是互相对立的，因此三极就产生了六个变化，我们老祖宗老早就发现了。自然科学进步到现在，也没有超过这六个范围，这就是"三极之道"也。上面讲的都是以物理世界的自然现象，说明它发生过程中的道理。

孔子的思想观念不同，他是以人文为中心。我们看看下面孔子所说的，他又把大自然的法则——拿人文的观念来讲，也就是物理科学的原理，用到人生的哲学里边来。

心安故理得

> 是故君子所居而安者，易之序也；所乐而玩者，爻之辞也；是故君子居则观其象而玩其辞，动则观其变而玩其占。是以自天佑之，吉无不利。

这是说，我们要懂得自然科学的原理，用之于人生哲学。君子是受过高深教育的知识分子，应该了解这个道理。居，就是平常，后世的古文叫平易，意思是说一个人平平常常，所居就能够平安，心安理得。心安理得这四个字，最初是在《易经》里边提到的，心安后那个道理——真理就自然产生出来了。

"君子所居而安者，易之序也"。易经八八六十四卦何以这样排列？它有它的原理，你懂了这个原理，就懂得人生了。所谓"所居而安者，易之序也"，就是这个道理。

"所乐而玩者，爻之辞也"。这里孔子已经告诉我们，《易经》是要我们玩的，你要背会了《易经》就好玩了。就像买一副麻将牌来玩，自然会玩出道理来。小时候大人告诉我们，夜间不可读《易经》，因为晚上读了《易经》，鬼都会吓哭的。现在懂了其中的道理，就知道夜里确实不可以读《易经》。不是怕鬼哭，是怕自己吃不消。因为夜里一研究《易经》，虽然时间已经很晚了，但还有一点点没弄清楚，再研究一下再睡，继续研究下来，弄通了，忽然又发现了一个道理，又进入了另一种境况，这样精神又来了，又不要睡了……就这样一下到了天亮还不知道。古人说"闲坐小窗读《周易》，不知春去已多时"，那是真的，一点也不假。坐下来读《易经》，不知不觉一个春天就过去了。

"所乐而玩者，爻之辞也"。孔子告诉我们学《易经》的重点，《易经》的每一爻，下面所系——吊在那里的一句话，就是爻辞。这里边包括了大自然的物理哲学、人生哲学、政治哲学等等，够我们学一辈子的。这两句话是孔子告诉我们学《易经》的好处：学了《易经》，懂得了《易经》，我们便心里很安详，少烦恼、少痛苦，就是"君子所居而安者，易之序也"的道理。第二个问题就是告诉我们，用什么方法去研究。孔子说"所乐而玩者，爻之辞也"，就是说学《易经》不要那么严肃，要我们很轻松地去研究爻辞，就这么简单。

自天佑之　吉无不利

下面告诉我们一个重点：

"是故居则观其象而玩其辞，动则观其变而玩其占，是以自天佑之，吉无不利。"大家注意！这里告诉我们，大家学了《易经》，是要我们"居则观其象而玩其辞"，不是要我们来卜卦算命的。"观其象",我们人生,人与人接触,每天一起床,自己当天的运气自己知道,一看自己的现象就知道了。

"观其象而玩其辞",我们观看现象之后,要再看看爻下面的辞句,几千年经验累积下来,其中含义,有个原理你自己要能找出来。"动则观其变而玩其占",我们人随时在动,你要做生意,念头动了,或者你当公务员,上级给你一个命令去办一件事情,这也是动……一动另一个现象就来了,你观察这个变化,就懂了《易经》,"而玩其占"。占就是占卜,可以未卜先知,晓得这件事情如果照这样办,结果是什么样子;如果照那样办,结果又是什么样子,自己都已经知道了。也就是说懂得了人生,自然会达到未卜先知。"而玩其占",不要卜卦就已经知道了。

下面一个重点告诉大家,就是"自天佑之,吉无不利"。我们信宗教,请神帮忙,统统没有用。世界上没有任何一种他力能够帮助你的。学生求老师,请老师帮个忙,我说办不到。我是你老师,也帮不了你。有时候请妈妈帮帮忙,也做不到。肚子痛,求妈妈帮我痛一下,可能吗?不要说妈妈,上帝也一样做不到。

人要怎样才能做到?靠自己,自助则天助。自己保佑自己,上帝才能保佑你,一切来自自力。中国特有的经验,唯有自己先站起来,自己帮助自己,才能"自天佑之,吉无不利"。自佑,自己保佑自己,唯有这样,才能得到他力。"自天佑之"这个天,就代表他力给你的感应。来自他力的一切,就叫感应;有感就有应,所以自己能够自力站起来,"自天佑之",那么上天才能感应你。自己如果站不起来,你躺在地上我扶你一把,会走路啦!如果我放了手,你又躺下去,下一次我再也不干了!只好让你永远躺在地上。所以人要能自助才能天助,能够自立自强的人,才能大吉大利。由此我们可以知道,《易经》告诉我们:人生命运都掌握在自己手里,任何一种外力都是靠不住的。

以经解经

　　有关《易经》的著述,这几千年来太多太多了!《四库全书》收藏之富,也是群经之冠。其中对《系辞》的解释,真是众说纷纭,不看还好,越看越糊涂。《四库全书》中的这些注解,大部分的要点我都看过。发现古人们的解释,跟我们现代人一样,各有各的主观,而且重点多着重于文字的诠释,尤以汉儒为然。

　　外国人常把研究中国的学问叫做"汉学",这是很错误的一个观念。"汉学"是我们中国文化上的一个专用名词,是谈汉朝学术问题的。汉朝的知识分子处于中国文化空前的大浩劫——秦始皇焚书之后,很多古书都被烧毁。那时候的书,是由当时人背出来的。为了怕有错误,所以当时的知识分子,把每一个字、每一个句子,都加以考据。往往因为一个字的考据,可以写一篇博士论文,要一百多万言,看了叫人头大。为了一个字,古人吃饱了饭没有事干,走火入魔钻到牛角尖里去,拼个死去活来,写了一大篇,那是不能看的。也不是不能看,而是越看越叫你不懂。讲句不客气的话,有时候我认为真应该把它烧掉,没有什么用处!可是再想想,有用的地方也许还有。所以今天我们要想读得懂自己文化的古文,最好的办法就是以经解经。别人的很多注解,先不要看它。因为先看了别人的注解,有些观念就会先入为主。如果你的主观先被人拉住了,以后便很难变化。所以我主张以经解经。有时你读它的本文,前边不懂的地方,等你读了后边,那前边的也就懂了。即使错了,也错得很少,不会离谱。假使看古人的注解,有时候错下去,一错就是几十年,回都回不来,临死后悔也来不及了。再说一家有一家的注解,各家的注解太多了,多得让你没有辨识的能力。所以说,以经解经才是读经最好的方法。

第三章　彖者言乎象者也

　　彖者，言乎象者也；爻者，言乎变者也；吉凶者，言乎其失得也；悔吝者，言乎其小疵也；无咎者，善补过也。
　　是故列贵贱者存乎位，齐小大者存乎卦，辨吉凶者存乎辞，忧悔吝者存乎介，震无咎者存乎悔。
　　是故卦有小大，辞有险易。辞也者，各指其所之。

卦彖爻象

　　彖者，言乎象者也；爻者，言乎变者也；吉凶者，言乎其失得也；悔吝者，言乎其小疵也；无咎者，善补过也。

这里有四个东西，大家要注意：
一、卦辞
二、彖辞
三、爻辞
四、象辞

卦辞——我们前面已经讲过，一个卦下面文字的解释，就是卦辞。

彖辞——彖，念 tāo，有人念 tuàn。彖就是断语，对一件事情下的判断与结论。彖是古代的一种动物。在《易经》里很多地方都以动物作代表，如龙啦、象啦、彖啦等等。据说古代有一种动物，可以咬铁，铁到它嘴里，牙齿一咬就断啦！这种动物就叫做彖。因此《易经》就借这种动物的功能与现象，作决定性判断的结论代号。象辞是对卦象的断语，具有不易的绝对性和肯定性的结论，所以就叫象辞。

爻辞——每一卦有六爻，爻就是交，就是从交通的交变来的。换句话说，爻就是两个十字架，这个十字架代表地球的磁场和太阳、月亮的经纬度。地球的磁场有一点点偏，像地球一样，西北偏东南。所以这个十字架不是正的，是斜的。因为我们中国个体字造字的时候，本身就是个图案，爻字就是根据这种实质的现象而来的，表示了两个十字架彼此交互的关系。所以说，爻者，交也。爻下面的文字就是爻辞。

象辞——象在古代是一种身体和力气都极为庞大的动物，在东南亚一带如缅甸、泰国等地很多很多。由于象的体积太大，很远很远就看得到，乃至老花眼的人也看得到。所以《易经》便根据这种动物的现象——一种庞大的现象，对一卦做一个示意的说明。象就是现象；象下面的文字，就是象辞。

现在我们继续研究《易经·系辞》的本身。

象辞是判断什么呢？"言乎象者也"，一个现象出来了，就加以判断。譬如说有人生病了，要用医药。他患的什么病，医生们根据医学的观念，就他病情的现象，来会诊、判断他的病情，再来用药。所以"象者，言乎象者也"，一切的现象一出来，有智慧的人就加以判断，这就是象辞的意义。

"爻者，言乎变者也"。爻辞是作什么用呢？卦里边的爻，一爻一爻，都互相关联。宇宙间的事物彼此也都有关联，不停地在交互变化。所以，"爻者言乎变者也"，是讲宇宙多种事物交互变化的关系。这就是爻辞。

以上这些，大家要记清楚，以后研究《易经》就方便了。

楚人失弓

"吉凶者，言乎其失得也"。什么叫凶？什么叫吉？失去了就叫做凶，得到了就做吉。为什么得到了、占有了就叫做吉？失去了、没有了就叫做凶？这就是我们人文文化的观念。其实失去与得到都没有什么了不起。我们中国春秋时候，有个有名的楚人失弓的故事，也代表了中国文化的另一方面。

在楚庄王的时候，庄王有一张宝弓，不见了。当时的宰相、大臣们惊慌得不得了，甚至全国人都非常震惊。国君丢了这张宝弓，那还得了！为了找这张弓，弄得全国鸡犬不宁。这事被楚庄王知道了，便告诉部下说：不要找了，我丢了一张弓，他得到了一张弓，不是不得不失吗？我用跟他们用有什么不同呢？"楚人失弓，楚人得之"，都是我们自己人呀，这没有什么不好呀！部下听到了很高兴，都以为楚庄王度量大，是一位非常伟大的国君。我昨天丢了钱，被人捡起来拿去用了，那也很好，钱反正是要用的，我用他用都一样！从我们中华文化这一种哲学思想看来，便没有什么得失之分，当然也无所谓吉凶了。但这只是少数的圣人们才会有这种开阔的思想，大多数人是做不到的。所以说"吉凶者，言乎其失得也"。得到了以为吉，失去了以为凶，便成了社会一般人的常则。

善于补过

"悔吝者，言乎其小疵也"。悔吝吉凶，我们刚刚提到过了。"悔吝"这两个字，在《易经》卜卦上常常碰到。什么是悔吝？就是小毛病，也叫烦恼。但是，《易经》除了"吉凶悔吝"四个现象以外，还有一种现象，叫"无咎"。我们后人卜卦，遇到了"无咎"这两个字，便以为"无咎"很好，这是不懂《易经》道理的缘故。

"无咎者，善补过也"。天下事情没有绝对好，也没有绝对坏，你认为好，就出毛病啦！人生就是悔，悔就是很困难的，没有真正的无咎。要真正达到没有毛病的话，你要"善于补过"，自己随时反省自己，随时随地要能检查出来自己每一方面的错误，随时随地检查自己的毛病，这样才能无咎。不是卜卦卜到无咎便认为没有问题，是好卦，那便错了！

譬如你做生意，三点半钟要钱，你卜到无咎就认为没有问题，那靠不住。你要去找才行，钱不会自己进来的，不然你会一垮到底。要善补过才行，这就是无咎的道理。不是说无咎就是很好，就是没有毛病，那便错了。下面他下了结论说：

> 是故列贵贱者存乎位，齐小大者存乎卦，辨吉凶者存乎辞，忧悔吝者存乎介，震无咎者存乎悔；是故卦有小大，辞有险易。辞也者，各指其所之。

大家注意！他讲到"列贵贱者存乎位，齐小大者存乎卦，辨吉凶者存乎辞"。这里有三个重点，一个是位，一个是卦，一个是辞。所以有人认为学《易经》懂了卜卦的法则，就可以懂了人生。什么叫贵，什么叫贱，什么叫运气好，什么叫运气不好，重点就在那一个"位"上，当位就好。

譬如玻璃工厂做烟灰缸，一次做了一千个，一千个烟灰缸统统一样。这中间有一个被太监买去给皇帝用，而且皇帝还很喜欢它，摆到皇帝的御书桌上。大家看皇帝很喜欢，谁也不敢去碰，认为价钱一定很贵。另外一个烟灰缸被人买去，摆到公共厕所里边用，连小偷也不会去多看一眼。它的用处完全一样，它的位置完全不同，因此就分出了贵贱。所以,世界上没有一样东西是绝对的贵、绝对的贱,贵贱是由于它存在的位置不同,当位不当位而已。当位就对,不当位就不对。所以有一句通俗的话说"福至心灵",这个人福气好,他到了那个位子,自然就聪明了。

同样一个东西,如果位置不对,你认为最贵的也最不对劲。所以算卦的道理也是这样,八八六十四卦哪一卦是好卦,哪一卦是坏卦,就看你当位不当位,当位了就是好卦,不当位就是坏卦。你的命好,运气不对没有用。譬如等公共汽车,好不容易来了一部车子很空,你满以为可以上车找个位子坐了,偏偏这时候有个老朋友跑来跟你打招呼,只有眼看着这部空车开走了。后面的车子都是满满的,你还是没有位子坐,永远挤不上去。这是命好运不好。所以说"列贵贱者存乎位",位不对便什么都不要讲了。你说很多事情你看不惯,看不惯也要看,没得办法!

"齐小大者存乎卦"。每个卦你要记清楚,什么叫大卦,什么叫小卦,也是不定的,也要看它的位在哪里。位对了就是大卦,位不对就是小卦。位对了,小卦也叫大卦,位不对,大卦也变成了小卦。譬如乾、坤两卦最大,但是如果乾坤不当位的时候,一点用处都没有,还是小卦。

月儿弯弯照九州

"辨吉凶者存乎辞"。因此《易经》的卜卦、算命等等,对人生的作用,以及所说的吉凶的道理,是好还是不好呢?《系传》说"辨吉凶者存乎辞",辞就是你的思想、你的观念。你的观念对了,便一切都对了。孔子说"辞也者,各指其所之"。所以文辞语言,是人类思想的代表。由于这种思想是在我们一念之间生灭,我们心里认为对了,不好的地方便也好了。不对了,我们心里感到很忧烦，那好的地方也不对了，也不好了。我们随时可以从文学的境界中体会出这些。如唐朝有名的白话诗：

> 月儿弯弯照九州，几家欢乐几家愁。
> 几家夫妇同罗帐，几个飘流在外头。

月儿弯弯，每个月月初或下旬，月亮都是弯弯的。同样一个弯弯的月亮，可是大家看到后感受却不一样。有人看到弯弯的月亮，心里是那么高兴，那么惬意；有些人看到弯弯的月亮，心里却非常伤感，非常凄凉。其实个人的喜乐，同月亮有什么相干呢？这所谓的"触景生情"，事实上还是自己心里先有了一个观念意识的存在，再由当时的景物引发出来而已。"几家夫妇同罗帐，几个飘流在外头。"这是唐代的白话诗，同样是一个月亮，但人们心里的思想感触却不相同，就是这个道理。

"辨吉凶者存乎辞"。吉凶表现于文字思想，是一个观念的问题。平时我们用《易经》卜卦的时候，卦的下面往往会有一个忧或者是悔、吝的释语。假设我们做生意，卜卦碰到了忧，一定会很痛苦；碰到了悔吝，一定会有烦恼或阻碍。这些悔、吝绝对无可避免吗？不然。如果你研究《易经》久了，你便会知道，遇到忧、悔、吝的时候，是可以解决的。怎么解决？就是我们平时常说的，要能行得正、行得直，心里没有歪念头、坏主意。纵使遇到烦忧、悔、吝，心里坦荡荡，以平常心处之，那一切也就平安了。

《易经》"其介如石"这句话的意思是，在高高的山顶上有块石头巍巍然的站在那里，这种顶天立地的精神，就叫"其介如石"。孔子说"忧悔吝者存乎介"，介就是一个人顶天立地的站在那里，行得正、坐得稳、一切作正念、最好的存心，当你遇到最痛苦、最麻烦的事时，自然也会逢凶化吉了。

辞也者各指其所之

"震无咎者存乎悔"。假如卜卦卜到了无咎，不要以为没有问题，要存乎"悔"，一切要小心，自己要多反省自己，这样才会"无咎"。孔子又告诉我们，读《易经》要懂得"卦有大小，辞有险易"。《易经》下面的卦辞，有险有易。有险，看起来非常可怕，但不一定可怕；有易，这个易的含义有两个：一是便易的易，一是可以变化的易。有易，也不要高兴，以为尽是便易，它会变的。我们人类的价值，就是有头脑有智慧，用自己的智慧把危险变成平易，坏的把它矫正过来变成好的。但是，自己也可以把好的破坏了，变成坏的。所以说"辞有险易"。

《易经》每一卦、每一爻下面的文辞，都是讲些什么？"辞也者，各指其所之。"大家注意这个"之"字，在我们读古文的概念中，都知道这个"之"字是虚字，所谓"之乎者也"。但有时候它却是个实体的字，不是虚字。之者至也，是指到达了那里。

譬如我们用手去架上拿毛巾，摸到了毛巾的时候，就是手之所之，之就是到。明白了这些，这个"之"字所产生的《易经》的学问，要特别注意。大家以后自己看《易经》，遇到一个名词叫"卦之"的，就说明了这个卦包含的意义，"所之"是到达了某一个境界。

我曾经审查过一篇写《易经》哲学的论文。文中提到"卦之"这个名词，他说这句话错了，哪里有这种说法！"之"字一定是"交"的讹字，所以他把"卦之"改成"卦交"。我看了以后，感到啼笑皆非。没有办法，只好用红笔批他个五十九分。这不是笑话而是事实。"辞也者，各指其所之"，这是第三章。这三章在孔子《系传》里是一组，是一个中心思想。下面一章开始就不同了，开始讲《易经》的哲学了，非常非常要紧。现在请大家看原文。

第四章　易与天地准

　　易与天地准，故能弥纶天地之道。

　　仰以观于天文，俯以察于地理，是故知幽明之故。

　　原始反终，故知死生之说。精气为物，游魂为变，是故知鬼神之情状。

　　与天地相似，故不违；知周乎万物而道济天下，故不过；旁行而不流，乐天知命，故不忧；安土敦乎仁，故能爱。范围天地之化而不过，曲成万物而不遗，通乎昼夜之道而知，故神无方而易无体。

一切学问的准则

　　易与天地准，故能弥纶天地之道。

　　《易经》这部书，在我们中国文化的地位，有几句名言可以形容，就是"经典中的经典，学问中的学问，哲学中的哲学"。最高最高的思想，四书五经一切中华文化思想，都来自《易经》。至于孔子研究的心得报告，有几个要点：

　　第一，《周易》这一部书的学问法则，是宇宙万事万物一切学问的标准，"易与天地准"。不论人事、物理，一切的一切，都以此为法则。换句话说，化学的也好，物理的也好，数学的也好，无论自然科学、人文科学，也不管军事、政治、经济、社会、教育、文学、艺术等等，都离不开这个法则。

天地之准是宇宙间最高的标准，最高的逻辑，故能"弥纶天地之道"。"弥"就是画一个圆圈，因为圆周形无所不包。"纶"就是在这个圆的外面，再捆上一条带子，一直一横，好像我们小时候没有玩具，用棉花团一个圆球，外面再用线把它缠起来，当皮球用，在地上拍，"弥纶"就是这个意思。简单地说，如果人家要问我们，你们中国的《易经》是怎么样的一门学问？答案是"弥纶天地之道"的学问。宇宙间万事万物一切的法则，都在它的范围之中了。

第二，我们的祖先画八卦，创造《易经》的哲学，它是幻想来的吗？不是的，它是科学的，是经过科学实验的程序的，是"仰以观于天文，俯以察于地理"而研究发明的。我们老祖宗观察这个天文，不晓得经过几千万年，才累积起来成为这个心得经验。

我国的天文内容很多。譬如我们小时候看过一部书叫《白猿占经》，书的表面花花绿绿的，很奇特。这是一本早晨看太阳，晚上看月亮，观察天象而知道刮风下雨的书。哪个地方有灾变、有刀兵，晚上一看大文就知道了。这本书的来历，据说是上古时候有个猴子修道，活了一万年，它观察天文，记录下来累积得到的经验，成了这一部《白猿占经》。当时我们听说了这本书，兴致很高，千方百计设法购得，视为珙璧，藏之密箧，轻易不让别人来看。等到自己年龄大了，知道了个中乾坤，也就一笑置之。过去一些同学们感到很新奇，我说你们谁要想当诸葛亮、刘伯温，你们拿去好了。同学们当然很宝贵。但当他们弄清楚了个中道理，也没有什么稀罕了。

神秘的无字天书

我们老祖宗了解到天地的法则，是科学地观察得来的。

仰以观于天文，俯以察于地理，是故知幽明之故。

　　这个地理，并不是你们中学读的地理。在中国古代，看风水也叫地理，这个地理是地球物理的另一种学问。所以古人又把看风水称为堪舆学。舆图之舆，过去就叫地理，是依据一般的地理图形——包括山脉河流的走向等等。堪就是察看，察看地球所能负担的能力；舆是车，也是载，有地厚载物之意。所以堪舆就是地理，一般称它为风水。这里我们所谈的地球物理，是新兴的一种学问，可是我们老祖宗早就研究了地球物理。我常常告诉外国的朋友，关于地球物理这门科学，我们中国几千年前就已经开始研究了。我们中国有一本书，不但外国人不懂，连中国人也看不懂，这本书就是无字天书，只有图案，没有文字，在《道藏》里边。以我看来，这本书就是地球物理学，全书都是图案，画了很多圈圈，都是洞洞，白洞黑洞，究竟哪一个指什么，谁也不晓得。这本书就是《五岳真形图》。

　　在我们中国古时，认为地下面都是通的，地球是个活的生命。我们古人之所以把地球视为一个活的生命体，就是认为地球里边有人。现在美国人的研究，也认为地球里面有人，地球里边也有另一个世界。这话是否可靠，地球里面到底有没有人，很难说！记得我们年轻时念过一首求仙得道的诗："王子去求仙，丹成上九天。洞中方七日，世上已千年。"

　　那个时候我们认为是真的，绝对不假，洞中方七日，世上已千年。小时候这种故事读得多了。现在西方也有这一类科幻故事。譬如天上的飞碟是从哪里来的？这有很多说法：一种认为是来自外太空，一种认为是来自地球内部的人类，因为我们搞原子弹、核子弹，扰乱了地球内部人的生活，所以他们派出来侦察，看是怎么一回事。据说美国曾经有位叫维特上校的军人就被他们抓走，带到地下去审问了。不过我想如果能被他们抓到另一个世界去玩玩，我倒满希望的。据说到了地下，便可以长生不死了。我们中国人过去都说，地下人的生命比我们长，像王子去求仙说的"洞中方七日，世上已千年"，那多好呀！这是不是神话呢？也很难说。到现在不但地球里边是个谜，就是连地球的北极是什么样子，也还没有人下过定论。科学家们、航空专家，都没有办法。因为飞机到了北极上空，一切仪器便都失灵了，分不出东西南北，只有在那里打转。如果被地心吸力吸进去，飞机便飞往地下了，也就什么都完了。进去之后变神仙不变神仙，我们不知道，但这些情形到底是什么原因，现在人们还弄不清楚。倒是幻想的科学家的这种想法，几千年前我们老祖宗便知道了。这些在《道藏》里边都有，但很可惜没有人看得懂。如果我们能懂了，知道哪里是门户，一开门我们便可以进去了，那该多好。我曾经想关起门来研究它十年八年，总要弄出个眉目。如果能进去，洞中方七日，世上已千年，也满好玩的。但总下不了这个决心，因为到底没有这么长的时间，让我下这个功夫去研究。

旅　程

我们老祖宗的《易经》，是"仰以观于天文，俯以察于地理"。由于科学累积的经验，"是故知幽明之故"。幽是看不见的一面，像宗教家讲上帝、讲天堂、讲地狱，究竟有没有？没有人能看得见，这就是幽。明呢？就是我们摆在地面上的，看得见的，就是明。换句话说，世界上的神秘学、宗教学都是属于幽的。你如果懂了《易经》的道理，关于明的你固然看得见，幽的——鬼神的世界，你也都知道它的根源。

原始反终，故知死生之说。

懂了《易经》的道理，像我们学佛、学禅宗的所说的生死，在中国文化看来都是笑话，那是小问题。一个人怎么死、怎么活、怎么来投生等等，在中国文化中那不是问题。

譬如上古时候距离现在几千年前，大禹王就说过"生者寄也，死者归也"的话。生是来观光旅游的，死就是回去，回去休息休息再来。《易经》也是这样说法："原始反终，故知死生之说。"人从哪里来，还回到哪里去。年轻时很调皮，读到这里便报告老师说我懂了！老师很诧异，问我懂了些什么。我说：生是莫名其妙的来，死也是回到莫名其妙那里去。老师哈哈大笑。这虽然是笑话，但懂了《易经》就懂了生死。生死本来是两头的现象，像早上太阳上来了，晚上太阳下去了。生死也等于佛所说的，是分段生死，一个阶段一个阶段的。至于真的生命、太极是无穷无尽，无始无终的。这一次你生成一个男的，下次再来你要变成女的；这一次变人，也许下一次变狗呢！这就是分段生死，跟佛讲的六道轮回是一样的道理。分段生死，生来就好像这个世界上的观光之客，因此产生了文学的境界。李白的《春夜宴桃李园序》中就说："夫天地者，万物之逆旅；光阴者，百代之过客。"

天地就是万物的旅店，所谓光阴就是时间，现代人常说的时间隧道。从宇宙看世界几千年，也不过是个小孩子，是很幼稚的、很短暂的。宇宙不止几千万年。逆，就是欢迎。你来了，店老板当面欢迎你。旅，就是旅馆。光阴者百代之过客，这种思想跟我们老祖宗《易经》的思想，是一贯来的。所以死生不成问题。

人生的问题

庄子以为人生最大的问题，就是人怎么生，怎么死。宗教家也在追求答案。宗教家认为，有一个高人创造了我们。哲学家不相信，科学家也不相信。你说他造了我们，我还要问问，他是谁创造的呢？每一个宗教教主又是谁造的呢？其实所有的宗教主都是我们造的！因为我们信他，他才能够存在，才有存在的价值。如果大家都不信他，世界上哪还有他的影子？所以说他是我们造的。不过我又是谁造的？我的妈妈，我的外婆？那我外婆外婆的外婆，最初最初是谁造的呢？先有蛋呀先有鸡？谁也没法解决这个问题。问到最后便完了，那又是哲学、科学问题了。宗教是不能问的，还管他鸡呀蛋呀！尤其是我们中国人，管你鸡呀蛋呀！一齐加点酱油葱花红烧吃掉算了。中国人个性懒得问这个，西方人却拼命地去追根究底。可是中国古代文化"原始反终，故知死生之说"，承认鬼呀、神呀、仙呀、佛呀、上帝呀、菩萨呀，宗教所信那些看不见的，中国古代文化都说有，那是心物一元的。

精气为物，游魂为变，是故知鬼神之情状。

你懂了《易经》，鬼神都在你手里掌握，听你的命令。所以我们年轻的时候学《易经》，就是为这个目的而学。学了《易经》鬼都不怕，鬼还要听我的命令，这种学问非学它不可！

谁创造了宇宙万物

事实上，照我们《易经》的观点，这个宇宙万物，既不是上帝造的，也不是菩萨变的，是什么呢？"精气为物。"什么是精？不是人体荷尔蒙那个精啊！这个物也不是我们所看到的物质的物。中国秦汉以前，老子也好，庄子也好，提到这个"物"字，他们的观念就是一个"东西"，跟我们现在所谓的什么东西一样，这是个抽象的观念。"精气为物"，构成一个东西。"游魂为变"，游魂也是个东西，不过与精气是两层。精气是固体的，游魂已经不是固体的，而到了物理的状态。

"游魂为变"——起了变化。鬼是什么呢？是实体的、向下走的；游魂像是冒出的烟，是向上走的，就是游魂。什么是精气呢？好像我们抽香烟，烟抽完了，分为两层，烟向上走，烟灰还在这里，就是精气。这里有三样东西：香烟、燃后冒的烟——游魂、抽完后剩下的烟灰——精气。所以"精气为物，游魂为变，是故知鬼神之情状"。鬼神有没有？有，绝对有的。但是你不用害怕，这是心物一元变化出来的。所以学了《易经》可以统御鬼神，每一个人都可以做教主了。

堪舆学上的问题

"仰以观于天文，俯以察于地理，是故知幽明之故。"我们老祖宗仰观俯察的这个"地理"，包括了现在所谓的地球物理等等一切。说到地理，大家会联想到看风水的问题，虽然是个小道，但也必须运用《易经》的法则，今天顺便跟大家介绍一下。

关于看风水的问题，这里边包含的也很多。大体上说，看风水所谓的地理，就是堪舆之学，它在我们中国文化系统中，也已经有几千年的历史了。站在文化的立场，风水虽然是小道，但大家也不要轻视了它，因为它也是一门很复杂很深奥的学问。像我们古代开矿，那时候并没有所谓的地质学，也没有探测的仪器，完全凭堪舆之学，就可以断定矿源、藏量及深度等。

一般看风水大概分为两派：一是三合，是依据天、地、人各种不同的法则；一是三元，是以时间为标准的方法，分为上元甲子、中元甲子、下元甲子。比较而言，三合是注重形峦，也叫峦头；三元是注重理气。后来又分了很多派别，开始时是晋朝的郭璞，专门用五行——金木水火土来相地，来观察地理。郭氏著有《葬经》，是讲安葬死人法则的学问。死人与活人有什么关系呢？这就很难讲了。说起来恐怕就是电、感的关系吧！有时候有道理，有时候没道理。但是郭璞本人的故事，却不无令人有所感慨。

我们看晋代的历史，郭璞是当时的知名之士，学问当然很好。他研究这一套学问，对当时的政治影响也很大，可是他却不幸遇到了一个君弱臣强的时代。有位宰相叫王敦，很跋扈，想造反篡位做皇帝。但他怕这些有学问的读书人反对他，有一天就请郭璞吃饭，想威胁他屈服。吃完了饭，王敦就问郭璞：郭先生你的阴阳五行是很灵的，请你算算我的命好吗？意思是说我能当皇帝吗？郭璞就劝他不要篡位当皇帝，不然会有不测之祸。王敦很不高兴，就问郭璞那么你算算你自己的命如何呢？郭璞笑着说：我的命，到今天中午就完啦！因为你要杀我。王敦说，我正是这个意思，就把他杀了。所以有人说，善《易》的人不卜。历史上能够先知的人，多半不得善终。大家千万注意：搞神通、搞先知的人，大多数都得不到好结局，这是必然的。

难得糊涂

古人有句话说"察见渊鱼者不祥"。一个人用肉眼能看到水底有几条鱼，而且看得清清楚楚，这是很不吉利的。这句话就是说人不要太精明了！如果知道很多人的阴私，便认为自己消息灵通，那对自己实在是很不利的。所以一个人要装糊涂一点才好。

大家知道清朝有一个名士叫郑板桥，他就常说："聪明难，糊涂难，由聪明转入糊涂更难。"内心要绝对的聪明，外边要假装糊涂。尤其是家庭夫妇之间，彼此有点不到的事，要装作没有看见。这就是由聪明转入糊涂，这也是最高的修养。

郑板桥接着又说："放一著，退一步，当下心安，非图后来福报也。"这个福报并不是指信宗教、做点好事或求来生享福的福报，而是为了自己一生心境上平安的福报。我们刚才说到玩神通、玩聪明的人，结局都不太好的原因，就是因为他们不能由聪明转入糊涂之故。

狮子与狗

现在回头再讲中国过去的地理——看风水的问题。开始我们讲三元、三合。所谓形峦，一般的说法就是龙，看龙脉。龙是形容词，不是真的有龙；形峦就是五行相配。有的山头是圆形的，便属于土形；有的山头是尖形的，便属于火形；方形的是属于金形；另外还有木形的山。金木水火土配起来，就是看形峦。

风水师常说这个山是麒麟呀、狮子呀、宝剑呀、军旗呀、纱帽呀，都是鬼话，不要相信。狮子跟狗差不多，麒麟跟猪差不多，为什么不说是狗形山、猪形山呢？由此可知这些都是胡说，是迷信。后来堪舆学到了唐代，分为四家，就是赖、李、杨、廖，最有名的是杨救贫。我们年轻时，听说看风水要练眼睛，要能看到地下三尺深。那也是骗人的话，不可能的事！当时我也练了很久，后来越想越不对劲，便不再练了。

事实上，一个地理师要能看到地下三尺，也是有道理的。但是要用智慧之眼去看。要了解地质的情形，岂止三尺！三丈也应该了解的。杨救贫因为十分高明，所以不轻易为人家看坟地。他只为忠臣、孝子、节妇、义士这四种人看。这些是中国社会的典型人物。他指定地点，把这家死去的父母埋下，不出三年一定大发！不管什么地，只要杨救贫一指点，头向哪一边，脚向哪一边，埋下去三年以后，你等着看吧！升官、发财都来了。

青山何处不埋人

这种方法我们年轻时候听了，心中认为非常神奇，也非常向往。其实是用三元理气，任何一个地方都可以葬人。过去我家孩子们也有信来，说为我选了一个好地。我写信告诉他们，"青山何处不埋人"！人死了哪里不能埋呢？不要那么麻烦，哪里死，哪里埋，寿终正寝跟死在道路旁边是一样的。但是讲堪舆之学，的确有这种学问，叫做理气。懂了理气，懂了三元的道理，任何地方都可以。

譬如今年为下元甲子年（一九八四年），卦气便跟着变了。台湾是属于后天卦巽卦的位置，巽在东南。台湾几百年没有走过这个运，这几十年正是巽卦当令，所以也是台湾最走运的时候、气最旺的时候。过了这个卦气，便要开始鼎卦。鼎卦的方位、当令、当权，又另是一种气象了。杨救贫的方法就是抓这个东西，抓住这个时运。运气正要到那里的时候，等于一条光线，正好照到那里一样，不论水泽、荒丘、道旁……这时候你把人埋下去，等到你自己发达了，有办法了，再把你父亲、母亲移去他处安葬。这是唐朝杨救贫的大概。地理这门学问，我平常也常鼓励一般人学。但是派别很多，这个里边窍门也很多，绝对不能迷信。

有一本书，我在香港看到，现在已经在台湾流行了。这本书有图案，写得很明白。譬如正对门口有棵树，这是很不好的。记得有次到南部去，走到清水等车子，看到一户人家门口有一棵榕树，榕树须一串一串纠结不清，很是不好。一问这家果然有问题。

风水这东西有时也真邪！你说不信吗，有时候还真灵；不过有时候也不尽然。我们中国看地是一德二命三风水、四积阴功五读书。你懂了这些以后，便不要看风水了，一切都要靠自己努力才行。虽然如此，过去大家还是很重视它。在我们历史上出将入相的人很多，像宋朝的范仲淹、朱熹，也是一代大儒，他们的风水都很高明。孔子的学生们也很注意这个问题。孔子死后，他的墓地是他的学生子贡看的。当时三千弟子会议如何来葬夫子，结果选了地（就是后来葬汉高祖的那块地），子贡看了说：不好，这块地不行，因为这块地只能葬皇帝，不能葬夫子；我们夫子比皇帝伟大！所以子贡选了山东的曲阜。但是子贡又讲了：这块地固然不错，只是这条水有问题。若干年后，下一代女家差一点，再下一代又好一点，再下一代又差一点……由于过去重男轻女，女家好坏大家认为不算什么。这么一块千秋万世的好地，虽然有这一点缺陷，也总算是块好地了，于是孔子便葬在这里。

这些故事说明中国文化中，古代的读书人必须要通三理——医理、命理、地理。为什么要通三理？

因为中国文化讲孝道，一个做儿女的人要懂了这些，才能为父母尽孝。父母年纪大了，做孩子的一定要懂得命理。孔子在《论语》中就说："父母之年，不可不知也。"父母的年龄不可不知道，为什么？知道了父母是多大岁数了，自己出远门能不能回来，自己心里有数。算一算知道什么时候是个关口，怕有麻烦，早点准备，要特别小心。第二点，万一有病了，自己懂得医理，知道治疗。不幸死了呢？懂得地理，找个地方安葬父母。所以一个读书人就要能懂得命理、懂得医理、懂得地理。

神奇的堪舆术

到底地理有没有关系呢？有关系，我小的时候也看到很多。当时有一个老前辈，又会算命又会看地，我们老喜欢跟着他跑，一边跑一边听他讲些道理，讲些学问。那时候不用笔记，完全靠脑子记忆，有时候一件事要他讲好几遍。记得有一次走到一个山上，看到一座坟墓，这一家是我们都认识的。他说：这家的后代一定很不好，我们要帮帮他。我说我们又没有钱，又没能力，怎么帮法？老师带我们站在山上说：你看他的祖坟下面出了毛病啦！我们站在山上看坟墓，一片白白的，很多坟墓，都一样呀！老师说某某家的坟墓里有水，在我看来却跟别家的坟没有什么两样。

过了半年，听说这家要迁坟了。那时候还小，怕看棺材、怕见鬼，不敢去看。老师说不怕！我带你去。年轻人多学些经验，于是便去了。到那里还没有开始挖坟，老师说这个棺木有问题，里边都是白蚂蚁。结果把坟挖开了一看，不但棺木变了方向，而且已变成黑色，外边还干干的。再打开一看，棺木内一半都是水，棺木上全是白蚂蚁。想想老师的确有一套。

我们一般人讲风水，风水是什么？什么叫做风水？风水就是要避开风、避开水。所以我就问老师，棺木怎么会歪呢？里边怎么会有水呢？他说这是风的关系，地下有风，风的力量就那么大，把它吹动的。水呢？水是从附近集中来的，所以看风水就是要避开风、避开水。这意思就是，不忍心父母的尸骨在地下还受风与水的侵袭。老师还讲了很多故事给我听，好风水的地方的确不同。记得家父四十多岁的时候，自己把自己的棺材做好摆起来，坟墓也做好。这是中国的老规矩，免得子孙们麻烦。在开始为家父做坟时，老师来了。指定要挖下去二丈二尺深。一般而言，并不需要挖那么深。因为这是块金色莲花地，挖到一丈二尺深的时候，中间有块土是金黄色的，像莲花一样。当时我们也很稀奇，跟着去看，果然慢慢地挖出黄土。他说还要挖、还要挖，一挖下去果然有块土跟蛋黄一样，像不像莲花，当时也顾不到了，只感到很惊讶。这都是我亲眼看到的事情。

那个时候，既没有大学地质系，也没有仪器来测量，到底他是怎么知道的？所以中国的许多学问，都是根据科学的原理来的，都是最高的理论科学。但是很可惜我们一般后代人，大家都把它用到看风水、看死人上去；用到办公室搬位置，换桌子什么等等来挑运气，那实在太小啦！我个人一辈子不在乎这个，有人说我办公室位置不对，不能坐！我偏要坐，因为我不需要鬼神来帮助我。一生行事无愧无怍，了无所憾，所以什么都不怕。但是各位千万不要学我，因为我是个什么都不在乎的人。大家不要迷信，但也不要不信。

说到迷信，使我想到现代人动不动就讲人家迷信，有些问题我常常问他们懂不懂？他说不懂，我说那你才迷信！自己不懂只听别人说，便跟着人家乱下断语，那才真正是迷信。当然，不但科学不能迷信，哲学、宗教也同样地不能迷信。要想不迷信，必须要自己去研究那一门东西，等研究通了，你可以有资格批评，那才能分别迷信与不迷信。这是讲到地理的时候，对我们一般人看问题的一些感触。

理论与科学

刚才讲过，地理的学问包括很多。至于整个的地理，我经常提倡二顾全书不能不读，一部是顾祖禹的《读史方舆纪要》，一部是顾炎武的《天下郡国利病书》。这两部书都是讲地理的，不能不读。我们过去读《史记》、读《汉书》时，一定把这两部书摆在旁边，读到哪里，随时翻阅。譬如我们读到福建，便联想到台湾，便想到郑成功是怎么到台湾的，不能不读台湾的古代历史。台湾古代历史资料、山川、形势、人物、物产等，在《读史方舆纪要》一书中，说得都很清楚。

尤其一个学政治、学军事的人，如果连《读史方舆纪要》都没有看过，连地理都不熟，那还谈什么政治？谈什么军事？一个政令下去、一个政策的决定,可以适用于台湾,不一定适用于山东或四川;可以适用于黄河以北,不一定适用于长江以南。拿台湾而言,一个方案、一个政策,在台北很好,在台南、屏东便不一定需要。在台北能行得通,到屏东便不一定行得通;到台东可能更不对了。所以一个为政者,要上知天文下察地理。《读史方舆纪要》与《天下郡国利病书》,无论从事军事或政治,乃至地理师,都不能不读。我记得年轻时出门,行李比人家都重,所谓"半肩行李一肩书"——带的都是书。这两部书随我走的路,实在不少。抗战胜利后,我把它捐给四川图书馆了,这几十年我手中没有这两部书,最近才把它印出来,大家不能不看。这是讲地理顺便提到的。

死生如旦暮

上次讲到"原始反终,故知死生之说",就是讲到了生死。中国文化素来认为:人类活着与死去,没有什么差别,也没有那么多的痛苦。生者寄也,死者归也。活在世上等于住旅馆、来这里玩玩、来观光的,观光完了当然是要回去的。所以说,死生如旦暮——像白天与黑夜一样,有生必有死,有夜必有昼。换句话说,这个死生观念不是唯物的观点。唯物观点认为人死如灯灭,中国文化的观念不是如此。它的看法是:死也不是死,有死必有生;生也不是生,有生必有死。用佛家的说法就是轮回,也就是所谓的三世因果。

三世是指前世、今生、未来的来世。当然我们现在的生命死了,佛家叫分段生死,是属于整个生死的一小段,所以生死是三世因果,六道轮回在那里转。印度佛学跟中国古代的说法一样。所谓"原始反终",就是现象的变化,经过能生能死的那一个,生命并没有动摇。等于水泡成茶、造成酒,茶与酒虽然不同,却都是由于水的作用而然，但水的性能永远没有变过。所以"原始反终，故知死生之说"。

因此，东方文化认为，死生不是问题。西方呢？认为死生的问题非常严重，因此有了宗教。宗教是解决人们死后的问题的。讲到宗教问题，我常说宗教家都是卖死不卖生，都是做"死"人生意的，是告诉大家不要怕死，死了可以上天堂。大宗教家开了自家观光饭店等客人上门，佛教称它的观光饭店是西方极乐世界，基督教称它的是天堂，大家以此来号召。

中国文化不站在死的一面看，而站在生的一面，认为人生是生生不已。固然太阳有落下去的时候，但太阳天天都要再升起来，因此中国文化从来不提死的问题。也有人说西方人认为中国文化不重视宗教问题，甚至说中国文化中没有宗教。我说你搞错了！中国文化谈的是生的宗教，不谈死的宗教。你们的宗教是夜里提灯笼走路，鼓励人家去死，死了到你那里去。中国文化不鼓励人家死，鼓励人家生，生生不已。今天太阳落下去，明天又有太阳升上来，后天还有太阳出来。

我以往常常告诉那些老朋友，叫大家不要那么悲天悯人，杞人忧天。天下事自有天下人去管，你我要是死了，太阳照旧从东方出来。同样地，我们的历史也一样会延续下去，子孙们过得比我们会更好、更快乐。天地间没有什么不得了的。我小的时候就听到老前辈们常常说，不得了呀！不得了呀！现在看看，有什么不得了的？我们活得不是比过去还好吗！这也就是生死问题。

道家不死之药

"精气为物，游魂为变，是故知鬼神之情状。"学通了《易经》，就晓得三样东西。我们人类的生命有三样东西，宇宙也有这三样东西,叫做精、气、神。中国的道家常提出来讲,如果掌握了精、气、神这三样东西,就可以飞升成仙。我们常常讲精神,究竟什么是精神?是精力旺盛!如果说吃了维他命,或是够营养的东西,精神便特别好的话,这是唯物的啰!但是,精的问题不是物质的。有一个观念,大家要弄清楚:物和物理以及物质所代表的意义不同,不能混为一谈。所以精、气不是物质的,也不是物理的,当然更不是男性身体内的精虫,或女性身上的卵巢。

譬如我们说,这个人精神很旺盛!这是抽象的,可是它代表了一个形态,这个里头解释便很多了。因此道家所说的长生不死之药,不是去蓬莱仙岛求来的,而是在你自己身上的,所谓"上药三品,神与气精"。修养得好,照道家的说法,可以长生不死。我不喜欢用长生不死的说法,而喜欢用长生不老的说法。一个人要耐得老,活到一百年、五百年、几千年都可以,绝对不死是不可能的。

不管长生不死或是长生不老,这些都是精神的作用。这个不是西药,也不是中药,也不是物质。所以身体有了毛病,真正要治疗身体好起来,只有靠自己。能够利用自己本身的精、气、神,便可以返老还童,便可以长生不老。

宇宙也是这三样东西:精、气、神。这个东西很难解释,为了表达方便起见,我们可说它是光、热、力。神就是光;气就是力;精就是热。宇宙万物的生命离不了光、热、力三样东西。如果离开了它,就是个死东西了。等于我们活在世界上,日光、空气、水缺一不可。宇宙间就是这样。所以孔子说"精气为物",意思是说,物质的东西构成活的东西,是由精气凝结而来的。

譬如一支香烟吧!没有烧过以前,这支香烟的颜色、味道是一种样子,等它烧过变成灰以后,那个神采就两样了。所以活的时候,凝结"精气为物",死了之后,便"游魂为变",于是这两层分开了。也等于柏拉图讲的,世界分两层:一层是精神世界,一层是物理世界一样。但是它不是二元论，"精气为物，游魂为变"，是一个功能变出来的两面。游魂就是神，我们活着就是神，死了就是魂，所以也叫做灵魂。这个灵魂，现在就在我们活着的生命里。精气所构成的这个生命，就变成神，精气凝结是物的世界，物理世界。精神世界是"游魂为变"，神变了叫游魂。所以说，死后这个神就变成游魂了。

鬼跟神到底有没有？鬼是一个个体的东西，我们研究"鬼"字的构造，先要注意到"田"字。田字很重要，田就是田地，鬼是向下走的，不是向上走的。田字出头便是"由"，上下出头便叫"申"。雷呀、电呀，都是由田字来。所以孔子承认有鬼神，是两重世界的东西，双重宇宙。有一位老朋友，他的书中也引用双重世界、多重宇宙的说法，里面就讲到物质世界、精神世界是两重世界。

"故知鬼神之情状"，《易经》的道理学通了以后，便可以了解宇宙的万象，也了解了形而上的幻象，于是便可以与鬼神沟通，也可以说与天人沟通，天人合一了。《易经》就是这样一门学问，这一篇是个最重要的开头。

儒者之耻

与天地相似，故不违；知周乎万物而道济天下，故不过；旁行而不流，乐天知命，故不忧；安土敦乎仁，故能爱。

《易经》学问系统的精神，可以说是在推崇这个仁智，"仁"的智慧，是成就圣人的境界。圣人是个名称，是学问、德业修养达到成就标准的人。所以圣人也是人，不过他与一般人不同，是具有仁智最高境界的人。

因此，懂了《易经》这个学问以后，便"与天地相似"，而"不违"了。也就是说，一个人达到上知天文，下知地理，宇宙的法则都把握在手，就是古人得了道的"宇宙在手，万法由心"的境界。智慧到达这样的成就，一切随意自在，在宗教就是佛的境界，上帝的境界，这样才是完成了一个人生。人是应该向这个目标来努力的。智慧的成就，同天地的法则一样，"与天地相似"，一切合于自然之道，"故不违"。因此老子也提到"人法地，地法天，天法道，道法自然"的话。法就是效法，我们人生的境界始终与宇宙的法则、天地的法则合在一起，也就是说，不违背大自然的原理原则。

"知周乎万物，而道济天下，故不过。"这个"知"就是智慧的智，古文知与智是相通的。这里讲懂了《易经》以后的人，智慧的成就便无所不通，这是高推《易经》的圣境。古人讲到儒家，认为就是一个有智慧的代表。春秋战国以后，一般都把儒者当成了很高的知识分子，儒家也就自认，一个读书人什么事情都要了解，否则便认为是耻辱，所谓"一事不知，儒者之耻"。所以，作为一个真正的知识分子，天下事要无所不知，不但要上知天文，下知地理，还要中通人事，乃至万物的物理都要清楚。达到这个境界便是"知周万物"，智慧周遍了所有的学问。等到一旦出来有所作为，有所做事，便可以"道济天下"。这个道就是成功的贡献，有动力、有方法，它能够救济这个"天下"。尽管也会有很多艰难，但"故不过"，不会有错误，也没有错误，这是学易的价值。

上面两句话是《易经》学问纵的一面。横的一面呢？

"旁行而不流，乐天知命，故不忧；安土敦乎仁，故能爱。"

"旁行"是无所不通，乃至可以说，旁门左道，什么都了解。但是，"旁行而不流"，虽然有时候迫不得已也会用些手段、旁门左道什么的，但是不会违背原则，辜负初衷，绝不会过分，而失之于流——不正当。套句俗话来说，就是风流而不下流。所以"乐天知命，故不忧"。中国文化对于人生最高修养的一个原则有四个字，就是"乐天知命"。乐天就是知道宇宙的法则，合于自然；知命就是也知道生命的道理，生命的真谛，乃至自己生命的价值。这些都清楚了，"故不忧"，没有什么烦恼了。所谓学易者无忧，因为痛苦与烦恼、艰难、困阻、倒霉……都是生活中的一个阶段；得意也是。每个阶段都会变去的，因为天下事没有不变的道理。等于一个卦，到了某一个阶段，它就变成另外的样子。就如上电梯，到某一层楼就有某一层的境界，它非变不可。因为知道一切万事万物非变不可的道理，便能随遇而安，所以"乐天知命，故不忧"。

安土与爱

"安土敦乎仁，故能爱。"这句话在中国文化中产生了一些流弊。我们古代——不仅中国，西方也不例外，农业社会里大家有个共同的观念，就是安土重迁。换句话说，每一个人对自己的故乡都非常眷爱、非常留恋，很怕迁移，尤其很怕远迁。为什么他们会"安"于其"土"，不愿远迁呢？

人类是地球文化，他们离不开这个地球，也就是离不开这个土地。人为什么会有仁慈心理呢？仁慈是效法土地的法则而产生的，也就是老子讲的人法地——效法这个土地的法则之故。说到大地与我们人类的关系，也很好笑。大地给我们生命，大地给我们一切恩惠，我们却没有一样可以还给大地，要还的就是屎尿和一堆臭皮囊。

我常常提到张献忠的杀人哲学，即有名的七杀碑，我亲自见过。这个碑还在四川成都小城公园的图书馆里。张献忠的碑文，我们看了也只好作会心的一笑。你说他有没有道理？仔细想想也有点道理。他说："天生万物以养人，人无一德以报天，杀！杀！杀！杀！杀！杀！"这看来好像蛮横，但就另一个观念去看，似乎不然。人对大地一无报答之处，而只有破坏，但天地像父母一样爱护我们。因此孔子要人效法天地，所以"安土敦乎仁"。敦，就是很热烈、很诚恳的意思。效法大地的精神来做人，实践我们仁爱仁慈的精神，"故能爱"。所以说仁者爱人，像大地一样地爱人，像天地一样，只付出，一点也不求收回。

讲到"安土敦乎仁"，大家不要因为西方文化一来，科学文明进步了，人也都不大安土了，喜欢出来旅行迁移。其实这个不是真正的西方文化，我常常跟同学们讲，你们看西方文化，不能仅看美国，美国的文化不能代表西方文化，因为她太短太年轻，立国不过两三百年，还很浅很短。我常常跟美国朋友讲笑话，也是真话。我说：如果谈人文思想、政治理念，你们给我们当徒孙，我们还不要呢！你们只有两百多年的历史，我们有几千年的经验。如果谈科学呢？那我们就自愧弗如了，我们还是个小老弟，实在是要跟你们学才行。

我们真要了解西方文化，到欧洲看看，他们也还很安土。安土心理很怪，我常常研究，一个沙漠地带出生的人，苦得那个样子！但是到了晚年，你问他哪里最好，他还是认为他的家乡最好。穷家的孩子出来，乃至于很多的人，你问他，谁做的菜最好吃？他们会说：妈妈做的菜最好！世界上的人很怪，"安土敦乎仁"，在那个地方出生的人，就对那个地方有感情。

情与无情

我常常谈到一个问题，出家的同学都知道，佛学有个名称"沙门"，汉代翻译为"桑门"。到了中国以后的佛教，那些真正的出家人——就是出家人中的出家人，这些真正修行的人叫"头陀行"，也就是苦行僧。依照戒律，"头陀不三宿空桑"。一个头陀行的人，在一棵树下过夜、打坐，不能超过三天，这是戒律规定；到第四天非离开不可！因为在那个地方住久了，就会与那里发生感情，就会留恋了。我们拿一个杯子、一只手表来说，再不好的杯子，但这是我用的，我会对它产生感情，如果你不小心打破了，我会生气！人们对物也会有一种留恋的感情。所以一个真正修道的人，"头陀不三宿空桑"，是非常有道理的。

《太公素书》（就是圯上老人送给张良做军师的那本兵书）中就说"绝嗜禁欲，所以除累也"。人要能割舍了嗜好，抛弃了欲望，才能除"累"，才不会受感情的拖累。人对于感情的牵挂比什么都厉害，所以很多修道的人，不能有所成就，就是这个原因。这些道理都与安土有关系。由此可知，人不但对土地有感情，对个人周遭的一切，久而久之，也都会产生感情、产生留恋。

在《易经》的道理中，非常注重这个"情"字，因为情是一种现实的东西。对性呢？《易经》中则不大注重，因为那是形而上的东西，形而上是空的，什么都可以不要。但情是有的，如何处理感情，是个艺术，也在于你自己，而上帝、佛，都帮不上忙。所以"安土敦乎仁"，你要懂得了这个道理，"故能爱"，就能够博爱。博爱不是含有占有私心的狭隘爱，而是很广博的、普遍的、无私的。

宇宙的大学问

下面讲《易经》整个学问的运用，以及它的目的。

范围天地之化而不过，曲成万物而不遗，通乎昼夜之道而知,故神无方而易无体。

《易经》的学问懂了以后,整个宇宙万物都懂了,所以说"范围天地之化"。这个中国文化《易经》所发明的"化",后来被道家所运用。譬如"宇宙"这个名词,最早出现在道书《淮南子》里边。宇是代表空间;宙是代表时间。时空两个东西就是宇宙的代表,所以宇宙是属于时空的范围,而天地则是有形的。可见天地的观念小,宇宙的观念大。

后来佛学又创造了一个更大的名词,可以包括了宇宙,这个名词叫做"法界"。法界包括了时空、万物以及天地间的一切。我们中国汉代的道家,在《淮南子》里边就说明了时间与空间的关系。《易经》的学问也是包含时空两部分的,就是"范围天地之化"的。

这个宇宙,在我们中国文化里不认为是上帝创造的,也不是其他神创造的,没有宗教的性质。在《易经》文化中,还有一种科学观念,叫做造化——自造自化。整个天体宇宙是大化学的锅炉,我们人不过是这个锅炉中的一个小分子、一个小细胞、一个很会活动的细胞而已。这是造化的一种功能。人类把自己看得很重要、很伟大,但站在宇宙的立场看人类,不过像花木上的一片小叶子一样,是微不足道的。而整个的造化却非常伟大,只有懂了《易经》以后,才能知道《易经》是"范围天地之化而不过"的,就是说,没有任何法则是超过《易经》以外的,所有宇宙的一切学问,都离不开《易经》这个范围。

圆的哲学

《易经》的另一个重点,是"曲成万物而不遗"。懂了《易经》的法则以后,能够了解宇宙万有的一切运用;这个运用的原则是

"曲成"。大家注意这个"曲"字，举凡老子、孔子、儒家、道家以及诸子百家的思想，都从《易经》文化中而来。《易经》这个名词叫"曲成"，老子的"曲则全"，就是从《易经》这个观念中来的。

为什么是曲则全呢？《易经》告诉我们，宇宙是没有直线的，通常是个圆圈。圆圈这个图案就代表了太极，人也是这样。我们人的生命，只有修道的人了解。如果从生命来看我们这个形体，却是很糟糕的。我们前面的什么都看得见，后面的什么都看不见。我们生命的圆是分段的，我们形体的圆是一个光圈。实际上这个形体是我们整个生命的中心、一个支柱，所谓神以形生，精以气凝。人体的生命就是这样。

根据现代科学的研究，我们每个人，乃至万物，凡是活的生命都有光。过去大家看到菩萨、上帝的画像上，都有一个光圈。现在科学研究，已经可以看到人的光圈。人的光圈约有一寻——就是八尺左右，换句话说，你的手臂有多长，你周身上下就有这么大的光圈。人体光圈有各种不同的颜色，而且这些颜色是随你的心情在变化的。如果你动了一个坏念头、恶念头，你光圈的颜色就变黑了；你心里有个善念头，你光圈的颜色也是亮的。光有几种，最好的是金色，佛经上所谓的金色晃耀，就是圣人境界。其他还有红光、黑光、白光、蓝光、黄光等。

我们中国人学了《易经》会看相，也有人会看光。如果是红光，代表将有血腥之灾；黑气就代表有灾难来了；绿光是一种魔的境界。这说明一切都是圆的，光也是圆的。我们研究地球物理，到太空去转了一圈，还回到原来地方。懂了这个道理，便晓得《易经》为什么说"曲成万物"了。换句话说，宇宙间的一切是没有直线的，所谓直线就是把曲线切断，加上一些人为的作用，假名叫做直。真正学了《易经》，讲话也要有些艺术，转个弯；连骂人也是一样，转一个弯骂了他，他还很舒服。如果你要骂一个人混蛋，他会跟你拼命；如果你说我们大家都是混蛋，他便没有什么说的了。所以说"曲成万物"。

但是也不能太过了，变成一个球，你又不通了。所以我们的老祖宗早就晓得宇宙万有的道理是由曲线完成的，人身没有哪一个地方不是曲线的。大家信佛打坐修白骨观，每一根骨都不是直的，我们背脊骨也不是直的。孔子研究《易经》说"曲成万物而不遗"，不会遗漏哪一样，因为它是圆周形的。真正的圆代表一切的圆满，因为我们的生命都在这个圆圈以内，没有哪个地方会有遗漏的了，所以说是"曲成万物而不遗"。懂了太极中的学问以后，就可以了解这个曲成的道理。老子说"曲则全"，一走曲线就一切圆满了。

光明来自黑暗

"通乎昼夜之道而知"。我们开始讲象数时，就讲到一天十二个时辰是分昼夜，分阴阳的；就连短短的一分钟也分阴阳。我们明白了日夜这一明一暗就是个现象，由这个现象而知道，有阴必有阳，有光明面，下一步一定有黑暗面。有上台必有下台；有下台也可能会再有上台的时候。

明极暗生，暗极明生。明从哪里来？从黑暗来，黑暗从哪里来？从光明来。那个能明能暗的是本体，是太极，既不属于明，也不属于暗。

从前有个禅师参禅，但还没有解脱到生死的问题。有一天他读《易经·系辞》，读到"通乎昼夜之道而知"这一句，他便大彻大悟了，于是就在下面加了两个字，变成"通乎昼夜之道而知生死"。

下边一个结论，这也是东方文化特别的地方：

"神无方而易无体。"什么叫神？把宗教外衣统统剥光了，我们东方最高的宗教哲学是"神无方"。神是没有方位的、没有形象的，我们本身生命也好、精神也好，宇宙的生命、宇宙的精神也好，神是没有方位，无所不在，也无所在的。

"易无体"，《易经》是没有固定的方法的。所以你用八八六十四卦来卜你的命运，说你的命不好，你便难过。谁叫你不好的？命不好自己可以改造呀！通了《易经》的道理之后，生命、命运统统可以自己改造。但是如何改造呢？很简单，一德二命三风水四积阴功五读书。人定可以胜天，命运是靠自己的，所以说，"神无方，而易无体"。这是孔子研究《易经》的心得报告。

我们大家学《易经》，先要把《系辞》上、下传弄通了才可以，否则一学《易经》八八六十四卦，你便着《易经》的"道"了，借用佛家的一句话，你就着相啦！一脸的卦气像神经病一样，那就不好看了。我们看京戏，诸葛亮出来是八卦袍、鹅毛扇；姜维是诸葛亮的徒弟，脸上也有一个太极图，也是八卦袍、太极图、鹅毛扇……可见八卦、太极图都是代表智慧的，人家一看就知道是有智慧的高人。但也有脸上画半个太极图的，那就说明了他是假智慧、狗头军师。在京戏中，羽扇纶巾就是智慧的象征。

"神无方而易无体"。易以什么为体呢？易以用为体。体在哪里看到？体在用上看到。无用就无体，体本身看不到它的功能，只有在用上才能看到它的功能。所以说"神无方而易无体"。我们了解了这个，再看西方哲学，尤其是宗教哲学，就已经低了一级啦！不过我们自己没有贡献，光拿老祖宗来夸耀，那是过去的成就，那是老祖宗的，不是我们的。我们交了白卷，只有对不起老祖宗，我们做后代子孙的应该检讨才是。

说到这里，想到过去一个朋友来看我，说他做了一个梦，梦到他自己死了，给自己写了一副挽联，上联是"真对不起，此生交了白卷……"我说好！作得真好！这挽联不只你能用得上，我们很多人都用得上。对老祖宗而言，我们真对不起他们，因为我们都交了白卷！

第五章　一阴一阳之谓道

一阴一阳之谓道。

继之者善也，成之者性也，仁者见之谓之仁，智者见之谓之智，百姓日用而不知，故君子之道鲜矣。

显诸仁，藏诸用，鼓万物而不与圣人同忧，盛德大业至矣哉！

富有之谓大业，日新之谓盛德。生生之谓易，成象之谓乾，效法之谓坤。极数知来之谓占，通变之谓事，阴阳不测之谓神。

道可道　非常道

一阴一阳之谓道。

这里边问题就很多了。这个道，不是本体之道，是应用之道。所以我常说，讲中国文化有两个问题最难解释：一个是"天"字，一个是"道"字。中国文字是从六书来的。譬如这个道字，有时候讲形而上，有时候讲形而下，形而上的道是不可说、不可说的，所以说"神无方而易无体"。

有时候形而下的法则也叫道，甚至我们走的路也叫做道。所以一个道字、一个天字，有好多种定义。研究上古的文化，譬如我们读老子"道可道，非常道"，一个道字用了三四次，有时候用作名词，有时候用作动词。动词与名词的意义就不同了。所以我们读古书时，对某些特定的文字，不能呆板地看。

现在《易经》上讲的这一句，是应用之道。宇宙之间任何东西，都是一阴一阳。譬如有个男的，一定有个女的，"之谓道"——这个道是个法则。有一个正面，就有反面。宇宙间万事万物不可能只有正面或只有反面的。明末清初有个大文豪，与郑板桥齐名的李渔。他说世界本来是个活的舞台，几千年来，唱戏的只有两个人：一个男的，一个女的。这句话实在不错。几千年来，这个世界舞台上，历史就是剧本，演员只有两个人：一个男人，一个女人。

修道的人有句名言："孤阳不生，孤阴不长。"单阴独阳是不能有成就的，必须要阴阳配合。不过，这句话被后世外道的人所盗用，认为修道要一阴一阳，要男女如何如何才可成道。那是胡说，靠不住的，不要上当。但是宇宙间的法则的确如此，一阴一阳，缺一不可。如果我们拿政治哲学来讲，民主政治就是一阴一阳。有你的一派，就有我的一派，这是必然的。如果清一色那就不好玩了。试想，如果人人声音一样、面孔一样、思想一样、动作一样，没有男的也没有女的，大家一个面孔、一个方式，你说这个世界有什么好玩？我想大家活不过三天就厌烦了！因为人形形色色，又要吵架、又要吃醋、又要捣乱，一天到晚都有事情做。人天生就是这么一回事，懂了这个，也就懂了"一阴一阳之谓道"。

矛盾与均衡

> 继之者善也，成之者性也，仁者见之谓之仁，智者见之谓之智，百姓日用而不知，故君子之道鲜矣。

一阴一阳虽然是有正有反，但是调和正反的，不是矛盾的统一而是均衡。一阴一阳要达到调和、均衡，便得了道，不均衡便不得道。所以"继之者善也,成之者性也"。这就是孔子特殊的地方。为什么说"人之初,性本善"?善有什么好处呢?为什么一切的宗教都是提倡去恶为善?因为善的作用是完成均衡一阴一阳的。一阴一阳就是一善一恶;有善必有恶,有恶必有善;有是必有非,有非必有是。天地间的善恶是非,哪一个对?都不是绝对的,道德也不是绝对的。

譬如说道德礼貌,在某一个时候是道德,换一个时间、换一个空间,你那么做就不道德啦!甚至在另一个时候,却反而成罪恶了。所以善恶是非、道德黑白,是没有绝对的,都是人为的。说一个绝对,就是相对了,因为绝对是从相对而来,对相对的而言,才会产生绝对的观念。形而上的统统被佛说完了,所谓"不可说,不可说""不可思议"。但是他老人家已经犯了错误啦!明明说不可说,但他已经说了。说了什么?说了一句"不可说"。可知形而上就是这样一个东西。

形而上是没有绝对的,只有靠人为来调整它。所以说:"继之者善也,成之者性也。"这个"善"字,到孔子的学生曾子作《大学》时,加了一个"至"字,成为"在止于至善"。什么叫至善呢?至善是没有善,也没有恶。有一个善的存在,就有一个恶的存在,善过了头就变成恶了。像父母对儿女的爱,关心过度,最后会令你很痛心。所以爱人是痛苦的,被爱是幸福的。一点没有错!但是一个人如果幸福得太过头了,那又一点都不幸福了。你什么都关心我,我会很讨厌。被爱得太过分了,不是好事,善得过分了就是恶。

这个宇宙间相对的法则,善恶是非与利害都是相对的。为什么会如此?你说人活着真麻烦!有那么多麻烦,那你不要活去死好了。有人说死了倒好,一了百了。我说如果你到了那边,发现那边的痛苦、麻烦比这里更多,想想还是回来的好。可是老兄,你要叫我为你回来作担保，替你去领入境证，我可办不到啊！有位同学伤心了来找我，说："老师！我还是死了的好。"我说："死了就真解脱了吗？"他说："我认为。"我说："你先要去考证考证啊！万一死了的地方比这里还要麻烦，后悔可来不及了。要考虑考虑啊！"这是真的呀，你可知道那个世界，跟这个世界一样的麻烦吗？如何使它不麻烦？善继。如何教他善继？就要均衡调和。所以孔子说"继之者善也"。

性与情

下边有句重要的话来了！"成之者性也"。中国文化只有《易经》《礼记》提出来性的问题。当然这个性，不是讲男女之性，而是讲人性、天性，代表形而上本体的那个性。所以佛家后来讲明心见性，性就代表了本体。中国文化开始只分两层——性跟情。性代表本体。譬如说宗教家就叫它上帝，或者叫做如来。这些都已离开了人的立场。中国文化就把这些拿出来，这就是性，本性。这个宇宙是怎么开始的？先有鸡呀先有蛋？先有男的先有女的？一切所来自的那个东西叫性，它所起的作用叫做情。这就是性、情之分。

这个宇宙万物的功能，前边我们讲过。宗教家叫他上帝，叫他如来。中国文化到孔子提出这个报告，跟《礼记》一样，"成之者性也"——就是本体功能的性。换句话说，也是一阴一阳之情。所以我们谈到看风水，讲究来山去水、山势要环拱、水要来朝，才叫有情。

曾经有位同学说，他家的风水很好，有山有水，家里很多人都发了财，搬到外边去了；现在只有一位老祖母守着，请老师帮我去看看。一看，我说果然不错，有山有水。但是你这个地方没有用呀！你说你有山有水是不错，但是来山不拱，去水无情。所以你家骨肉分散，四分五裂，非搬出去不可！只有老祖母在，可见骨肉无情。

有一次去一位朋友家，我说你的房子很好啊！他说是啊，前边还有个花园呢！不但有花园，还挖了一个很大的喷水池养鱼。我说你赶紧把它填起来，不填不行。好好一个风水，给你搞得这么糟糕，挖坏了。大家还记得吗？过去政府办公地前边，左右各挖了一个水池，已经很糟了，还向上喷水，晚上电灯一照，看来像一对白蜡烛一样，幸亏不多久就拆掉了。这些问题不能乱玩的呀！你说不迷信，它就摆眼色给你看看；你说绝对迷信吗？也不要相信它，人为也可以转变的。我是专门找危险的地方住的，你说这里有鬼，我非来住不可，很想借机会来看看鬼是什么样子。鬼也很可爱的呀！比人还可爱。能交几个鬼朋友，不是也很好玩吗？

鬼怎么来？神怎么来？三世的有情无情怎么来？它的根本在哪里？所谓"成之者性也"，这句话很重要。在座的有在家的、有出家修道的，你们想要成道，就要了解这里孔子说的"一阴一阳之谓道"；要想有所成就，光靠打坐练气功没有用啊！要有善行的成就才可以，所谓"继之者善也"。

要想真的成道，须要明心见性，"成之者性也"。这是孔子说的，他这个地方等于传了道。孔子研究《易经》的结果，懂了这个所谓"一阴一阳之谓道"。孤阳不生，孤阴不长。但是你要想达到阴阳合一的均衡，必须要有功德才能够做到。没有功德，还是没有这个机缘的。

旁门八百　左道三千

前面我们讲到"一阴一阳之谓道，继之者善也，成之者性也"。

这两句话被后人污蔑了，污蔑得很厉害。中国有派修道的人，与正统的老庄有差别。道家正统的修道者叫丹道派，又叫丹鼎派，是修炼神仙长生不死之道的道派（这是我们后世为他们起的名称）。正统丹道派，又分南宗北宗、东派西派等四派。除此之外，又有所谓旁门八百，左道三千。旁门里头有所谓采补派，专讲男女间两性关系的修法，以男性为主的叫采阴补阳，以女性为主的叫采阳补阴。这一派是相当旁门，相当邪门的。可是在道家里边，这种人隐隐约约的非常之多，再加上由西藏过来的佛教密宗，元朝以后，有所谓的双修法。在过去这些都是很大的秘密，现在已经公开，全世界到处都有公开的图像了。有关这一类道派的书，其基本理论，就是以"一阴一阳之谓道"与"成之者性也"作挡箭牌的，真是一塌糊涂！

不过这些书还真不容易看得懂，其中有很多的术语，现在香港还有这种专门的道院，其他东南亚各地也有。基本上这个观念是非常错误的，所谓"采补"，本来是道家的名称，它是指采天地精华之气，来补养自己肉身的生命，也就是庄子所说的"与天地精神相往来"的意思。结果被他们搞错了，弄到男女两性上去。现在台湾很多男性练这类功夫，像吊砖头、提肛门等等，都是这一派的。这比旁门左道更等而下之、更差一层了。所以在这里不厌其详地告诉大家，希望大家要弄清楚，以后看到道家书里，引用《易经》阴阳男女的说法，就知道是被这一个道派错用了《易经》里边的话。明白了这些，才不会误人误己。

这些旁门左道，言之凿凿，确实也讲《易经》，但把"成之者性也"的"性"字，当成男女之间的"性"。如此牵强，真是误会得可怕。不但如此，这类道书很多，它们还强调我们的老祖宗黄帝就是用这个修法而成功的。此外，古代还有好几位神仙，都是全家飞升，肉身修成功的，道书上叫做"拔宅飞升"——就是连房子庭院都随他飞上天去了。家里所有的猫呀、狗呀,连老鼠、蚂蚁也都一同变成神仙啦!能有这种成就的,当然没有多少人,只有黄帝是秉"服阴处阳"而修成的。道书上是这样讲,这一派,错误观念很大很大,这是大家需要了解的。

错误的相对论

现在我们回转过来讲,《易经》所谓"一阴一阳之谓道",并不是道家旁门所讲男女的阴阳,而是讲宇宙的体用。本体是寂然不动的,它起的作用,就是"用与象"。每一个现象都是相对的正反两个力量而成,天下万事万物都是相对的。有人讲《易经》讲到这里,说这就是爱因斯坦的相对论。那也是不对的,不要乱扯!相对论是相对论,我们中国人很多认为你跟我相对,就是爱因斯坦的相对论,这种科学观念是很笑话的。《易经》所讲的这一个相对,是指宇宙间的万事万物的相对;站在西方的逻辑来看就是矛盾。这个矛盾最后当然还是统一的、中和的。不过西方唯物学家的矛盾统一,是反面的看法;中国的相对是中和的、是从正面来看的。这个观念,学逻辑、学哲学要特别搞清楚。现在一般东西方的应用逻辑,都是从黑格尔的思想来,多半讲正反合矛盾统一,忘记了东方看正面相对的中和。有中和就有分化,这个均衡的存在,就是"一阴一阳之谓道"。阴极阳生,阳极阴生,这个道不是讲本体之道,是讲用。宇宙万有一切的象,它的用都是两个相对的力量而产生。

甚至于说我们自己的心理,也是相对的。当我们心里刚刚宁静的时候,我们的坏思想就起来了。当我们烦恼痛苦到极点的时候,又很希望求得宁静。用阴代表烦恼痛苦,用阳代表宁静安详,就知道没有绝对宁静的时候,也不会有绝对烦恼的时候。因为阴极阳生，阳极阴生，是必然之道。不管现象怎么变，道的本体是不动的，能够懂了这个原理，把握这个原理，就是"继之者善也"。换句话说，假使善恶代表阴阳，有善必有恶，有恶必有善，善恶两个一定相对。

现在提出一个宗教问题。大家知道天主教、基督教是西方宗教，却不知道五大宗教的圣人都是东方人，没有一个是西方人。耶稣、摩西都是东方人，世界上的宗教都发生在东方，不过后来传到西方在那里发芽生根了。另一个问题大家要注意的就是：有上帝存在就有魔鬼，上帝与魔鬼一定相对。拿西方的宗教来讲，上帝是万能的，但在我看来，也未必如此，连个魔鬼都没办法！上帝有多大的功力，魔鬼也有多大的神通，都是一样。这个道理是什么呢？有善必有恶，绝对相对；善恶是非全是人为的。世界上有真正的善恶没有？没有！有真正的是非没有？也没有！都跟《易经》一样。因为时间空间不同，善恶是非的标准也不同了。

比如像我们这个社会，现在女生夏天穿露膀子衣服，如果在几十年前这样穿着，那不吓死人才怪！这是人呀？是妖呀？但现在如果还作此思想，这个人就是落伍！可见这个善恶是非，没有绝对的标准。所以形而上的道，是没有善恶是非的，形而下的用，就有善恶是非了。所谓有阴就有阳，理解了这个道理之后，就知道善恶是相对的，不是绝对的。但在人类的世界里善恶却又是绝对的，所以必须要用阳的一面；至少，不管你用阴或者用阳，要能"继之者善也"，是本着最善的出发点，不论善于用阴，或者善于用阳都成功，也等于禅宗六祖所讲的："正人用邪法，邪法亦是正；邪人用正法，正法亦是邪。"因此，"继之者善也，成之者性也"。完成善的大业，在人来讲是人性的最高点。这几句话归纳起来，你就晓得继承孔子学说衣钵的曾子，在《大学》上说"大学之道在明明德，在亲民，在止于至善"这句话，是根据什么来的？性善是根据《易经》的《系传》而来，大学之道是根据乾卦《文言》与《系传》而来。

宇宙间至善的代表

现在讲到本体这个东西，宇宙万有的本体（本体也是借用的名词）——万物未生以前那个东西是"〇"，无象可以形容的。这个无象之象，代表完整完满的一切。它是清静的、至善的。当它起用的时候，只要一动，相对的力量就出来了，就显出了一阴一阳，就有善恶、有是非、有变化。所以，"一阴一阳之谓道"，是指用与象而言。至于未动之前，那个本体是寂然不动的，既不善、也不恶，也无阴、也无阳。

从来正统的道家与佛家，所讲的"得道"，不是"一阴一阳之谓道"的道，而是无阴也无阳、不动也不静、无是也无非、无善也无恶的境界，也就是道体的境界。至于讲到用，那就是全部的《易经》。

《易经》究竟讲什么？现在问题来了！孔子研究的答案是："仁者见之谓之仁，智者见之谓之智，百姓日用而不知，故君子之道鲜矣！"鲜，是古文的用法，就是少、很少的意思。《易经》的这个体是什么？我们过去讲过："神无方而易无体"，这个原则要把握。第二个问题是，《易经》的用是哪个用？是本体之体的用呢（体也是假设的）？还是起用了以后的用呢？理想不同、角度不同，观念就会改变。所以仁慈的人了解了这个道，"仁者见之"，这个见之就是观念，他的观念就是仁。所以孔子讲仁，孟子讲义，各人不同，墨子叫做兼爱，耶稣叫博爱，佛叫慈悲、平等，儒家讲仁、义、道、德，都是名称的不同、观点的不同。

我们了解了《易经》的象数，它是从十个方面来看问题的，从一个卦象反复错综来观察分析，所见就自然不同。所以"仁者见之谓之仁，智者见之谓之智"。喜欢搞学问的人，他了解了这个道就叫智，智慧的智。但是由于个人观点的不同，其所见也就不同了。总而言之，天下这个道在哪里？套用西方的宗教家说的：上帝在什么地方？上帝无所在、无所不在。拿佛家来讲，就是如来"无所从来，亦无所去"。佛就在这里，在你的心中，不在外面。在道家来讲，道即是心，心即是道。不过这个心，不是我们人心的心，也不是思想这个心。这个心必须思想都宁静了，无喜也无悲、无善也无恶、无是也无非，寂然不动的那个心之体，那就是道。

道到了我们人的身上，"百姓日用而不知"。百姓是古代对一般人的总称，拿现代语来解释，可以说就是人类。拿人的立场来讲，百姓代表人类，拿佛家讲，那更扩大了！一切众生、一切生命的存在，它本身就是一种道的作用。"百姓日用而不知"，我们天天用到这个道，可是你却不知道这个道。人是怎么会思想的？怎么会走路的？怎么会吃饭的？怎么晓得有烦恼？有痛苦？当妈妈没有生我们以前，我究竟在哪里？假设我现在死了，要到哪里去？先有鸡呀先有蛋？先有男的先有女的？整个问题都在这里，这都是道的分化。可是道在哪里呢？道是不可知不可见的。在用上能见其体，在体上不能见其用，一归到"体"，"用"就宁静了。

所以，孔子说我们的生命在用中，我们天天在用道，而自己却见不到"道"。"百姓日用而不知，故君子之道鲜矣!"因为道太近了，道在哪里？就在你那里！不在上帝那里、不在佛那里、不在菩萨那里、不在老师那里，就在你那里，在你的心中。心在哪里？不是这个心，也不是这个脑子，你在哪里就是在哪里。可是人不懂，"故君子之道鲜矣!"因此，孔子那个时候的报告就说：得道的人太少了。为什么呢？因为想要懂，但没有这个智慧。

凡夫不知的道

中国文化代表儒家的两本书,一本是曾子所作的《大学》,另外一本是子思所作的《中庸》。但是这些都是孔子思想的分派,并不能包含儒家学术思想的全部。可是我们后世一提到儒家,大家不去研究孔子自己说的《论语》,却以为《大学》《中庸》是至道,代表了全部的儒家的思想。真是拿着鸡毛当令箭!《大学》《中庸》不是不好,只是比较起来,孔子的境界像大海,《大学》《中庸》已经不是大海了,因为它们已经变成有范围的东西。尽管如此,可是我们要了解,《中庸》《大学》的思想仍然是很了不起的。他们对于道的境界尽管各有他们的看法,但都离不开以人为主宰的中心。子思在《中庸》里就提到这个话:"天命之谓性,率性之谓道,修道之谓教,道也者不可须臾离也,可离非道也。"

《中庸》第一句话就开始谈天命、谈性、谈道,大家看了头都大了!其实这个在我们中国文化里是很普通、很平常的话。像我们读这本书,十岁的时候已经会背了,这是童子功。现在不要带本子,一下就念出来啦!这就是中国古时教育的功夫。那个时候由于环境单纯,被老师逼个两三天就背下来了,现在一辈子都忘不了!"道也者不可须臾离也,可离非道也",须臾就是刹那之间。道在哪里?"百姓日用而不知"。《中庸》之所谓道就是人的道,以人为本的。《中庸》一开始,子思就告诉我们:"天命之谓性。"这个天不是讲我们头顶上那个深蓝色的天,也不是宗教家的天,也不是天文的天,这个天是儒家思想的代号,也叫做道,儒家就用这个"天"来代表本体。

有始以来,这个生命是自然下来的,就叫做性,也就是说,我们的生命是自然来的。但这不是物理思想上的自然,是自性当然的自然，就是这个样子的自然，人生来就是这个样子，万物就是那么一个现象，所以说"天命之谓性"，"率性之谓道"。这个率就是直道而行，很直，但是我们人一加入后天的思想便不是率了。譬如一个婴儿，开始会讲话时后天已经受到污染，就已经不是率性了，儒家经常用赤子之心来形容。一般人解释赤子为婴儿，那是不对的。所谓赤子是不会讲话，生下来一百天左右的那个婴儿，胞衣里刚出来，一身肉是发红的，那个婴儿才叫赤子。赤子之心是指它而言的。那个心就是道，道的存在。并不是说婴儿就是道。

我们大人觉得此心纯洁、干净，既无欢喜、也无烦恼，跟自然的赤子之心一样，那就是道，就是所谓的"率性之谓道"。可是我们人做不到，因此到了我们这个阶段，就是"修道之谓教"了。赤子之心做不到了，在平常烦恼思想里头，慢慢修行，慢慢纠正自己的心理行为，使它返还天命之谓性的道。

天命之谓性，率性之谓道，修道之谓教（教育之教），是三个阶段。这三个阶段同《大学》开始所说的"大学之道，在明明德，在亲民，在止于至善"三个纲要的精神是相同的。

道是不可须臾离的，并不是你修它就有，不修它便没有。那就不叫做道了。譬如我们今天打打坐，修修道，到教堂祷告一下，上帝就保佑，不祷告上帝就跟我们分家。那算什么？那不叫做上帝的伟大。我念了佛，佛就保佑，不念佛了，佛就不保佑，那佛不是势利鬼吗？那不是道！道在哪里？道没有离开过你，"道也者，不可须臾离也"，随时都在你那里。"可离非道也"，不修它，它便跑了，修它，它便来了，那还叫道？我送红包给他他就看我，我不送红包给他便不看我，那不是道。道，你修也好，不修也好，它永远在那里。修道而得道的，不过把自己本来的找出来而已。不修道，不得道，像是你本来放在口袋里忘了而已，那个东西还在那里，所以"道也者不可须臾离也"。须臾就是很快，等于佛学讲刹那之间一样。佛经讲刹那之间,就这么一弹指,便有六十个刹那(这个问题,佛经里边有三种说法:有说一弹指有六十个刹那,有说有九十个刹那,有说有三十个刹那,反正是很快很快)。

"可离非道也"。人离开了道,然后修道才能得到道,那是骗人的,自欺欺人的,道本来人人有,换句话说,盗也有道,坏人也有善心。老虎最凶,但它不吃它的儿子。坏人再凶残,但一提到杀他的儿女,或者他的父母,眼泪也会掉下来,也是很人性的,所以道没有离开过人。《易经》上讲:"百姓日用而不知"——一般人本来就在道中,却不自知,还要拼命去求道。所以《中庸》上讲:"虽夫妇之愚,可以与知焉,及其至也,虽圣人亦有所不知焉。"

当时我们读到这一段,问老师:夫妇怎么是愚的呢?老师只叫我们好好地背,将来自会知道,现在跟你们讲不清楚。当时想这个老师混账透顶,现在想想这个老师真高明透顶,年龄的不同,看法也不同了。夫妇之愚,现在我们摊开来讲,男女两个谈恋爱,结婚生活在一起,那不是一塌糊涂、好笨的事情吗?那才是鬼打架呢!但是,你不要以为鬼打架,其中有道,也是道的作用。除了教堂、佛堂有道,连最下流的事情,也是道起的作用。所以说"夫妇之愚,可以与知焉",懂了这个道理,才知道这个中间有道。"及其至也",如果进一步认真去研究的时候,"虽圣人亦有所不知焉",虽然得道的圣人,还是有所不知的。

这两句话实在很难懂。当时老师只说,将来你们会知道。后来研究禅宗,看到书中记载:明朝末年的密云悟禅师,打柴出身,没有读过书,后来悟了道,无书不通。当时有位大学问家问密云禅师,这两句话怎么解释?密云禅师说:"具足凡夫法(凡夫就是普通人,儒家称作愚夫,也称作小人),凡夫不知,具足圣人法,圣人不知;圣人若知,即是凡夫,凡夫若知,即是圣人。"明朝的那些大学问家,只好两个膝盖跪下来,佩服到了极点!密云禅师解释

"百姓日用而不知"的道理,也就是刚才所讲的"夫妇之愚,可以与知焉"的最好解释。他的意思是说:得道的人固然有道,但是一切众生都有道;普通人也有道,只不过普通人没有见到道,不明白这个道;得了道的圣人当然有道,但是得了道的圣人以为自己得了道,那就是个凡夫,不是圣人了。得了道的人跟普通人一样,并没有一个道的境界;真正到了最高位的人,忘记了自己的位置,那才真正是了不起!所以具足凡夫法,可惜凡夫不能自己知道,具足圣人法,圣人也绝对自己不执著它。圣人如果自己执著得了道,他就是凡夫,不是圣人,不是得道的人了。一个普通人如果一下明白了道,他也立刻变成圣人了。

同样几个字,换来换去有这样妙,圣人、得了道的人说我悟了,我是大师,我比你们高,那是混蛋、是狗屎。这个道理被他文字一玩,玩得大家晕头转向。这位禅师不认得字,得了道后,能够讲出那么高明的话,所以"百姓日用而不知",我们自己有,道在哪里?就在我们自己这里。可是你就不知道!"故君子之道鲜矣"。这是孔子的话。

天爱万物　一切平等

> 显诸仁,藏诸用,鼓万物而不与圣人同忧,盛德大业至矣哉!

前面我们讲到"继之者善也,成之者性也"。道在恶的方面很难呈现出来,在善的方面容易表达,所以"显诸仁,藏诸用"。最明显的道,善良的阳面是什么呢?是仁义、博爱、慈悲。那么道在哪里呢?是"藏诸用"的,因为道之体不可见,用里头就可以见到体了。

譬如电,我们看到电灯认为就是电,错了!这是电力摩擦发的光而已,电是不可见的,但到处都有电的存在,电是"藏诸用"的。我们双手擦热就会发电,在用上就看到它的体。那么"用"怎么来的呢?"用"是由体的功能发出来的,所以说"显诸仁,藏诸用"。

"鼓万物而不与圣人同忧"。孔子的文章写得真好,"鼓"这个字形容得妙极了。鼓不是打鼓,是吹气鼓起来,也就是充满。有人害肝病,肚子鼓了起来,叫气鼓胀,就是这个鼓。充满就是鼓,意思是说:道充满在这个世界上,一切生命靠道的鼓能而发生作用,所以道是充满在万物之中,就是"鼓万物"。譬如一株花,叶子这么漂亮,红花绿叶真美!而且这一片叶子给植物学家研究起来,比一个原子工厂还伟大、还复杂。这个究竟是谁创造它的?这是道的功能。"鼓万物",这个功能充满于万物的生命中,但是"而不与圣人同忧",天地生万物,没有什么烦恼。

天地固然生坏人,但也生好人,平等平等;大地固然生毒药,但也生补药,没有什么好坏。天对万物是平等的,博爱的;下雨的时候毒草也得到滋润,好草也得到滋润,一律平等,没有分别。

圣人则不同,得了道的人,忧时、忧世、悲天、悯人,这是圣人们人为的作用。但是天地之道,"鼓万物"而却不像圣人那样忧时忧国。所以说"盛德大业至矣哉"!天地万物之道,是最高的道德,最高的事业。天地生万物给人,而我们一切众生还给天地的,都是脏的东西。不过天地从来没有生过气,天地有如此的伟大。所以人要效法天地的胸襟,才够得上是圣人的行为,所以说"盛德大业至矣哉"!这是孔子提出来宇宙万物的道体,用之于人生哲学的道理。

真正的爱

富有之谓大业,日新之谓盛德。

下面他解释几个名词。什么叫做大业？"富有之谓大业"。真正富有才叫做大业。什么人富有？人都很贫穷，只有天地、自然最富有。天地为什么这么富有？天地制造了万物，而不占有，它生出万物是给万物、给我们用的，它自己不要，因此它最富有。愈是想占有的人，愈是最贫穷的，愈是布施出来的人愈是最富有的。真正伟大的事业是付出，而不是据为己有。所以我说，爱是付出的！不要说她不爱我，就哭起来了，那不叫做爱，那叫做哭。真正的爱，只有付出，没有占有。这也就是道、就是富有，所以富有叫做大业。

什么叫做德呢？我国古时道跟德是分开的，道与德合起来用是秦汉以后的文化。秦汉以前，道是道，德是德。什么是德呢？"日新之谓盛德"。这里要注意了！"日新"两个字，在中国文化上很重要，《大学》里头也引用到"苟日新、日日新、又日新"。我们年轻时把苟字读作狗。喜欢养狗的人倒很好，天天为狗洗澡，为狗换新衣服，真是狗日新、日日新、又日新。这个苟日新，我们从小背了，感到很好玩，也不懂是什么意思。

什么是苟日新、日日新、又日新？是不断的进步，是没有今天只有明天。一个人如果满足了今天的成就，那就叫做落伍。今天就是今天，今天就过去了，只有明天，永远是明天，永远在前面，所以苟日新。一个人如果满足了今天的成就，这个人就完了。学问道德也是一样，要天天不断地前进，所以说"日新之谓盛德"。

我经常告诉年轻人，大家要注意啊！不要落伍，千万不要被人生烦恼痛苦占去了。人生永远是明天，不要看昨天，昨天已经过去了，今天也没有，因为说今天，今天也已经过去了。世界上最可怜的人，乃至老人的共同悲哀，都是只有昨天，没有今天，更不想明天。我的老朋友中，有好几个就犯这种毛病。人老了是什么样子？你现在跟他讲的，他马上忘记了，但是想当年时候的事，他都想得起来。天天跟你讲，从前我怎么样怎么样，天天都是这些老话。还有老年人哭起来没有眼泪，笑起来眼泪就流出来了；坐在那里就想睡觉，躺下来却睡不着。这就是老年人的情形。所以老年人只想昨天前天，明天的他不敢想。任何人只要这个心理现象一来，就是已经老化了。不老化的人，也就是有道的人。他们能够日日新、又日新，不断地进步。所以，孔子说"日新之谓盛德"。

永远活着

> 生生之谓易，成象之谓乾，效法之谓坤。

"生生之谓易"这一句话最重要了！中西方文化的不同点，可从《易经》文化"生生"两个字中看出来，《易经》的道理是生生，也只有《易经》文化才能够提得出来，西方没有。你们研究西方文化，基督教、天主教，《旧约》《新约》里头，伊斯兰教的经典里头，乃至佛教的经典里头也一样，一切宗教只讲有关死的事，都鼓励大家不要怕死。只有中国《易经》文化能说："一阴一阳之谓道"。死是阴的一面，也在道中；生是阳的一面，也在道中。

一切宗教都是站在死的一头看人生，所以看人生都是悲观的，看世界也是悲惨的。只有我们《易经》的文化，看人生是乐观的，永远站在天亮那边看。你说今天太阳下山了，他看是夕阳无限好，只是近黄昏，过十二个钟头，太阳又从东边上来了。这种生生不已，永远在成长、成长、成长……所以我常说，倒霉的人，他的好运气就要来了。为什么呢？因为《易经》不是说"生生之谓易"吗？霉倒过就是好运，这是循环的道理。大家倒霉一来就怕啦，如果这样，你就被倒霉魔鬼吃掉了。要把"倒霉"当甘蔗吃，吃完了以后，下一步好的就来了。所谓"生生之谓易"是中国文化特殊的哲学观点，全世界文化都没有这种观点。所以我说，只有中国文化敢讲现有的生命，可以修到长生不死。这便叫做神仙！神仙的境界是"与天地同体，与日月同寿"。这个生命是永远的。

道与零

前面我们谈到"生生之谓易"，再加上"成象之谓乾，效法之谓坤"，三句话连起来，就可以体会出这个本体的功能、道的功能了。道的功能永远是生生不已的，这就是易的作用，这是第一层功能。"成象之谓乾"：乾代表天，构成了第一个现象，所谓天就是太空、虚空的整个现象，也包括天体上的太阳、月亮、星辰系统等，这是第二层功能。"效法之谓坤"：跟着天体的法则而形成这个地球，才有了我们人类世界的乾坤，这是第三层的观念。这也就是老子思想所根据的"道生一、一生二、二生三、三生万物"，亦即所谓的生生不已。

在老子的思想中，道是一个名称，是假设的、不可见、不可知、不可说的。道在哪里可以见到呢？"藏诸用"，在用上见到它的体。那么什么是它的用呢？"生生之谓易"，道永远是生生不已的。道一动就是一，一当中就有二；一动就有阴有阳，就有正面有反面出来了。所以我们讲《易经》的数理哲学，与西方的数理哲学有个相同的地方，就是都认为宇宙万有开始于零。

零是什么意思？零就是一个圆圈，没有数，但大家不要误会了，没有数并不是了无一物，它却是无限的数、无量的数、不可知的数，不可见、不可尽，乃至无量无边，这就是零。老子"道生一、一生二、二生三、三生万物"，就是从这里来的。数理哲学最高的只讲到"三"这一步，而"四"是另一个哲学观念了。

那么宇宙有多少数呢？只有一个数"一"。永远是一，一加一叫做二，一加二叫做三；到了十又是一个一，到了百又是一个一，到了千又是一个一，到了万还是一个一……永远是个一，没有二，二是假定的。这就是数的道理。道生一、一生二、二生三、三生万物。所以，"成象之谓乾，效法之谓坤"的一切道理，都在其中了。

占与卜

极数知来之谓占，通变之谓事，阴阳不测之谓神。

要了解《易经》，必须了解卦与象，就是要会画卦，八八六十四卦要背得来，每一卦的变化现象都要知道。不但要知道象，还要知道数。数有先天数、后天数，这些都要记得。先天数就是依"乾兑离震，巽坎艮坤"的次序数字，也就是乾一、兑二、离三、震四、巽五、坎六、艮七、坤八。后天数是依洛书配后天卦的数字，为坎一、坤二、震三、巽四、中五、乾六、兑七、艮八、离九的次序，后人把它编成歌诀，以便记诵：

"一数坎兮二数坤，三震四巽数中分，五寄中宫六乾是，七兑八艮九离门。"为什么先后天的数配合不同？我们过去已经说过，后天数以合十为主，合十是佛学的名词，意思就是敬礼。如果你看到某某合十的文字，就是说某某敬礼的意思。合十就是合拢来为十。后天的数以合十为代表，先天的数不是合十，而是以阳极配合中和而来，所以说"极数知来之谓占"。占就是未卜先知，不要卜卦，就能知道未来的事，古人掐指一算，就是这个意思。大家要想学会掐指一算，便要先知道八卦在你手上的位置，在你手上排出九宫，它的顺序是：

乾、坎、艮、震、巽、离、坤、兑。

如果我们在手掌上排成九宫，你便可以根据《易经》的方法，来掐指而算了。但是各位要注意！占是占，卜是卜；用数来求卦的

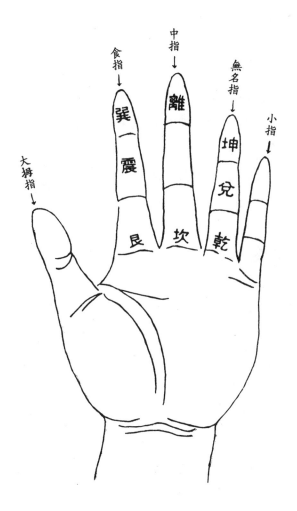

谓之占，用工具来求卦的叫做卜，这些我们前面都讲过了。卜有用骨卜的，如牛骨、龟甲等。抽签也是卜，乃至还有乡下用的篦卜、筷子卜等。

筷子卜的方法，是半夜烧一锅水，把筷子平放在水面上转一下，看筷子指向哪个方向，就悄悄地向那个方向去偷听人家讲话，然后就以之而断。我小的时候，有一次亲自看到一家人的孩子要去考试，便用筷子来卜卦。他的父亲顺着筷子的方向去外面偷听，刚好邻居要牵狗进来，狗不进来，邻居便骂狗：天到什么时候了，你还不进来……他爸爸听到"快点进来"，就很高兴，说一定会中。后来果然中了，也是很奇怪的。乡下很多人用这个方法，这叫做听隅言。偶然听到对方不假思考的一句话，叫做机。用这个机来断悔吝吉凶，就是所谓"极数知来谓之占"。

变通与通变

"通变之谓事"，前面我们谈到占卜的问题，看来似乎很简单，其实纵使学会卦与那些方法，也不一定管用。因为占卜主要的是靠智慧，晓得随机"变通"。《易经》包含了五大学问：理、象、数、变、通。理是哲学的，象数是科学的，变通是机，这都要知道。譬如我们这里，讲台、黑板、椅子一摆，人家看这个现象，就知道我们这里是上课或开会的。这里边还有数，看椅子的多少、地方的大小，就可以知道有多少人来上课、来开会，以及上课开会时间有多长等，这就是数。

象数是科学的，理是哲学的。懂了哲学的与科学的就可以未卜先知吗？不行！还要知道变与通，所以说"通变之谓事"。如果你脑筋死死板板的，不晓得通变，那就是笨蛋！告诉你原则方法也没有用。卜卦要知道通变，运用靠你的智慧，不能够通变，便不会运用。我们平常骂人家不懂事，就是他不晓得变通，所以说"通变之谓事"。

通变跟变通不同啊！通变是要能够先通达了变通的道理，再去领导变，那是第一等人。第一等人知道未来是怎么变的，要当它还没有变的时候，先领导它来变。第二等人是应变，社会开始变了，便把握机会来改变，这就是应变。末等人是跟着人家屁股后边转，人家变了你不能不变，一般普通人就是如此，这些也就是末等人了。

你们知道毛泽东对《易经》也很有研究吗？他知道社会形态非变不可，我不等你变，我先来变。但他变得太早了；变得太早或太迟都不行。宇宙万事一定要变，在将变未变之间，把握住这个机会，因势利导，才是第一等智慧。这就叫"通变之谓事"。

下边再说什么叫做神？《易经》一句话就把世界宗教的问题解决了。什么叫神？"阴阳不测之谓神"。这个神不是上帝那个面孔，也不是菩萨那个面孔。这个神是抽象的，不可知的。佛学中讲不可思议，就是不可以想象、不可以去研究、不可以去讨论的。但是各位注意，佛学上讲不可思议，那是方法上的话，佛并没说"不能"思议呀！大家只听到佛说不可思议，便自己加上理解，认为是"不能"思议，那是全错了的。不可思议是不可以推测，不可以想象。这个不可思议，就是神的道理，"阴阳不测之谓神"。

这一章在开始时便说"一阴一阳之谓道"，最后的结论是"阴阳不测之谓神"。所以阴阳是讲用的一面，它的本体（道体）既没有阴，也没有阳，可以说阴阳中和了的那个状态，这就是道。过去有一次讲《易经》时，一位老先生起来向我提了一个很厉害的问题。他说："阴阳不测之谓神，请先生再下一注解。"当时我年轻气盛，也很大胆，也用他的口气说："我之所能敬告先生者是：'能阴能阳者，非阴阳之所能为。'"那位老先生对这个答案很满意。

阴阳是两个现象，道体不在阴上，也不在阳上，阴阳只是它的用，"阴阳不测之谓神"是一个定义。

《系传》研究《易经》，讲到人生哲学同物理的关系，把《易经》的法则用之于人生、用之于占卜，这是第五章的精要之处。

第六章　夫易广矣大矣

夫易广矣大矣，以言乎远则不御，以言乎迩则静而正，以言乎天地之间则备矣。

夫乾，其静也专，其动也直，是以大生焉。

夫坤，其静也翕，其动也辟，是以广生焉。

广大配天地，变通配四时，阴阳之义配日月，易简之善配至德。

无所不包的易

夫易广矣大矣，以言乎远则不御，以言乎迩则静而正，以言乎天地之间则备矣。

孔子在本章第一段中讲到，《易经》所包含的学问，非常广阔，无所不包，世界上一切的学问，不管是宗教的、科学的……都在它的范围里边。所以孔子说它"广矣！大矣"！非常非常之伟大。孔子认为《易经》所包含的学问，"以言乎远"——就像一个圆圈一样向前扩充。远就是扩大，扩大到什么程度呢？"则不御"。御就是边际，不御就是没有边际，用佛学上的名词来说，就是无量无边。这就是所谓的"以言乎远则不御"的意思。

"以言乎迩则静而正"。说近呢？就是"静而正"。正在哪里？正就在你的眼前。用一句通俗的话来说，也就是远在天边，近在眼前。这还不够，应该说正就在你的眼睛里，所以你看不见。要体会易学的道理，必须要静，要有最宁静的境界，静得一点杂念都没有，要有至静、至正的头脑与心情，才能研究《易经》。忙乱的时候，没有办法研究《易经》，因为你的脑筋动不进去。

"以言乎天地之间则备矣！"总而言之，天地间一切的学问及最高的原理，要想通达，便必须要通《易经》，才能融会贯通，"备矣"！完备了。

致虚极　守静笃

夫乾，其静也专，其动也直，是以大生焉。
夫坤，其静也翕，其动也辟，是以广生焉。

第二段是谈卦的性情的问题。《易经》里边最重要的两个卦，一个是乾卦，一个是坤卦。乾☰、坤☷，这是卦象的形态。卦就是一种象征，拿现在的观念来说，可以叫它符号逻辑。画个卦（符号）给你看，你就知道意思了。前面说过，乾卦代表天，代表阳性；坤卦代表地，也代表阴性。换句话说，乾坤就是一体的两面。就像我们这只手，一面代表阳，另一面就代表阴。我们现在的观念，认为手掌是阳，手背是阴，其实，那也只是人为的习惯而已。

乾这个东西，我们也可以说，不一定代表天、代表阳性或男性。重要的是这个乾"☰"的符号，它所代表的功能和现象是"其静也专"，就是静到极点。极点是什么样子呢？就是老子所讲的"致虚极，守静笃"。老子的道，就是根据《易经》来的。要空灵到极点，要宁静到极点，那个境界才算是"专"。懂了《易经》再来修道、打坐，不论道家、佛家，如果修定没有到空灵的极点，没有到宁静的极点，不可能得到纯阳之体。

所以吕洞宾得道以后，就叫吕纯阳。纯阳是什么道理？静到极点就是"致虚极，守静笃"，空灵到极点，就是"其静也专"，这就是乾卦。

但是学《易经》的人要注意啊！这只是乾卦的一面，可以说它是阳中之阴的一面，或者说是阴中之阳的一面。这是讲它的静态。我们打坐的人，从这一卦就可以了解"其动也直"的道理了。静极了就动啦！阴极就阳生，阳极就阴生，打坐静到极点，气脉就动了。乾卦一动，"其静也专，其动也直"。动起来的功能非常大，像打高尔夫球一样，将打未打时，是其静也专，一杆子打出去，打得很远，就是其动也直。球未进洞是阳，等到一转弯进了洞，便又成阴了。所以乾卦是"其静也专，其动也直"。

至于说直，世界上有没有直呢？物理世界是没有直的，物理世界永远是圆圈。我们这个地球及其他星球，都是在转圆圈，所以人到了太空，永远在转圆圈。太极也是圆周形的，无论你左转右转，阴转阳转，各个转法不同，但它共通的原则，却都是圆周形的。

至于直线是什么呢？当圆周还没有转弯的时候，看起来似乎是直的，那就是直线。事实上世界上没有绝对的直线。直线是动力发动的现象，所以乾坤一动，功能非常伟大。你懂了这个原理，修道也不要问人了，静极了一定动。不要以为动了便是着魔、遇到鬼了。这样想，你才真是魔。前天一位女士来找我，说她被鬼迷了。她来了好几次，我实在很烦。我便骂她：我一辈子想见鬼都没有遇到过一次。你受过教育没有？鬼在哪里？鬼没有迷了你，是你迷了鬼了！世界上没有鬼迷人的，都是人迷鬼的。人才是真正的魔鬼呢！骂得她似懂非懂。事实上静极了必动，动是由你静极而来，不是由魔鬼来，你就知道动不是魔鬼了。动极了也必静，自然之理也。懂了这个道理，大家便好做功夫了。

"其静也专，其动也直，是以大生焉！"所以天地万有的伟大，就是这个功能，是乾卦的功能。我们可以从万物的静态观察，一粒种子,种在地下,它怎样才能生长萌芽?只有在静态中才能生长,等到蕴养这种静态的功能久了,等到它生命要爆发的时候,便"其动也直",其力量是异常伟大的。你们可惜不是乡下出生的,所以很多天地间的奥秘,你们都不知道。我小的时候,人家告诉我稻子会唱歌,我不相信,半夜里便找了几个野孩子,偷偷跑到稻田里去听稻子唱歌。把耳朵贴在地面,真的很清楚地听到噼噼啪啪的响,跟放鞭炮一样。当时感到很神奇,等长大读了《易经》"其动也直",便一点也不感到奇怪了。

大家试想,当稻子要萌芽的时候,那么多稻子同时爆裂开来,自然会发出很多噼噼啪啪的声音。稻子开花的时候也是一样,夜深人静时,你会听得很清楚,可知生命力量的伟大。像婴儿一样,在母亲肚子里,我们姑且说他是静态的,当他一出娘胎,"砰"的一声,就生出来啦!"其动也直",也是这个道理。天地间无论动物、植物,一切的生命都是一样,伟大的生命就从这个动、静二相里边出来的。这是讲乾卦这个逻辑符号所代表生命的道理。

好梦由来最易醒

"夫坤,其静也翕,其动也辟。"坤代表阴,是静态的,但坤卦也是阴阳相对,所以本身也有动静,每卦本身都有阴阳。坤卦的静态,用一朵花作比喻,当它还没有展开的时候,是含苞待放,就像是坤卦的静态,是合拢来的,当它开放的时候,是"其动也辟"。

所以你们打坐,有人常说什么丹田发动啦、一跳一呼啦、肛门收缩啦、海底发动啦……有些人还花了很多钱去练气功、练肛门收缩等等,我看了真懒得理你们。昨天吃晚饭时,有人带了一位客人来,一直宣传他的肛门功。我听了只好一声不响,心里暗暗在告诉他:小心大便中毒。要练提肛的功夫,先要练不吃饭,断了饮食之后，才可以练。道家有句话说："如要长生，腹内常空；若要不死，肠中无屎。"就是肠子里边没有大便！要常常清理它。道家有所谓"休粮辟谷"，所以才有"要想长生，腹内常空"的话。一个人要随时保持腹内的空灵，不要吃得消化不良，搞坏了肠胃。老实说，除了特殊的天灾外，现在很少人是饿死的，多半是吃死的。修道人修到气充满了，肠胃中没有剩余的废物，肠子都变得晶莹透明，这个时候才可以练提肛。不然练提肛、吊砖头，非要他的命不可。那不是修道，那是修死。年轻人要特别注意！那天客人吹得正高兴的时候，我不愿扫人家的兴，所以不好讲。今天特别告诉大家，你们要千万注意。

　　大家都有做梦的经验，好梦很快会醒，坏梦却不易醒；有时候你做坏梦会像梦魇一样，怎么样都醒不了，有时急一身大汗，想醒都醒不了。可是我们人生呢？都是"好梦由来最易醒"，这是古人的一句名言，所谓"多情自古空余恨，好梦由来最易醒"。我讲这个话的时候，有位同学说："老师！这句话错了，我把它改一下：好梦由来不愿醒。"我说好，你可以天天梦见周公了。了解了这个道理，人生一切境界放开了，没有什么。好梦由来最易醒，这是历史的定则。练吊砖头、练提肛，都解决不了生死问题。要修道便要踏踏实实地走正路才行。

　　坤卦的道理：它的静态是收拢来，它的动态是张开来，这样才能广大，所以"广生焉"。不过讲到这里，我再告诉各位一点，就是有关《易经》的著述，真是千奇百怪。记得我年轻时候，看了一本有关《易经》的著作，这本书当时老师们把它叫作邪书，认为是邪魔的著作，是禁止学生阅读的。有些老前辈问我看过没有？我说看过了。老前辈说这种著作是不能看的！我说对呀，不过它说的也好像有些道理呀！这本书中解释《易经》的阳爻阴爻，是没有道理的。书中说阴阳爻是古代对男女生殖器的崇拜而来的，后来这本书还被翻译到外国去了。它说：阳爻"—"就是男性生殖器的代表，阴爻"--"就是女性生殖器的代表，并引用《系传》"其动也辟"的话来证明。它说大家看《系传》中说："夫乾，其静也专，其动也直"，不是阳性的证明吗？"夫坤，其静也翕，其动也辟"，不是在说明女性的吗？今天提出来让你们知道，大家将来遇到了这本书，你便不会大惊小怪了。学《易经》，坏的著作也要看，不要只看正确的一面，要能从多方面去了解，才能真正地了解一本书。

生老病死　春夏秋冬

>广大配天地，变通配四时，阴阳之义配日月，易简之善配至德。

另外一本书，说《易经》是一部情报学，这是过去一个做情报工作的人写的。有人问我看过没有？我说看过了。那你应该写篇文章驳一驳、骂一骂才对呀！我说你错了，"仁者见之谓之仁，智者见之谓之智，百姓日用而不知"。虽然错，也没有关系。一种学问错的也应该让它存在，只要你把它归类到错的一边，不就好了吗？你们要看错的，便去错的档案里找。这样的思想、这样的境界便伟大了。所以孔子自己解释什么叫广，什么叫大。他用两个符号作代表：一个是乾卦，一个是坤卦。广到什么程度？大到什么程度？孔子的说法是："广大配天地，变通配四时。"宇宙间的一切事物，最广最大的莫过于这个天地、这个太空，乾坤就是那么广，就是那么大。

"变通配四时"：宇宙法则的太阳系里，变化最厉害的就是一年四季。为什么冬天那么冷？夏天那么热？春天那么温和？秋天那么凉爽？这个大的变化你了解了，就晓得人生的境界。所以佛学经常感叹人生的可悯。人人都有生老病死，非常可怜，从佛学的立场看，人生实在没有意思。

但是从《易经》的原则来看，那也没有什么。生老病死是什么，就是春夏秋冬。生就是春，老就是夏，病就是秋，死就是冬。秋收冬藏，你到世界上玩一趟，玩过了也要让位给后边人来玩玩。你老是占住茅房不拉屎，也是不对的。老年人也要走呀，不走也是不对的，所以应该有生老病死，这跟春夏秋冬是一样的。知道了生老病死就是春夏秋冬，便知道了人生，便知道了这就是"变通配四时"。

至善平凡

"阴阳之义配日月，易简之善配至德。"什么叫阴阳？最好的说明就是太阳跟月亮的作用！《易经》的道理就是这么简单，这就叫"易简"。我们知道世界上最高深的学问，在于它的最平凡处，最平凡的学问也是最高深的。禅宗六祖告诉大家"佛法在世间"。道家修道教你内修，不要外求，所谓"丹田有宝休寻道"，而儒家所教的，是在平常人与人的关系中，应该如何如何，都是很平凡的道理。了解了这些，大家便可以晓得什么是"易简之善配至德了"。

这些大家都要注意，人生不要自己觉得很了不起。所谓"唯大英雄能本色"，就是要永远记住，自己未发达时怎么样，不管到了什么地位，还是一样，那就对了。所以最平凡的就是最伟大的，也是最高深的。摆出一副最伟大的样子，就是最糟糕的、最愚笨的。所以"易简之善配至德"。宇宙万有最高的道德成就，就那么简单。这是《易经·系辞》上传第六章的重要内容。

第七章　易其至矣乎

子曰：易其至矣乎？

夫易，圣人所以崇德而广业也！知崇礼卑，崇效天，卑法地。天地设位而易行乎其中矣！

成性存存，道义之门。

人生的最高原则

子曰：易其至矣乎？

一个结论先摆在前边，这是哲学性的。孔子说《易经》的学问，是世界上一切学问的顶点。"易其至矣乎"，就是到了顶点的意思，没有学问可以超过它的范围。

夫易，圣人所以崇德而广业也！

那么《易经》是一种什么样的学问呢？拿人生哲学来讲，我们的老祖宗，上古的圣人，拿这个《易经》象、数、理的哲学，指导我们人生的境界，推崇你的人生，崇高你伟大的德业，发展你伟大的德业——这个业并不是升官发财，而是道德的事业，使我们懂得人生伟大的价值，那就是孔子最精彩的一句话，"知崇礼卑"四个字。

知崇礼卑，崇效天，卑法地。天地设位而易行乎其中矣。

"知崇"，智慧要高瞻远瞩，要有最高的目标。"礼"者履也，履就是走路，第一步开始起步是要从最平凡的地方开始。"卑"就是卑下。目标要高远，但是开始的时候却要踏实，从最平凡处起步。能如此，你这个人生一定会有成就的。不然仅有高远的理想，不晓得从最平凡、最踏实的第一步开始，便永远停留在幻想中、梦想中，不会有任何成就的。所以圣人的名言是"知崇礼卑"。比如说你要创一番事业，理想尽管很高，但着手处的第一步，要用你的智慧，踏得很低、很卑的地方，不要踏得很高。想一步登天那就完了！最后非跌死不可。

"崇效天"，所谓崇高就是像效法乾卦一样，像天那么高远，像虚空那样无量无边的伟大崇高。

"卑法地"，就是像大地一样，那么实在、那么能够担负一切。这个大地，担负了万物生命的一切，好的坏的它都包容、都担负。一个当领导的人，要特别注意这点，要能"卑法地"——容纳一切，有能够担负一切的精神。所以孔子研究《易经》，乾坤两卦最为着重，所谓"天地设位而易行乎其中矣"！

研究《易经》，首先要把乾坤两卦研究透彻，这两卦我们过去都讲过的，大家回去要再好好复习复习，务期彻底了解。懂了乾坤两卦就懂了天地，了解了宇宙。天地代表了空间和时间，我们抬头就是天，脚踏就是地，不管我们在太空或飞机中都是一样，天永远在上边，在虚空那边；地就是实在的大地。"天地设位而易行乎其中矣"，我们仔细琢磨琢磨这些文字的排列组合，就可看出孔子用字之妙。"设"就是假设，也是人为规定的。永远看不见、摸不着、无穷尽、无止境、无量无边的就是天。当我们脚踏着地，地是可以摸到的，那个确实的就叫作地。所以乾坤两卦，假设了天地的位置，而"易行乎其中矣"。整个《易经》的道理，在你懂了乾坤两卦后，对《易经》生生不已的奥妙、秘密，便可洞若观火，统统了解了。

成性存存和如如不动

　　成性存存,道义之门。

　　这是孔子最精彩的一句话,在人生哲学中不仅仅是《易经》,也与修道有关。这八个字没有办法解释。所以我过去曾经答允商务印书馆,把《易经》翻译成白话,最后想想没有办法,只好放弃,投降了。讲《易经》只有用古文的解释,否则没有办法,因为白话解释没有办法传神达义。像你们学佛讲"明心见性",明心见性绝对空吗?不是空!是有吗?也不是有。孔子用"成性存存"四个字,便统统讲完了。可见孔子是得道了。"成性存存",真到了了解《易经》那个道统,宇宙万有那个道体的境界,它永远是不生不死的。"存存",就是这个样子。只有佛家"如来"两字翻译得最好,佛家翻译"如来"是道,"如来"代表了佛家,也代表了道。什么叫"如来"?就是"如如不动"。什么叫"成性存存"呢?就是"如如不动"。佛家讲"如如不动",并没有说不动啊!只是好像不动。你听听看!好像不动,你说它动不动呢?不能说它是动,也不能说它是不动,所以叫"如如不动",这个样子就叫"如来"。

　　孔子当年早就在《易经》中提出"成性存存"的境界。这个"道",我们不要再解释了,孔子已经说得很明白,就像"义"者宜也,相宜的宜,要恰到好处,太过了是不对的。所以在佛学的心经里说"不垢不净,不增不减",这就是宜也,也就是中道;"不垢不净,不增不减"就是"道义之门",就可以完成道,达到"明心见性""如如不动"的境界了。

第八章　圣人有以见天下之赜

圣人有以见天下之赜，而拟诸其形容，象其物宜，是故谓之象。

圣人有以见天下之动，而观其会通，以行其典礼，系辞焉！以断其吉凶，是故谓之爻。

言天下之至赜而不可恶也，言天下之至动而不可乱也，拟之而后言，议之而后动，拟议以成其变化。

鹤鸣在阴，其子和之；我有好爵，吾与尔靡之。子曰：君子居其室，出其言善，则千里之外应之，况其迩者乎？居其室，出其言不善，则千里之外违之，况其迩者乎？言出乎身，加乎民；行发乎迩，见乎远；言行，君子之枢机。枢机之发，荣辱之主也。言行，君子之所以动天地也，可不慎乎？

同人。先嚎啕而后笑。子曰：君子之道，或出或处，或默或语，二人同心，其利断金，同心之言，其臭如兰。

初六，藉用白茅，无咎。子曰：苟错诸地而可矣，藉之用茅，何咎之有？慎之至也！夫茅之为物薄而用可重也。慎斯术也。以往，其无所失矣！

劳、谦。君子有终，吉。子曰：劳而不伐，有功而不德，厚之至也，语以其功下人者也。德言盛，礼言恭，谦也者！致恭以存其位者也。

亢龙有悔。子曰：贵而无位，高而无民，贤人在下位而无辅，是以动而有悔也。

> 不出户庭,无咎。子曰:乱之所生也,则言语以为阶,君不密则失臣,臣不密则失身,几事不密则害成,是以君子慎密而不出也。
>
> 子曰:作易者其知盗乎?易曰:负且乘,致寇至。负也者,小人之事也;乘也者,君子之器也。小人而乘君子之器,盗思夺之矣。上慢下暴,盗思伐之矣。慢藏诲盗,冶容诲淫。易曰:负且乘,致寇至。盗之招也。

现在再重复一下象与卦:

什么叫"象"?象是象征,象一样东西、一个图案,后世加一个人旁,变成了照像的像。在本章里孔子讲道:"圣人有以见天下之赜,而拟诸其形容,象其物宜,是故谓之象",这就叫做象。

"卦"是什么意思呢?我们老祖宗画八卦,卦是代表一个象征性的意思,代表一种东西、一种情状,代表宇宙万有事物的现象,这就是卦。

无所在　无所不在

> 圣人有以见天下之赜,而拟诸其形容,象其物宜,是故谓之象。

"圣人有以见天下之赜","赜"就是奥秘。宇宙中有个奥秘,有个看不见的东西、看不见的功能。我们知识上要了解它,并不是眼睛看到了,而是智慧上知道了,这就是"见"。宇宙间那个看不见、摸不着的东西,有一种力量,这种力量我们用什么方法来说明它、表示它呢?"而拟诸其形容"。"拟"就是理解到了形而上的复杂功能,当它将动未动的时候,像我们开关电灯,当我们的手摸到这个开关,将要按下还未按下时,亮光将要出来还没有出来的刹那之间，可以说是由这个形而上的能，转变为形而下的万有之用，动而未动那个空、有之间，"而拟诸其形容"。就是这样，了解它那种形象，所以画卦"以象其物宜"，以便大家研究、了解这种卦象的符号逻辑。这个符号代表了万事万物，这就是所谓的"象其物宜"，也可以说是差不多，有一点像，很像的意思。这句话很重要！"是故谓之象"，这样一个卦就叫卦象。

由这几句话，我们就可以理解到：一切的宗教、形而上的道，或都是万物的主宰，同形而下的关系，最高的形容说法，只能达到"象其物宜"，就是说差不多而已，没有百分之百。所以古时释家翻译过来的佛，也可以说是一种卦象。佛就是如来，如来就是代表修道有成就的人。他已经达到了生命与宇宙合一的境界，那就是佛，就是如来。更明白地说，如来就是好像来啦。来了没有？没有来。去了没有？没有去。不来也不去。所以佛家的《金刚经》说："无所从来，亦无所去，是名如来。"

其实，其他的宗教也是一样。你问上帝在哪里？它会告诉你，上帝是无所在，无所不在的。说了等于没说。无所在，就干脆说没有；无所不在，就干脆说他在。嘴巴文字，口头语，讲得那么好听，教人听了以为这就是上帝，这就是道。尤其那个神父传教时的表情：啊！万能的主啊！上帝呀……脸仰着，眼闭着，两臂向上张开：啊！无所在！无所不在！那个动作就是"象其物宜"。实际上无所在，根本就不在这里；无所不在，就是说本来就在这里没有动过。那两句话不是说了等于没有说？但是佛也是这么说。其他宗教也是这么说的，大家硬把它套上一个"神"的外衣，已经等而下之了。所以我们老祖宗这个文化，将宇宙最初这个功能的奥秘，变成万有的作用，这中间只用四个字来形容它，大家要特别注意，就是"象其物宜"。

所以《易经》的卦，究竟代表了什么？它是个符号逻辑、通用的符号逻辑、广泛的符号逻辑，可以适用于万事万物。譬如说我们现在日用科学的声学、光学、化学、电学，乃至生物学、遗传学、医学等等一切，始终没有逃出我们老祖宗《易经》的范围。昨天晚上我为了查一个遗传学上基因变化的问题，结果发现终究还是六十四，没有超过八八六十四卦这个范围。当时我看了以后，又是一种感慨。化学的公式，也是六十四位；医药上我教他们画那个跟乌龟壳一样的，也没有超过六十四位，很怪很怪的问题。我们老祖宗怎么知道的呢？但是这些东西，都是"象其物宜"。所以我们算命呀、看相呀、看风水呀，算得最灵最灵的，也不过是"象其物宜"，差不多而已，不会百分之百的。

换句话说，我们今天坐在这里的各位，是不是上个星期上课时的各位呢？上星期的你，是不是今天的你呢？都不是的，因为你分秒都在变。虽然你觉得现在还坐在这里，你还是你，但你已经不是昨天的你，更不是上个星期的你了。《庄子》里就有"交臂非故"的话。两个人对面走来，当他们交臂而过的一刹那，便已经不是原来的两个人了。天地间的事物，分秒之间都在变化。"交臂非故"，手臂这样挥一下，再挥一下，第二次便已经不是第一次时的那一挥了。所以事物的变化，只是"象其物宜"而已，没有真正的相同，"是故谓之象"。好了，如果我们要考试问伏羲氏，为什么要画八卦？答案就是："圣人有以见天下之赜。"圣人们希望来了解宇宙的奥秘，"而拟诸其形容"，想把它形而上不可见、不可知、无声无象的功能表示出来，"象其物宜"，跟原来的差不多，"是故谓之象"，所以就叫做象。

> 圣人有以见天下之动，而观其会通，以行其典礼，系辞焉！以断其吉凶，是故谓之爻。

大家先要注意这个"断"字的发音，截断的断与判断——法官断案的断，发音上稍有不同。像涨与胀，很多人把涨念成胀，听起来很别扭；断续、断绝的断，与断案、判断的断，略有不同。前者读入声轻音，后者读入声重音。"系辞焉以断其吉凶"，挂在卦的下面就叫做"系"，解释卦的话叫"辞"。这是做什么的？是"以断其吉凶，是故谓之爻"，因此就叫做爻辞。什么叫做爻呢？爻者交也；爻字是上下两个××，也就是彼此交通的意思。

无是无非的形而上

言天下之至赜而不可恶也，言天下之至动而不可乱也，拟之而后言，议之而后动，拟议以成其变化。

孔子在这一段里，把《易经》的卦象，爻象单独提出来研究，已经偏重于人文哲学、人生哲学的境界了。后世研究《易经》有所谓两派六大宗的说法，就是从这里来的。"言天下之至赜而不可恶也"，古人看到宇宙的奥秘，就形而上而言，当然这个奥秘无所谓丑，也无所谓美，也没有什么可怕不可怕，也没有什么神秘或者不神秘。天地间任何事物背后都有这一层奥秘，这个奥秘就是"赜"。对于这个天地间那么幽深、渺远的大奥秘，"而不可恶也"。没有那么烦乱复杂，不必烦心。

人是很怪的，对很多事情的看法，往往会本末倒置。譬如我们的手和脚，实际上，脚比手脏多了——有香港脚、灰指甲、鸡眼……我们对脚，不但用袜子包起来，还要用鞋子套起来，生怕它走路受到伤损。

过去我们老祖母为妈妈包粽子——缠小脚的时候，裹脚布里还要放香粉呢！脚是最臭的（当然它的臭与穿袜子有关，我们暂且不讨论），我们却把它保护得那么好。而我们的五官——眼睛、耳朵……多重要呀！我们却把这么重要的地方，放在外面理都不理；把那最臭的脚、屁股保护得那么严密……那些看不见的，在人的观念里会很脏。所以人的观念，事实上有些是很错误的。宗教家心目中的佛、上帝，是不是那么的圣洁？有没有那么的美好？不知道！但也不见得是丑陋！至于人间的是非、善恶、美丑……那都是人为的观念。形而上没有这些观念，形而上的是无是非、无善恶、也无美丑是平论。但是宇宙的奥秘，是有这个东西——它能善能恶、能美能丑、能是能非。不过，你不能用人的意识去分别它，所以说"而不可恶也"。

"言天下之至动而不可乱也"。宇宙万物生命的功能永远在动，我们老祖宗早就知道。这个宇宙分秒之间随时随地都在动，它不是静态的，静就是大动，动得太大太大，看起来好似静态。事实上宇宙间没有静态的东西。譬如我们这个地球明明在动，但我们感觉不出来它的动，以为它是静态的。等于我们坐在火车里，不晓得车子在动，只看到外面的景物在动，因为我们本身在动中而不知道，所以"言天下之至动而不可乱也"。动中有静，是人文文化的观念，动中若说没有静，也是我们在感受上所产生的。根据这两个道理，《易经》便懂得人生哲学应用的重要。这是孔子《系传》的偏向，把《易经》哲学导向人生哲学的方向，我们可以叫它人生哲学应用之研究。如果我们不客气地来审查大老师孔子研究《易经》论文的报告，这便是我们对它下的评语。

"拟之而后言，议之而后动，拟议以成其变化。"卦象是比较而来的，等于我们拿照相机，看准确了那个方向一照，这就是"拟之"，卦象的作用就是这样。"议之"就是讨论、研究，研究结果才能找出人生行为的法则。"拟议"就是讨论、研究后，把结果构成一个图案，说明宇宙物理的道理、人生的道理，这就是"拟议以成其变化"。所以我们懂了《易经》的象数之学，就可以了解宇宙万事万物变化的道理与奥秘了。

下面孔子引证《易经》的卦辞来加以发挥。

鹤鸣九皋　声闻于天

　　鹤鸣在阴，其子和之；我有好爵，吾与尔靡之。

　　这是中孚九二爻的爻辞。孔子对这四句话，提出了他的心得报告：

　　中孚䷼的上卦为巽，巽为风，下卦为兑，兑为泽，合起来为风泽中孚，在《易经》卦序上，为第六十一卦。中庸的道理就是由中孚来的。中孚是由坤卦变来，孔子在这里引用中孚卦九二爻的爻辞，提出了他的心得报告。

　　"鹤鸣在阴"，鹤在中国大陆东北、西北都有。最近看到大陆的资料，红顶的鹤（顶上是红的，全身是白毛）现在全世界只有九十几只了，大概东北还有几只。鹤是很稀奇的动物，在我们中国是一种长寿鸟，起码活一千多年。有人打坐练气功、练呼吸，道家就有一派是模仿白鹤的。据说鹤的呼吸是在体内循环，究竟是不是这样，要找动物学家问问才知道。白鹤在晚上睡觉时，鼻子是对着屁股的，气在体内顺着任督二脉循环，所以它能够长寿。

　　《诗经》上有首诗说："鹤鸣九皋，声闻于天。"大家要注意，我们中国文字的运用，过去是不能马虎随便的。例如形容动物的叫声，鸟是叫、鹤是鸣、龙是吟、老虎是啸、狮子是吼、猿是啼、狗是吠，统统不同。"鹤鸣在阴"，阴是看不见的地方，一只白鹤在看不见的地方叫，鹤叫是很难听到的。鹤的声音有两种，飞的叫"唳"，如鹤唳九霄、长空鹤唳、风声鹤唳，是非常尖锐刺耳的，像打炸雷或者很好的铜锣的声音一样，尤其在高山上听到，那真是别有情味。"鹤鸣在阴",鹤在看不见的地方一叫,"其子和之",小鹤听到了便跟着叫,马上就答复了,就是这样的画面。

下面一句"我有好爵,吾与尔靡之",我有很好的酒,好朋友你来,我们两人来共饮,喝得醉醺醺的最痛快。这四句话,可以画成两幅图案画。在这里大家要注意,爻辞是周公作的。周公为什么在中孚卦九二爻里,出现这两个图案,为什么要用鹤鸣——用叫的白鹤呢?为什么不用鸭子呢?如果用"鸭鸣在水,其子呷呷之",可以不可以呢?也可以啊!为什么一定要"鹤鸣在阴,其子和之,我有好爵,吾与尔靡之"呢?我们现在把它一齐改成"我有好酒,格老子与你喝之",可不可以呢?好像也可以。

假设我们画一个卦象,白鹤怎么从这个卦象出来呢?我们看中孚☲就知道了。中孚卦的二三四爻就是震卦,说震卦为"鹄","鹄"是古鹤字,这就是二爻鹤的卦象。第二爻这只鹤是公鹤呢还是母鹤?便要大家来判断了。答案是母鹤,不是公鹤啊!为什么呢?"鹤鸣在阴,其子和之",我们在乡下就可以看到了!母鸡一叫,一群小鸡就来了;公鸡再叫,小鸡也不理它。同样地,母牛一叫,小牛便也跟着叫了,母牛跟小牛会对叫,尤其是天黑要归圈的时候。所以"鹤鸣在阴,其子和之",你可以看出母性的慈爱,不要把它当成公鹤,而且这只鹤不是飞的鹤,是躲在山背后、树背后或者看不见的地方。小鹤呢?还站在山冈上,听妈妈一叫,"其子和之",便跟着叫了,而且向妈妈那里跑去。如果是牛叫呢?小鸡也不会和之,小鹤也不会和之。这个"和"的现象,出现在卦象的什么地方,将来我们研究到中孚卦的时候再研究。"我有好爵,吾与尔靡之",跟着这个画面,就可以了解到《易经》的人生境界了。我有好酒,好朋友来,我们一起喝;我有好东西,请大家来吃。这是《易经》中孚卦,孔子在这里把它引用到人生哲学上去了。

如临深渊　如履薄冰

子曰：君子居其室，出其言善，则千里之外应之，况其迩者乎？居其室，出其言不善，则千里之外违之，况其迩者乎？言出乎身，加乎民；行发乎迩，见乎远；言行，君子之枢机。枢机之发，荣辱之主也。言行，君子之所以动天地也，可不慎乎？

孔子五十岁才研究《易经》，在《论语》中讲道："假我数年，五十以学《易》，亦可以无大过矣。"孔子说，如果我能多活几年，把《易经》研究透彻了，也许我一生便不会再犯错误了。在这里孔子了解了一个道理，从这个卦象里头，再加上周公的爻辞，他懂得了人生的境界，一个人的言与行是最重要不过的。所以他前边说，一个君子在他的家里——"居其室"，如果讲出一句对的话——"善，则千里之外应之"。当然这个君子不是现在这个君子，他们在广播电视台随便说也不负责，在议会讲话也可以不负责，现在的民主时代可以随便讲而不负责的。所以这种人不是君子。如果是君子的话，不要说议会，就在自己家里随便讲一句话，"善，则千里之外应之"。不要认为，一句话没有什么，可以随便说，任何一个人讲的一句话，影响都是非常之远大。

譬如说父母喜欢随便说"他妈的、格老子"，搞惯了，儿子便也会不知不觉地"他妈的、格老子"了。所以"君子出其言善，则千里之外应之"。现在拿物理科学来讲，我们动一个思想、动一个念头，人在头顶上所放的光就不同，可以用照相机照出来。坏念头是黑光，好念头是白光，各种心念所放光的颜色都不同。换句话说，我们说话的声波，在虚空中是不会消失的，可见言行之可怕。

"况其迩者乎"！何况近的地方呢！

"居其室，出其言不善，则千里之外违之，况其迩者乎？"当然，像我们这样平平凡凡的人，所影响的还小。如果一个做领导的人，哪怕是部队里边的班长，或者带领工人的领班，都要特别注意自己的言行，要说得到做得到，做到了再说。这些都非常重要。所以孔子说："言出乎身，加乎民。"读古书这个"民"字，不要把它当老百姓看。依现在白话文的意思，可以解释作人类或者他人。如果读古书常把"民"字作老百姓看，那你的古书便读错了。古人这"民"也可以说是个代号，也可以说"言出乎身，加乎人"——一句话出乎自己，但是影响的却是对方。

"行发乎迩，见乎远"，自己的行为，尤其是当领导的人，现前的行为，"见乎远"，它的影响都很久远。因此孔子说："言行，君子之枢机。"天主教枢机主教的枢机，就是从《易经》这个地方出来的。什么叫枢机？枢机就是机关、中心，开关的中心。言行是君子之枢机。"枢机之发，荣辱之主也"，开关一动，就关系一生的光荣。所以君子的一言一行，可以"动天地"。言行如此之重要，"可不慎乎"？能不谨慎小心吗？

孔子引用中孚九二爻的爻辞，来解释人生哲学，说明一个人的言行对社会人群，有如此之重要。

下面孔子又引用同人九五爻的爻辞，来探讨人生哲学的问题。

先嗥后笑

   同人。先嚎啕而后笑。子曰：君子之道，或出或处，或默或语，二人同心，其利断金，同心之言，其臭如兰。

"同人"也是卦名，是由天☰火☲两卦组成的，叫天火同人䷌。

明朝有一幅名画，画得大地都是火，山林也烧起来了，现在还存在故宫，就是天火同人的卦象。"先嚎啕而后笑"，是同人九五爻的爻辞。九五爻的位置很好，是帝王的位置，不能再高了，再高就是太上皇了，那就完了，无路好走了。九五爻得其位、得其时。拿卦来讲，每一卦的第二爻、第五爻都是好的，什么道理呢？第二爻为内卦的三爻之中，第五爻是外卦的三爻之中，所以人生一切最好的就是得其时、得其位。位就是空间，宇宙间的一切，脱离不开时位，不得时位，什么都没有用。这里所谓的时，意思就是运气。光有运气，没有位也不行，等于人家请客吃饭，请帖上请到你，你跑错地方了，那个房间没你的座位，照样吃不到东西，所以不但要得其时，还要得其位。同人卦九五爻，得其位，可是周公的爻辞是"先嚎啕而后笑"。像我们看到老朋友，大声地叫起来，然后两人相抱在一起就跳起来，又叫又笑，就是这么个现象。所以学《易经》最好会画漫画。每一个故事的卦象，都把它画下来，便又是另外一番境界了。

我们学《易经》看一个卦，要从多方面去看它。譬如这个天火同人卦。一提到天火同人卦，便要马上想到它的综卦是什么？错卦是什么？至少综卦错卦要知道。交互卦又是什么？乃至交互卦的错综复杂又是什么？每一卦、每一件事情、每一句话、每一个现象一来，便要多方面去看它。过去常说的八面玲珑还不够，学《易》的人要有十面的观点。因为观点不同，立场就不同，角度不同，观点就两样。这是大家要注意的。

同人卦的错卦是什么？综卦是什么？一提到同人就知道了。这样一来，你的卦就很熟了，习惯了你也就用不着看卦啦！乃至把方位也搞熟了，讲一句，你就知道那个方向了。同人的错综卦是：

天火同人☰☲错卦　地水师☷☵。

天火同人☰☲综卦　火天大有☲☰。

同人卦的错卦是地水师，由于立场相对，观点也就两样，现象也就整个变了。所以一个长官的看法，与部下的看法绝对两样，父母的观念与子女的观念也不同。这不是代沟，我国没有代沟这个名词的。由于立场两样，观点也就各异，中间没有什么沟不沟的。这是一般人跟着外国人乱讲，这只是角度问题，不是代不代、沟不沟的问题。

所谓错卦的道理，就是立场相同，目标不同，两个观点的方向不同，经纬度不同。譬如我们两个人都是股东，但两个人利害关系不同，对外想公司发财，这个立场一样，发了财以后就不同了。

同人卦对面的错卦是什么？错就是交错，这个里头是非复杂就来啦！同人卦的错卦是地水师。地水师的错卦又是什么？综卦又是什么？一个卦一来，要这样十面地去看，才能了解每一个卦进行中间的各种变化。譬如你做生意，公司开始时，所有的股东大家观念一致、决心一致。但当公司一旦发了财，到了年终的时候，大家肚子里有个机器，你动你的脑筋，我打我的主意，大家就有问题了。像公司的职员，刚进到公司来，你把他录用了，开始时非常感激，慢慢地认为是当然，后来便感觉是应该，最后便格老子我给你卖了命，你对我还这样，便成了仇恨。这是人生的几个阶段，是确定的。无论人或事，到了某一阶段，他的内部便要起变化了。

所以我常常想，《易经》不要学，学了《易经》、学了佛，学通以后便成了废人，什么事情一来便知道它的结果了。出门可能摔跤，我干脆就不出门了；坐电梯晓得电梯要停，我干脆爬楼梯吧！长此以往，这个人就废掉了！所以我说学《易经》、学佛这种事，劝青年人不要干，而且进去了爬不出来的，越学越有味道，可是学通了以后，便成废人了。最好是学到一半，然后觉得其味无穷，感觉自己学问还好得很呢！

君子之道

《易经》的学问错综复杂，我们研究《易经》，每一卦都要搞通。现在孔子所提出的，是同人卦第五爻的爻辞。刚才讲过同人卦，"先嚎啕而后笑"，孔子说这现象是形容什么？"君子之道，或出或处，或默或语，二人同心，其利断金，同心之言，其臭如兰。"这是讲君子之道，不是讲小人之道。所谓君子与小人的差别，没有绝对的界限。君子随时可以变成小人，小人有时候也会有君子之道，所谓盗亦有道。以此道理来看，世界上哪个是好人，哪个是坏人，是很难分别出来的。好人有时会很坏，因为好人那个好太好了，好得让你受不了，比坏人还令你难过。因为他是个好人，很固执、很呆板。这时候你叫他转弯，他转不了弯的，那比坏人还难办。所以古人常说，宁可用真小人，不敢用假君子。假君子比真小人还要难处，真小人还好办。所以君子与小人是卦中的代号，好与坏很难辨别。不像小孩子们看电视连续剧，好人、坏人，一看就知道。我们只能从他的言行中去辨识理解了。

孔子对君子之道所下的断语是"出、处、语、默"四个字。真正人生的问题就是出、处的问题，古人常说，人生最难的是出处问题。尤其是在动乱的时候，政争激烈的时候，你出不出山？这一步很难。出处问题是人生的第一步，看你怎么站。人生第一步很难啊！这要有高度的智慧才行。我们研究三国诸葛亮的本传，知道曹操也在拉他，东吴也想用他，很多人都在拉他，但他却高卧隆中不出来。第一步看准了再站出来，这就是出的问题；不对了便回去，这便是处。所以君子之道的出处，该进该退？该说不该说？不该说时一个屁都不放；该说的时候虽千万人吾往矣！丢了性命也不在乎，非讲不可。所以语默之间、出处之间，都是相对的。这就是错卦、综卦的道理。

出处问题太难了！孔子只讲了八个字："或出或处，或默或语。""或"是假定之词，假定应该出来，或不该出来。像现在竞选民意代表，应不应该出来竞选？这中间做决定很难，就是或出或处，或默或语的问题。下边孔子讲出一个道理来了。

同人与同仁

"二人同心，其利断金"。这两句话，小孩子们都会说，就是出在这里。只要两个人同心协力，"利"不是利害的利，是锋利的利，像刀子那么快、那么利，连黄金都切得断。所以团结同心共事业，就是同人卦。后世为了加强它的意义，就把同人的人，改为仁义的仁，所以我们现在把同事也叫做同仁。

比如股东合伙做生意，二人同心，其利就断金，相反地不同心就完了。尤其是夫妻呀，朋友呀，两个人利害相同，同心协力，什么困难都可以克服。所以"同心之言"，同一个思想，同一个观点的话，"其臭如兰"。这个臭不是香臭的臭，不作形容词讲，臭就是味道。同心之言，那种味道像兰花一样，永远是清香的。这也就是形容同人卦九五爻的爻辞，"先嚎啕而后笑"的境界。"先嚎啕而后笑"，也是形容人快要冻死的情形。到了北方冬天下雪，假使两个人走路，一个人衣服穿得少，冻得他发抖，大声"嘎……"地叫起来，你赶快要准备了，甚至你可以帮助他，把他掐死也可以，因为他就要死啦！他的样子看到好像在笑，实际上是冻得他神经都在发抖。冻死的人都是笑面孔，这是常识。这个现象，也是物极必反，高兴到极点会哭，伤心到极点没有眼泪会笑。大家观察精神病人，有了这种情形就很严重，几乎没有办法救了，除了药师佛来。孔子以同人卦这一爻的爻辞，做了以上的引申。

孔子《系传》，我们现在看它是一篇一篇的，当时孔子《系传》的写法，等于我们现在写白话文一样，一条一条的。他研究到某一个卦象的时候，发现了一种原理，便把它记录下来，后人加以整理，便成了现在这个样子。

争白茅的战争

初六，藉用白茅，无咎。子曰：苟错诸地而可矣，藉之用茅，何咎之有？慎之至也！夫茅之为物薄而用可重也。慎斯术也，以往，其无所失矣！

"初六，藉用白茅，无咎"，这是大过卦初爻的爻辞，大过卦是由兑、巽两卦而成，即泽风大过䷛。泽风大过的错卦是山雷颐䷚，没有综卦。这一卦上面是海洋，下面刮着大风，如果画成一幅图案，第一笔先画一个大地，再画一个湖沼，山上刮着大风，就是这样。这一卦周公的爻辞是"藉用白茅"。藉就是借，古人过年送朋友一块年糕，下面拿些干净的稻草垫起来，下面的稻草就是藉。"白茅"是长在水边的一种草，根细长，白色有甘味，长江一带，尤其湖南、湖北最多。

在我国历史上，白茅曾经引起过战争，就是管仲与齐桓公的事。当时齐桓公想侵略南方的楚国，主要是想借此测试一下自己军队的作战能力。于是齐国便出兵去攻打楚国。在当时来说，齐国是师出无名的。借用现代的术语，齐国是违反国际公法，没有理由来发动战争的。可是管仲心里有准备，齐国军队到了楚国边境，楚国当然派部队迎战，便质问齐国为什么不遵守盟约，发动战争。像现在的两伊战争一样，违背了国际间的和平条约。管仲一看楚国军队的训练、装备、战力都是第一流的，没得话说，便见风转舵地说：

第一，我们出兵是因为你们楚国不尊重周天子，不服从中央政府的命令，中央政府每年祭天所用的白茅，是来自你们南方的楚国，你们已经好几年没有进贡这个东西了，因此，齐国代表中央政府来惩罚你们；第二，周朝的天子出巡到了南方，死在楚国边界上，楚国对此事要负责任（事实上是被楚国谋杀的。当时这位天子渡江的时候要坐船，楚国用胶做了一只船，到了中流，胶遇到水融化了，便把周天子淹死在江中。这事是楚国人干的。但是因为死无证据，这件谋杀案便成了历史上的疑案）。管仲拿这两件事情作借口，代表周天子伸张国际正义，来惩罚楚国。楚国答复说：过去几年因为白茅生长得不好，所以不敢进贡，今年生长得很好，应该要进贡，这是小事。至于周天子，他是死在长江里，你问我们，我们问谁呢？"问之水滨可也"，你去问海龙王好了。换句话说，是长江里头的水把他淹死的，你们去问长江里头的水好了。说得管仲没有话说，就撤兵回来了。

现在来看孔子的报告，"藉用白茅"，送礼用白茅垫底，是我国古代的古礼，古人的祭祀要用白茅，"藉用白茅"的道理在此。

大过卦是一个很不好的卦，假使卜卦卜到大过，这可是很糟糕的啊！做生意如果卜得这个卦，是一定要赔本的。这是个倒霉卦，倒霉得很。如果动爻在初爻的时候，"无咎"，还没有问题！不会很坏，但也不是顶好。如果你谈恋爱卜到这个卦，婚姻是无望的。但是你写封信给小姐，"无咎"——没有关系，小姐也不会骂你的，就是这样。不过各位要知道，孔子讲过卜卦卜到无咎的时候，要怎么办？孔子说："无咎者，善补过也。"要反省自己，不要责备他人，一切的过错，多做自我检讨、反省自己，不要只知责备别人。各位也不要看到《易经》说"无咎"，便认为是没有问题，错了！"无咎者，善补过也。"所以学《易经》，这些地方都要注意。

孔子研究大过初爻，对人生处事问题的看法是："苟错诸地而可矣，藉之用茅，何咎之有？慎之至也。"苟是假使，错就是安置。孔子说，假使是很好的东西，摆在地上也可以，何必要垫底呢？等于现在送礼还要用包装纸，往往看到很小一个礼物，用包装纸包了好几层，这不是一种浪费吗？所以真正好的东西，不必再垫底了。"藉之用茅，何咎之有？"本来摆在地上也可以，为了特别特别小心保护这个东西，下面还是用白茅草垫底，免得它破损了，这个当然也可以，没有错呀！这个卦象就是如此。

他的道理是什么呢？就是教人做人做事要谨慎——"慎之至也"。要小心、小心、特别小心。他说："夫茅之为物薄，而用可重也，慎斯术也，以往，其无所失矣！"孔子说，白茅这个东西，是草嘛！没有什么了不起。虽然是一些草，但是用得得当的时候，这株草便是宝了。这里我们懂了一个道理：天下事没有哪样叫好，没有哪样叫坏，也没有哪个人叫对，哪个人叫不对的；只要用得对，即使一株茅草，也能得到重用。所以一个人一生做事，随时要谨慎小心——"慎斯术也"。"慎"也是个手段，道德也可以说是种手段，但是宁可用"谨慎"这个最好的手段，不要用别的手段，"谨慎"是最好的手段，也是一种方法。"慎斯术也"，如果能谨慎小心来处世做事，"以往，其无所失矣"，永远不会有过失。换句话说，不要莽撞，不要随便，不要主观，不要存有成见，尽量地小心，不要像大过卦一样，一个不对了，以后错误就非常大了。可是尽管有那么大的错误，只要加以谨慎小心，便不会有更大的过失了。

记得年轻时候，看到一些年轻军官们意气风发，一开口便说拿破仑字典里没有"难"字。当然这是个形容词，拿破仑也没有字典。我问他们是真的吗？他说是呀！我说那么结果呢？拿破仑是成功了呢？还是失败了呢？因为他这样，所以才失败了。你的字典应该有难字才对。那句话表面一听好像很有英雄气概，那是狗屁，拿破仑字典里没有难字，拿破仑成功了吗？项羽的字典里没有

"仁"字，项羽对了吗？所以不要瞎扯，有些话是不能随便听的，要"慎"，要谨慎才会"无咎"啊！

高高山顶立　深深海底行

> 劳、谦。君子有终，吉。

这是谦卦九三爻的爻辞。谦卦是地山谦☷☶，山最高了，但它却处在平地的下面，而这块平地呢，却又在山顶上。谦卦的道理就是这样。你到了最高处，就要平实，不要认为自己高，这就是谦的道理。所以地山谦，山最高，像昆仑山、喜马拉雅山顶，那多高呀！但是高有什么用呢？高要能下才好。山顶上面是平地，意思就是：最高处要是最平凡的，最平凡最恭下的就是谦卦。《易经》八八六十四卦，没有大吉大利的卦，每一卦都是有好有坏，找不出哪一卦是完全好的。勉强说只有一个卦，就是谦卦，六爻皆吉。全部《易经》你懂了，不要学了，只学一卦就行了，那就是谦卦。万事退一步就叫谦，不傲慢就叫谦，让一步就叫谦，多说一声谢谢、对不起，就叫谦，谦卦六爻皆吉。除了谦卦，其余的卦，有好就有坏，有吉就有凶。现在孔子研究的是谦卦九三爻。我们看到谦卦，先要知道谦卦的错卦是天泽履☰☱，谦卦的综卦是雷地豫☳☷，这对将来学象数会很有帮助。

现在大家看谦卦的卦象：九三爻下边是两个阴爻，上面三爻也是阴爻。等于一个比方，在一个孤岛上，某一家人有个老太太带了五个女儿，没有一个男孩子，忽然外边飘来一只小船，小船上有个男孩子，这个男孩子到了这个海岛上，便等于一块宝了。这个爻就是这样，一群阴爻之中有这么一个阳爻，真是高高在上。假设在这个世界上，真有这回事，这个男孩子就春风得意了吗？不要高兴得太早,这是要你命的。换句话说,假设这个孤岛上有五个男孩子,忽然来了一个女孩子,这五个兄弟要打架的,说不定还会杀人呢。这个时候,这个女孩子在这五个男孩子中间,虽然被捧得高高在上,但也很难有自处之道。因为人都是被人捧坏了的,当台下句句喊万岁的时候,就是要你命的时候。所以"劳谦"懂得这个道理,谦卦到了九三爻是最好的境界,但是上面有个"劳"字,你随时随地自己要劳苦,随时随地自己要小心,要勤劳、要努力,这是谦卦的卦象。内心要谦虚,要小心谨慎,要后退。因为谦卦的错卦是履卦,履就是行动,所以一切行动都要特别小心才行。

孔子说,怎么样才能做到大吉大利呢?"语以其功下人者也"。自己的功盖天下,自己却不以为功;德在人间,一切都在帮助他人,自己不以为自己是在帮助人家,认为这都是应该的。能够做到这样,才能达到"劳、谦,君子有终,吉",大吉大利的境界,这就是圣人境界。一切宗教教主所说、所做的都是这些。耶稣钉死在十字架上,他说为世人赎罪。佛的大慈大悲:我不入地狱,谁入地狱!这都是劳谦之卦。

有终的君子

谦卦反过来就是雷地豫卦,豫就是优哉游哉。谦卦不小心便靠不住,所以周公对这个卦辞下的定义是"劳""谦"。大家要注意,《易经》的用字是一个字一个定义,劳是劳,谦是谦,"君子有终",这样子小心谨慎,才会有很好的后果。"吉",才能够大吉大利;谦而不劳,劳而不谦,都不会大吉大利的。这是孔子解释的,什么叫做劳谦。

子曰:劳而不伐,有功而不德,厚之至也,语以其功下人者也。

不管做人或者做事业，当一个平民老百姓或当个老板、当个领袖，要"劳而不伐"，就是有功劳自己却不傲慢。

我们有几位老朋友，身为上将，年高德劭，但却丝毫没有矜持傲慢的味道，我常比他们为郭子仪。郭子仪福禄寿考俱全，是当时朝野中外都非常敬重的人。但是你要研究到郭子仪的一生，那就是"劳"而"谦"。他是四朝元老，后来安禄山造反，唐明皇逃难，唐朝的天下已经完啦，是他一手把它扶起来、把它救活的。照这种情形看，皇帝对郭子仪既敬且怕，天下是他打下来的，他不叫你做皇帝，明天你就要交班，就有这么严重。所以很多人替皇帝出主意，要皇帝收回郭子仪的兵权，免得郭子仪造反，对皇帝不利。于是皇帝就下命令，要他把兵权交出来，他马上照办，统统交了，等于现在的退伍还乡，不带一个干部，只带了几十个老弱残兵，回去种种菜、养养鱼，国家的什么事都不管不问，甚至连电视、报纸也不看（一笑）。等到天下有事情，西羌造反，什么人都挡不住，皇帝叫他出兵，他一个兵也没有，但他一接到命令，换上军装，带着那些老弱残兵上马就走。一路走，一路收容散兵游勇，只要有只手、有条腿的他都要，就这样一路收容，编成了部队。当他把敌人打平了，皇帝叫他下来，他就把兵权交下来回家，还是那几个老弱残兵跟着他。

郭子仪是武进士出身，是经过考选录取的，可以说是正规班毕业的，很知道分寸。后来皇帝身边的太监妒忌他，挑拨皇帝下令把他父亲的坟墓都挖了，他都知道。后来连皇帝——唐明皇的孙子唐代宗——见了他，都不好意思地站起来向他道歉，不该挖了他的祖坟。郭子仪说："陛下不要难过，我带兵几十年，我的部下挖了人家的祖坟不知道有多少，我想我这个是报应，不要管他是谁挖的了。"当然他也很痛心，但他就那样大量——"劳""谦"。不过，他讲的也是真的，一个再严格的将领，带了几十年大军，军队做了多少伤天害理的坏事，挖了人家多少坟墓，这不就是果报吗？所以他说：请陛下勿以为意。实际上是皇帝跟太监商量着去挖的，他都清楚。因为"劳""谦"，所以他能活到八十多岁，福禄寿考，历史上找不出第二个人。他是真正做到了"劳而不伐，有功而不德"，一生对国家有那么大的功劳，自己绝不认为有功劳，至少不做自我表现，所谓"天下和尚不吃荤，肚子里有素（数）"，他不自我表现而已。所以孔子说："有功而不德，厚之至也"，这是成功的条件。

以功下人　大吉大利

德言盛，礼言恭，谦也者！致恭以存其位者也。

"德言盛"，什么叫德呢？德就是盛。等于说我本来很有钱，跟穷朋友在一起，不但没有炫耀的样子，好像还忘记自己有钱一样，这就叫作德。如果自己真正穷得连一毛钱也没有，跟穷朋友们在一起，你跟人家一样穷，你若说能包容人家，那是开玩笑！那不是德，那叫做缺德。德是一切都高过人，而自己不认为高，表现得跟别人一样，这就叫做"盛德"。

"礼言恭"，这个礼不是敬礼的礼，不是看到老人便很恭敬的礼。这个礼是指自己对某一件事情、对某一个人，从内心发出来真正恭敬的那种至诚。所谓"恭之谓己，敬之谓他"，自己对自己要求严格，约束自己、管理自己、要求自己、庄严自己，这就叫作恭。恭是恭己，敬是敬他。所谓礼，什么叫礼？"礼言恭"，对自己要求严格。"谦也者"——什么叫谦？"致恭以存其位者也"。一个人到了某一个位置，要绝对地恭敬自己、管理自己，要求自己要严格,所谓严于律己,宽以待人。严格地责备自己,但要能够宽厚地待人,对人家要多多原谅,这就是恭敬的道理。有了此等盛德,当然就是"能存其位者也",他的德业的位置,永远是得以保存的。这也就是说,有良好的开始,也有良好的结果。

下边又一卦,是乾卦的上九爻,到了顶的一爻。

高处不胜寒

亢龙有悔。

"亢龙",是像一条龙飞到高空。等于我们现在看美国的人造卫星,不准备收回的那一颗,很远很远的那一颗。亢者,高也,"亢龙",就是太远太远,很远很远的龙。"悔"不是后悔,是毛病的意思。这是乾卦上九爻的爻辞。人的地位不要太高,太高了便"亢龙有悔"啦!过去我曾经讲过,袁世凯想做皇帝,他的第二个儿子不赞成,但没有办法反对他父亲,只好作诗来讽谏。他说:"遽怜高处多风雨,莫到琼楼最上层。"袁世凯看了很生气,便把他关起来,等于慈禧太后关光绪一样,把他软禁起来。"遽怜高处多风雨,莫到琼楼最上层",也是引用苏东坡词"琼楼玉宇,高处不胜寒"的道理,这就是"亢龙有悔"的境界。地位到了最高处,高得没有办法再高了,便是最难处,等于做生意赚钱到某一个程度,赶快要放手。道理在哪里?放条路子给别人走走,不放条路给别人走,有一天人家也会把你挤死的。

"亢龙有悔",孔子的看法如何呢?

子曰:贵而无位,高而无民,贤人在下位而无辅,是以动而有悔也。

人到了最高处的时候，便没得位置坐了，所以菩萨只好钉在壁头上。尧舜禹汤……国父都是如此，没有位置，只有挂在墙壁上。到了这个位置，太高了，上帝、菩萨、国父……太高了，"贵而无位"，都没得位置坐。"高而无民"，高到最后，别人不敢跟你接近了，谁的话你都听不进去，这样下面便没有群众了。因此，"贤人在下位而无辅"，人才遗落在下，而你的左右旁边，反而没有真正的人才，在你左右的都是马屁虫，连君子也都变成马屁虫了。

大家不要以为马屁虫都是小人。有时候，君子也要当马屁虫，因为你地位太高了。假使你活到两百岁，谁还敢不叫你公公呀？实际上也不能不叫你公公呀！天天公公，这里公公，那里也公公，后天你就拱拱啦，被人家"供"啦，就"供"到土里去了。到了这个位置，就这样可怕！所以"琼楼玉宇，高处不胜寒"，那是必然的。到了这个境界，就是"亢龙有悔"，自己就要清楚，所谓"动而有悔也"，人到了太高位，就会"动而有悔"。

有时候想想自己这一生，也满奇怪的。年轻的时候，一出来所交游的，不但学问好又年龄高，虽然人家都以老弟称我，自己还并不以为然。表面上我虽是很恭敬，但心里头也不免存着"老前辈的学问，也没有什么不得了"的意识。有一次问我的老师——他是前清的进士，我说："先生！我这篇文章怎么样？"先生说："好啊，不错啊。"我说："假若我跟老师生在同时，跟先生一起去考试，是否也可以考个进士？"先生说："嗯！没有问题。你在当年考个进士没有问题。"结果我讲了一句不应该讲的话，现在想想还很后悔。我说："先生，我想我也没有问题。"这句话在你们现在年轻人讲讲，似乎没有什么，那时候我们来讲，是很不应该的。下来以后心中很难过、很不安，以后每想起这件事，心里就难过、就脸红。当然先生很爱我啦，先生听了我的话，说："你这个人是可以傲慢的，可以傲慢的。"实际上我下来真后悔。他已经讲了我没有问题,自己还要加上一句"我想我也没有问题",你看我这个年轻人多过分!

记得我二十一岁便留了一撮胡子。那时唯恐自己不老,被人家叫一声"你们年轻人,你们小孩子",心里便很难受、很不以为然。因为我从小就坐上位,上位坐惯了——"亢龙有悔"。现在恨不得常居下位。所以我一进来,你们诸位都站起来行个礼,我一身汗毛都竖起来了。真的。绝对不假!人到了这个时候,一点味道都没有了,笑话也不能讲,玩也没人玩,"亢龙有悔"。你们年轻人注意,位高了、年龄大了,就是"亢龙有悔"。人千万不要把自己变成高位,要变成最平凡的,最平凡的才是最难得的。这就是我对"亢龙有悔"的结论。

不读书的现代人

这一章是孔子将《周易》上经里几个卦的爻辞,提出他的心得意见,拿来讲人生哲学的。前面我们讲到"亢龙有悔",孔子对这一爻的意见是:"贵而无位,高而无民,贤人在下位而无辅,是以动而有悔也!"我们拿平民老百姓作比方,这一卦的意思,似乎就是指退休的人而言。我常常想,退休的人,做了一辈子官,或者当了一辈子公务员,退下来便会感到很苦恼。但是古人相反,他们退下来,认为是过舒服日子的,因为他们把做官跟读书连到一起了。地位越高,家里的书房越大。男人一下朝回来,换上便服,除了跟家人子女稍稍谈几句话后,便进了书房,太太孩子都不进来了。等于皇帝进了御书房,连皇后都不能进来看的。女性也一样,进了闺房,有她的事情。所以说,古人一辈子都跟学问连在一起,读书、写字、作诗……忙不完的事。现在人一退休下来便非常寂寞,因为自己一无所长,不晓得自己干什么好。未退休以前,除了上班、签到、打卡、开会、应酬、吃饭以外，一无所本，又没得学问，这就很困难了！所谓"亢龙有悔，贵而无位，高而无民"的道理，就是如此。

这就是"亢龙有悔"的境界。地位越高，痛苦越多。

就政治团体讲，这个乾卦在古代就代表帝王、代表领导者。一般称皇帝为九五之尊，即指乾卦的九五爻而言。因为九五爻在上卦之中，是最好的位置。到了太上皇就惨了！自古以来，政治权力就是一大问题。我们研究人类这种心理，年纪越大，权位越不肯放。等于有钱的家庭，有了财富，有了成就，到了年纪越大，说交给子孙，死都不干。

所以孔子研究人生的道理说：人在少年，戒之在色。这个时候，喜欢谈恋爱。到了中年，戒之在斗。这个时候，喜欢争气、争事业。到了晚年，戒之在得。"得"是什么都想抓住，尤其到了老年，觉得前头有限，后虑无穷，没得可靠的人！别的已没得抓，只想抓权力、抓金钱，这是很可怜的。我们历史上很多帝王，研究他们的心理，就是这样。像唐明皇是大家较为了解的，其他的皇帝大家较不熟悉。唐明皇年轻的时候，很太保、也很有味道；好玩，也有气魄。他很年轻便起来把韦皇后——武则天的儿媳妇推翻了。唐明皇废掉了韦皇后，后来他就自己登基，为唐玄宗。

为历史背黑锅的女人

唐玄宗年轻时政治手段很高明，跟唐太宗一样。但是到了晚年，却把国家政治搞得一塌糊涂，大家都归罪于杨贵妃，其实杨贵妃、西施，都没有那么坏，可以说不应该负历史上的责任。这些跟她们都没有关系。皇帝们的昏聩，绝不是杨贵妃、西施让他们昏聩的。这里边历史的道理很多，可以说杨贵妃、西施，都是背了历史黑锅的人物。

　　昨天有位老朋友来，谈起清兵入关时的陈圆圆，认为她真是祸水。陈圆圆是江苏常州人，这么一个女性，影响了明朝以后三百年的历史。吴梅村有诗形容："全家白骨成灰土，一代红妆照汗青。"很多人认为陈圆圆是历史上的祸水，我认为陈圆圆是个很了不起的女性，最高明的是她的晚年。在昆明我去看过她出家的地方，那个园林很清雅。她也晓得最后吴三桂不对，这还不算稀奇，她把李闯的一个部下，姓刘的大将抓到手里，然后还说服吴三桂不杀他；不但不杀他，还把他放走，而后还使他心悦诚服地听吴三桂的命令。可见陈圆圆的本事有多大，这个女人实在不简单。后来她又想到吴三桂的做法一定不会成功，也就出家当尼姑了。陈圆圆未出家前，吴三桂太太死了，又讨了一位正太太。这个女人极不讲理，又妒忌又霸道，吴三桂姬妾都受不了她的虐待与折磨。只有陈圆圆不但能与她相处，而且相处得十分融洽、十分亲切，并以姐妹相称。就凭这几点就可知道陈圆圆的能力了。她以一个弱女子，能影响明朝以后三百年的历史，这是大家所没有体会到的。这个道理说明吴三桂呀、唐明皇呀，乃至于吴王夫差呀，他们的坏，这个责任并不一定是要陈圆圆、杨贵妃、西施等几个女人来承担的。这是不公平的，应负责任的是他们自己。不过最可怜的还是唐明皇。郭子仪平了安禄山之乱，复国之后，唐明皇便当了太上皇。一当了太上皇就惨了！一切权位都交给了儿子，自己便郁郁而终了。

　　大家要知道人的心理，一个资本家不敢把财富交给后代，权位也是这样。我经常跟几位在位的老朋友们讲：你们要注意呀！权位就是魔鬼，没有到手以前，这个人很好，一旦到手了以后，便会着魔的。有一位朋友听了以后，一拍桌子就跳了起来说，你这话真对，一点也不错！他引经据典地指出，有些人权位没有到手以前，还满好，还很可爱，一到了手便像着魔了一样，六亲不认了。这种地方大家要多做检省和修养。

此外,权位很难交下来的另一个原因,就是有权位的人,尤其到了年龄大的时候,总认为年轻人的经验不够、能力不够、思想不成熟,所以不敢放手、不敢把权位交下来。但是不敢交下来的后果也是很惨的,造成了历史上多少的悲剧。

亢龙有悔的人

我们看历史上的皇帝,所谓"亢龙有悔",就是当太上皇的境界。清朝的乾隆皇帝也是一个。乾隆活到八十几岁,最后把皇位交给他儿子嘉庆,结果也很惨。唐明皇用错了人,用李林甫当宰相。乾隆用了一个最得意的人,叫和珅(不是和坤,一般人都把"珅"弄错了,当成了乾坤的"坤")。和珅很坏,他贪赃枉法是历史上有名的。乾隆一死,嘉庆先把和珅抄家,抄出他家的财富,比皇帝宫里的财富还要大、还要多,可见他贪污多厉害。乾隆知道不知道呢?绝对知道。有人就对乾隆讲,和珅那么坏,为什么还要用他?乾隆说:你知不知道,你们总要留个人陪我玩玩嘛!这句话讲绝啦!将来各位做了大臣,一定要在皇帝身边弄一个小人。因为皇帝也有些上不了台面的私生活,只有这种人才能去替他办。他如果找包公,那还了得!如果皇帝听说西门町有部黄色的影片上演,想弄来看看,包公一定跪下谏净:"臣期期不敢奉诏",那多没趣!如果告诉和珅,那他会做得比皇帝想象的还要周到,包君满意!你说皇帝怎么会不喜欢他?因为在位的人有时候会很苦,所以乾隆才说,你们总要留个人陪我玩玩嘛!意思是说:你们不要都讲他,我知道他坏,可是你们都太好了,那怎么陪我玩呢?和珅这种人,在历史上叫做弄臣。

唐明皇逃难到四川的路上,骑在马上,在蒙蒙细雨中,听到马铃铛的声音，那种凄凉味道，不是一般人所能想象的。慈禧太后逃难，虚云老和尚跟在后边，看到慈禧太后饿得那个样子，内侍去民间弄些红薯给她吃，慈禧太后见到红薯便口水直流，真是一毛钱也不值，什么皇太后不皇太后！人都是一样。当年唐明皇幸蜀，骑在马上自己在叹气，怎么会弄成这么个样子！当时高力士跟在旁边（高力士是个忠臣，是一个很好的宦官。大家不要被小说家骗了，高力士为李白脱靴，这是小事）听到了，说："皇上，这还不是怨你自己。"唐明皇问怎么说？高力士说："谁叫你用李林甫做宰相呢？"唐明皇在马上一叹说："李林甫这个小子，我晓得他会搞成这个样子的。"高力士说："皇上，你也知道他坏？"唐明皇说："怎么不知道呢！"高力士说："他坏，为什么还要用他？"唐明皇说："哎呀！这你就不懂了。现在再找一个像李林甫那样坏的还找不到呢！"一句话说明了人才难求呀！我们看历史不懂，很多人看历史都不懂，人才最难，天下就是合意的人才难找。等于一个人喝好茶一样，个个都会泡茶，泡得呷着舒服的很少。所以我不是不知道他坏，但是现在再找一个像李林甫那样的人才还没有呢！说到这里我们想到清朝有一位名士叫郑板桥，也是一位才子、一位高人。有一首诗写得很好，他说：

　　　　南内凄清西内荒，淡云秋树满宫墙。
　　　　由来百代明天子，不肯将身作上皇。

　　郑板桥为什么要写这首诗呢？因为他看到乾隆当了太上皇，他有所感慨。第一，感慨乾隆很了不起，能够在自己老的时候，把皇位交下来给儿子。第二，他又为乾隆担心，当了太上皇那种味道。虽然皇帝还是自己的儿子，但是权位交了以后，想喝口台湾的冻顶乌龙，几个月都喝不到。当皇帝的时候，要什么不到二十分钟就来了。为什么？情况不同了。是皇帝儿子不对吗？不是，中间捣乱的都是左右的人！所以说"南内凄清西内荒，淡云秋树满宫墙"。这里可以看到郑板桥的文学境界，"淡云秋树"，淡云是一个人失势后那种冷漠凄凉的情况；秋树是秋天的树，叶子落光了，连一片叶子都没有，唯有淡淡的枝影，那种冷漠、无助……你们没有看过皇宫大内，至少到日本京都可以走走看看。那么大一堵宫墙，一个人坐在那里，那比当和尚还可怜，真的是比和尚还要和尚，一个鬼影子都看不见。"淡云秋树满宫墙"，就是讲权位交了以后那种凄凉。这种境界对修道的人来说倒是很好，因为修道就是享受凄凉。如果是修禅的人，正好打坐闭关，刚好得其所哉！可是普通人做不到。下面一转："由来百代明天子"——自古以来高明的皇帝，"不肯将身作上皇"——宁可死在位子上。历史上有些当皇帝的，不肯把权位交出来，到死了以后，尸体臭了，蛆虫乱爬，尸腐水流，抬不出去的也很多。因为儿子们在争权夺位，抢当皇帝，常常把皇帝的尸体，任由蛆虫啃食，可见权位抢夺的可怕。不但皇帝如此，当董事长、大老板的也是一样。

在台湾有一位华侨很有钱，年纪也大了，一个朋友跟他说：先生，你的年龄那么大了，钱也那么多了，也应该休息休息了，还那么辛苦做什么？他说：就是因为我年龄大了，所以更要努力赚钱，不然我死了便不能再赚了。我那朋友只有苦笑。这也算是一种哲学。但他死后也是落得老婆儿子争财产、打官司，老人的后事却无人管。这种情形，我们就看到很多。老子死了，儿子不管，兄弟们只顾争财产、打官司。那些大老板们有很多不能放手的理由，这也是其中最重要的原因。但是等到眼睛一闭，你放不放呢？不放也得放！但也只有到那个时候再说！我眼睛没有闭以前，就是不放。所以"由来百代明天子，不肯将身作上皇"，就是这个道理。他不愿意"亢龙有悔"，因为作了太上皇，"贵而无位"，没得位置可坐！"高而无民"，下面没有人跟你跑龙套，那种情形也是很惨的。

不过中国从前的皇帝，也真有些是全心全意为人民办事，而不顾自己的幸福的。所以皇帝自称孤家寡人，那真是孤家寡人。我常常说，就有机会我也绝不当皇帝！不要说当皇帝，连平常人年纪大了，也是孤家寡人一个。你想，两个老朋友正在那里说笑话，红色的、黄色的、绿色的……都可以说，但是你的后生晚辈年轻人一过来，你什么也不敢说了，不得不傲岸端庄，装出一副非常道貌的样子。这样年轻人自然也不敢靠拢来了，结果没有人跟你讲话，那真是孤家寡人了，尤其是读儒家书方方正正的老朋友们。奉劝各位以后要常跟年轻人跑跑，说说笑笑。不要将来变成孤家寡人的时候，大家看到了只向你敬礼，大家都敬而远之，永远不跟你亲近，那种味道才是："贵而无位，高而无民，贤人在下位而无辅，是以动而有悔也！"这是补充"亢龙有悔"的道理。

梅花易数

下面孔子引用节卦初九爻的爻义。

节卦的综卦和错卦是这样的：

水泽节 ☱☵ 错　火山旅 ☶☲

综　风水涣 ☴☵

节 ☱☵ 卦的错卦是火山旅，综卦是风水涣，还有一个综卦的方法是把上下卦移位，这样节卦的综卦又变成泽水困了。所以一个卦到手，它的错卦、综卦要看清楚。如果说卜卦，也用不着什么方法。一个卦下来，反面的后果，内部的变化，从它的错卦、综卦、互卦中就可以看得很清楚了。这一种卜卦的方法，就是后来江湖上所流传的梅花易数。

梅花易数这种卜卦的方法，大家都认为是邵康节先生流传下来的。不要铜钱摇，也不要抽签。一个人一进来，先生请你卜个卦，这样卦已经卜好了。梅花易数卜卦的方法，通常是用干支、月、日、时的数字来决定体卦与用卦，再用互卦看卦的发展而论吉凶得失。假设现在是壬子年阴历九月十二日申时来卜卦，壬子年，子数一、九月数九、十二日数十二，一加九加十二等于二十二。二十二除八、余数是六，六是坎，上卦是坎。申时，申是九，加二十二（年月日时）等于三十一，三十一除以八余七，七为艮，所以下卦是艮。这样就得出来水山蹇卦……所以梅花易数卜卦的方法是从年月日时，或者你进来坐的位置，或者左脚先踏进来，或右脚先踏进来，是站是坐，面对的方向……随便一样，一个卦象就已经出来了。不要等他问，你已经知道了，这就是梅花易数。看似容易，实际上很难，需要有高度的智慧，高度的配搭才可以，不是随便乱拼乱盖的。

保密的最高原则

不出户庭，无咎。

这是节卦初九爻的爻辞。水泽节䷻，我们知道水到了池塘里头，或者海洋里头，被范围住了、被节制住了，节卦就是这个道理。假使卜卦的人卜到这个卦，动爻在初九爻，如果你问做生意好不好，或者追一个女朋友结婚，有没有希望，不好！后果很坏。不要出门就没有问题，动就有咎，一动就有问题。所以节卦初九爻解释谓"不出户庭，无咎"。户就是内门，户与门有差别。庭就是大厅、客厅。所以卜卦卜到这一爻是"不出户庭，无咎"，没有问题，没有毛病。如果出了户庭，便不一定了。孔子解释这一爻的道理：

子曰：乱之所生也，则言语以为阶，君不密则失臣，臣不密则失身，几事不密则害成，是以君子慎密而不出也。

孔子对这个爻辞的解释，是讲人生哲学的道理，并不是卜卦用的。我们平时所谓的保密、机密，就是从《易经》这个地方来的。他说依据这个道理，当祸乱开始要来的时候，是"言语以为阶"，是你自己先讲出来的。我们中国的一句老话是"病从口入，祸从口出"。爱吃东西容易生病。如果是修道的人，一个礼拜一定要有一天完全不吃东西，清理一下肠胃，让肠胃休息休息，这是长寿之道。孔子说，很多事情的失败，都是你不懂保密而失败的。历史上很多大事都是如此。孔子的意思是说，我们讲话要特别注意。

"不出户庭"，《易经》上表面的意思是说，我们的脚不踏出大门，实际上是说我们的思想，不要去到台阶外面，以免出毛病。所谓祸从口出，爱讲话的人是非就多。因此孔子这几句话，便成了我们的名言。

"君不密则失臣"，所以好多的领导人，现在的人也一样，政府一件任命案，还没有发布，外界便胡乱猜测，什么人要任部长了，什么人要做什么了。假使我当老板，我就偏不用这个人。本来我是想用这个人的，经你们大家一哄，我偏不用他。还有大臣的奏议，皇帝随便泄露出去，那你的大臣便再也不会对你有向心力了。"君不密则失臣"，就是这个道理。比如你要发明一种新的产品，市场很有前途，你还没有注册生产，便先宣扬出去，结果被别人所利用、仿冒。

"臣不密则失身"，我们看到历史上的经验，汉唐时代有几位大臣，向皇帝上奏折，那很严重啊！回到家里，穿上朝服，门关了在书房里起稿，太太小姐都不能看，不晓得他写的是什么。写好了稿，第二天叫家人把棺材准备好，抬着上朝。谏诤不好，便要死在朝堂。所以皇帝既不能做，连大臣也不能做，一个大臣是很难做的。你们读了唐诗三百首："无端嫁得金龟婿，辜负香衾事早朝。"刚刚结婚，嫁给一个新科状元，晚上被窝才暖热，三四点钟就要起床上朝了，所以说"辜负香衾事早朝"。不像现在的官，八九点钟才上班那么好做。

苦命的皇帝

当大臣不易，当皇帝更为可怜。各位想想：一个皇帝天刚亮就爬起来坐在大厅里等着大臣朝谒了，那多辛苦！大家一定疑惑：老师又没当过皇帝，是怎么晓得的？是清朝的一位侍候皇帝的王爷，亲口说的真实经验。他说："老实讲，当年若不是你们把清王朝推翻，我也非要推翻它不可。"他说那真苦，当皇帝的是人，我们也是人，谁不想玩？晚上想玩，又那么多公事，夜里都要看，不是论几件公事，太监拿公文来是上秤称的，每天有多少斤。除了雍正那个精力，昼夜以批公文为乐，其他的皇帝都吃不消啊！当皇帝的每天除了上朝，还要向皇太后请安、听大臣讲经、再加上和宫女们玩玩、晚上还要批奏折，批完了奏折已经深夜了，还没睡多久，三四点钟便又要起床上早朝了。尤其年轻的皇帝贪睡，怎么能醒得了呢？老太监有个叫司礼太监的，每天早上三四点钟，便到皇帝寝宫门外大声高喊，奉皇太后命"请圣上起床……"。

中国的伦理，在朝中皇帝最大，回到宫中，见了妈妈要跪下请安的，这是中国的伦理。太监奉皇太后命，因为在宫中妈妈最大，所以皇太后命，皇帝不能违犯。小皇帝睡得正甜的时候，司礼太监喊三声，皇帝还不起床的话，大太监嘴一努，小太监就捧着面盆，盛满热水，热手巾便捂在皇帝的脸上。皇帝一挣扎，后边小太监一推，便把皇帝扶了起来。擦脸的擦脸，梳头的梳头，换龙袍的换龙袍，这样七手八脚，便把皇帝推出来了。可见当皇帝真可怜。皇帝睡觉是一个人睡的，妃子们跟皇帝在一起，到了半夜，太监用被子把妃子一裹，就背走了。不像一般人，可以跟自己的太太长夜温柔。万一皇帝要跟妃子多亲热一下,那太监便喊了"请圣上保重龙体",你说煞不煞风景!而且要幸哪个妃子,还要先在皇后那里挂号登记,如果哪个妃子被幸的次数多了,皇后还会被警告。

再说皇帝吃的菜,有一百道之多,事实上只有前面的几样能吃,后面放的都是不能吃的。皇帝要吃盘豆腐,也要向内府报账,比我们在国宾饭店吃的还要贵。皇后吃饭也是一样,要九十多道菜,能吃的就那几样。在宫内皇后是不能跟皇帝同桌吃饭的,倒是妃子还可以,只要皇帝喜欢。但是妃子也不能侍候的次数太多,多了老太监会讲话,皇后也会讲话。如果皇太后要跟皇帝吃一餐饭呢?也很可怜!皇后跟妃子都要站在旁边侍候,不能同桌吃饭。皇太后要皇后坐下来吃,皇后还要叩头谢恩后才能坐下,拿了筷子抿抿嘴,饭也吃不饱。总而言之,天下什么事情都可以做,就是不能当皇帝。

刚才说到大臣上奏折,抬着棺材上朝,因为奏折上去以后,皇帝发了脾气,连命都没有了。那他为什么还要上奏折呢?一个大臣就是要向老百姓负责,要向国家负责,要向历史负责。大臣上奏折,就是准备着死。所以我们要读奏折,才能了解那一代的历史。古时大臣的奏折,除了皇帝知道外,他绝不对外面讲。不像现在立法院、省议会一样,无论讲什么话都可以不负责任地乱说。古人说话,不但要对自己负责,也要对历史负责,要对千秋万世的后代子孙负责。这种精神只有中国文化里边有。现在的人乱闹一气,不要说管你子孙不子孙,连父母祖先都不管了,还说什么中国文化!

这里谈到大臣对奏折的重视,就是孔子所说的"君不密则失臣,臣不密则失身,几事不密则害成,是以君子慎密而不出也"的道理。节卦的道理就是慎密,不要出门,任何事情在没有成功之前,都要慎密。我们平常说某人喜怒不形于色,也就是深藏不露,很有涵养，像刘备一样，喜怒不形于色，才真是厉害的角色。这是节卦的第一爻。

万物之盗

下面所讲的是解卦的六三爻。

雷水解☷，它的错卦是风火家人☲，综卦是水山蹇☷。雷水解的卦象，是打雷下雨，或者是像台湾刮台风下大雨一样。但要一打雷，台风便解了。所谓一雷破九台，风雨碰到打雷，就要停掉了，因为雷水解了、破了。这是物理的道理，阴阳的冲击，把这个气流分散了，所以不会起风了，也不会下雨了。就现象来讲，就是这样。

孔子在这里又改变了一个说法：

子曰：作易者其知盗乎？易曰：负且乘，致寇至。负也者，小人之事也；乘也者，君子之器也。小人而乘君子之器，盗思夺之矣。上慢下暴，盗思伐之矣。慢藏诲盗，冶容诲淫。易曰：负且乘，致寇至。盗之招也。

"负且乘，致寇至"，这是解卦六三爻的爻辞。孔子研究到这一节，他提出来一个意见：他说周文王、注解《易经》的人知道盗心了，为什么呢？圣人就是大盗，大盗也等于圣人。他说作《易经》的人，他们知道大盗吗？知道盗心吗？本来道家的说法是：道者盗也，是把天地之精神吸收到自己身上来，所以说"道者盗也"。因此《阴符经》就说："天地万物之盗，万物人之盗，人万物之盗。"彼此都在偷，都在抢，做生意更是如此，做官也是如此，所以释迦牟尼佛把"王贼并称"。庄子也是这个道理：成功了就叫王，叫帝王；不成功就叫偷。其实大家都是一样，都在抢。一个是明抢，一个是暗抢。所以修道人常说"道者盗也",盗就是盗机。

《易经》解卦六三爻的爻辞"负且乘,致寇至",构成了一幅画面。这幅画面怎么画?一个人背了一袋黄金,或者是美钞、钻石,然后骑一匹高头大马,在郊外走,或者像是开了一部汽车,装了一车珠宝钻石,在市区里招摇过市,也没有人保护,好像向坏人招手一样。"负",就是在背上背;乘是坐轿骑马,意思是说骑着马到处炫耀。等于你自己在宣传,叫强盗、叫土匪赶快来抢吧!孔子解释说:"负也者,小人之事也",背东西、挑担子,是劳动工人的事,是出劳力人的事。"乘也者,君子之器也",君子是一种人,轿就叫乘,小人是代表这种现象,像机场、车站搬行李,那是行李夫的事。好像我们在前面走,雇个人替我们挑行李,跟在后边走,自己则高头大马,优哉游哉,或是自己开着汽车载着珠宝去兜风。

你带着那么贵重的东西,一点安全的保护措施都没有,还故意炫耀,唯恐人家不知道一样,那不等于向盗贼招手吗?"小人而乘君子之器",没有这个能力保护自己,而却喜欢夸张炫耀,等于说:你的才能没有资格做大老板,而自己偏偏想做大老板的样子,到处去跟人家投资,还要跟人家有钱人来比一比财富,这就是"小人而乘君子之器"。这样子不但你不会成功,旁边的人看到有机可乘,就会借机会算计你。都想拿到最高的权位,自己没有这个本事,也没有这个能力,偏要做大事。恐怕当你还没有坐好的时候,旁的人便把你抢走了!所以孔子说:"上慢下暴,盗思伐之矣!"

同样的道理,当上边的人没有这个真学问、真本事,却占了那个位置,而又"上慢下暴",上面的傲慢,下面的暴戾,能不引起野心分子的觊觎吗?因此孔子讲了两句名言:"慢藏诲盗,冶容诲淫。"孔子说:你把宝贵的东西不好好地藏起来,就叫做慢藏。"诲"是教育,你那么值钱的东西,不好好地藏起来,故意摆在那里,不是明白地告诉强盗来抢吗?等于一个女孩子打扮得妖妖艳艳、漂漂亮亮的,那不是教人家看的吗?你打扮得那么漂亮,人家看到了,喜欢你,不是教人家来打你的主意吗?所以说"慢藏诲盗,冶容诲淫",不能怨人家,这些都是自己招来的。《易经》上说:"负且乘,致寇至,盗之招也。"是你自己招来的、请来的,怨不得人家哪!

第九章 天一地二 天三地四

　　天一、地二、天三、地四、天五、地六、天七、地八、天九、地十。天数五，地数五，五位相得而各有合；天数二十有五，地数三十，凡天地之数五十有五，此所以成变化而行鬼神也。

　　大衍之数五十，其用四十有九，分而为二以象两，挂一以象三，揲之以四以象四时，归奇于扐以象闰，五岁再闰，故再扐而后卦。

　　乾之策二百一十有六，坤之策百四十有四，凡三百有六十，当期之日。二篇之策，万有一千五百二十，当万物之数也。

　　是故四营而成易，十有八变而成卦。八卦而小成，引而伸之，触类而长之，天下之能事毕矣。

　　显道神德行，是故可与酬酢，可与佑神矣。子曰：知变化之道者，其知神之所为乎？

　　今天我们研究《系传》第九章，这一章主要是谈数的问题，也是谈卜筮的方法。现在我们把文字给大家介绍如下：天一、地二、天三、地四、天五、地六、天七、地八、天九、地十。天数五，地数五，五位相得而各有合；天数二十有五，地数三十，凡天地之数五十有五，此所以变化而行鬼神也。

《易经》的数

　　《易经》有三套数字，这一章是卜卦用的。所谓"卜用蓍"，就是蓍草，台湾没有，出在西北。据说蓍草生得好的那一年，天下就安定；蓍草生得不好，天下就不太平了。

《易经》的另外一套数字是伏羲八卦的先天图。这个图应该作立体图来看，不可以作平面图看。现在我们姑且把它作平面看，它的数字是乾一、兑二、离三、震四，以上叫左旋。从这里可以看到东西文化的不同，东方是由右边转过左边去，西方是由左边转过右边来，这是地球物理自然之理。右边开始是巽五、坎六、艮七、坤八，两条线对拢来就是一个圆圈。实际上这两条线都是画了一半，这就是所谓的天道左旋，地道右旋；太阳系统跟地球的转动是相反的，所以叫天道左旋，地道右旋。现在研究天文的太空学，当然知道宇宙的旋转不同。但是我们要想想五千年以前，我们的老祖宗们怎么会知道的？这就不简单了。这个问题现在无从考查，我们老祖宗早就懂得天道是左旋，地道是右旋。因此太阳系统，地球与月亮转动，至少这三个球转来转去不会相碰。实际上各大行星彼此的转动都不同。下面是伏羲先天卦的卦位，大家要记住，每一卦的位置是这样摆的：

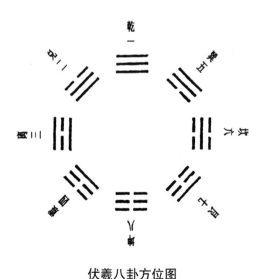

伏羲八卦方位图

上面为什么摆乾？也有人主张把这位置改了。像太极拳协会，就有一位先生拿一篇文章要我看，说要学西方的规矩，跟指北针一样，把乾卦摆在北方，坤卦放在南方。我说不可以。他说指南针本来指南还是指北？我说伏羲八卦现在就图的平面上看，好像是在南方，实际上这个图是立体的。乾卦是在上面，坤卦是在下面，离卦是在左边，坎卦是在右边，其他四个卦分两条线圆周的转动，等于一个皮球一样。但是现在平摆着看起来，乾卦当然就在南方，南方光明，北方寒冷，乾卦是阳，所以在南，坤卦是阴，所以在北。这是先天图在平面上看起来的样子。

地心的奥秘

下面我们谈一谈《说卦传》中的部分。《说卦传》也是孔子作的，是解释卦的卦象。他在第三章里对伏羲先天八卦，作了非常明白的解说："天地定位，山泽通气，雷风相薄，水火不相射，八卦相错，数往者顺，知来者逆，是故易，逆数也。"

"天地定位"，凡是在上面的都叫做天，脚踩着的都叫做地。上天是人为的、假定的，可是人为的假定中心就分了上下，所以称为"天地定位，山泽通气"。现在科学正在研究地球，像美国人在西海岸就花很多钱，向地下面打洞来研究地球。我们古人是否也向地下打过洞？不知道！但是几千年前我们老祖宗们就知道，山跟海洋上下是通的。"山泽通气"，等于人一样，鼻子通下面、身体内部及毛细孔都是通的，就是山泽通气的道理。因此，学中医要特别知道气化的原理。"雷风相薄"，震卦是雷，巽卦是风。风就是大气层，大气层摩擦就变成雷电。雷电消散，又变成大气层，就是"雷风相薄"的意思。薄并不是厚薄的薄，是互相在矛盾、在融化，这种情形就叫薄。"水火不相射"，太阳跟月亮永远不会在一起，永远是太阳上来，月亮下去，月亮上来，太阳下去。也可以说，水多了把火熄了，火多了把水烧干了，这就是"水火不相射"。

至于"八卦"，它是"相错"的，互相错，平面摆起来就可以相错。坤卦就错乾卦，巽卦错兑卦，震卦错艮卦，阳错阴，阴错阳等。这些以前已经讲过了，我们不再多说。

古代的祭祀

"数往者顺，知来者逆"。我们刚才讲过，乾一、兑二、离三、震四，天道左旋，这是顺的；巽五、坎六、艮七、坤八，是逆的。在这里我们可以看到很多宗教的仪式，也都是《易经》的道理。譬如佛教里头，和尚在念经，假设神位设在北面，和尚的位置应在西面。我们中国过去礼貌也是一样，就像祭祖，现在很多人都不知道。我个人很小就做代表出来祭祖，那个场面真把人吓死了！那个时候才十二三岁，穿着长袍马褂，好多人，好痛苦呀！一个台子又一个台子，再走两三步，中间又一个台子，再两三步路边又一个台子。上边都摆着祭品，人山人海站的很多。详细的情形时间久了，有些细节也记不清了。不过，就是现在祭孔，也没有真正懂得的。那个主祭者很难当，一边四个人，现在叫司仪，过去叫赞礼，共八个。开始时不是喊典礼开始、主席就位，而是喊主事者各执其事，主祭者就位，像唱歌一样，拉着嗓子。我还记得第一次上台，听赞礼的一叫，我头都晕了！像上了法场一样，步子都不敢走错。穿着长袍，一步一步走，然后跪在地上，而且还要用手把长袍拦一下，接着赞礼叫上——香。人家把香交给我，我就拜揖；再喊跪——我就跪下；拜——就要叩头，三跪九叩，这是初祭。然后再献这样、献那样，就位以前还要盥洗。旁边一个盆子盛了水，要擦手擦脸。

每一个宗教都保持上古人类的礼貌，但是我感到中华民族保持了全部，因为我参与过这种事。然后一阵子搞下来，汗流浃背，又紧张、又惶恐，生怕做错了被人家笑。礼献的时候先是初献，然后是正献，第一步一定要从右边出来，先站到右前方，再走到中间。像现在在电视上看到祭孔的那些人，连长袍马褂都没穿好，不但礼服不晓得穿，那些衣服也做得不对，只好闭上眼睛装着看不见了。这种礼节，我认为很值得保留，至少要有这个形象。佛教里主要的大法师，走到一个佛像前面，便是走右边；基督教好像也还是走右边，天主教也是。每一个宗教我都研究过，大都如此。各类宗教的教宗、教主就位，他还是要右旋走，地道右旋。学了《易经》，你便知道它与世界文化的关系了。

合十与合适

"数往者顺，知来者逆"。如果要推求过去、将来怎么样，数字是向前推，一二三四五六七八九十……一路下去。"数往"是向前面推去的意思。如果想知道一从哪里来，二从哪里来，"知来者逆"，就要倒转过来：三从二来，二从一来。"知来者逆"是减数，"数往者顺"是增加数。增加与减少不同，这个里头有很多科学的道理，是孔子研究的心得。

宋朝的易学大师邵康节，对这一段的道理做这样的解释，邵子曰："天地定位一节，明伏羲八卦也。八卦者，明交相错，而成六十四卦也。数往者顺，若顺天而行，则是左旋也，皆已生之卦也，故云数往也。知来者逆，若逆天而行是右旋也，皆未生之卦也，故曰知来也。夫易之数由逆而成矣，此一节直解图意。若逆知四时之谓也。"朱子也说："邵子曰：此伏羲八卦之位，乾南（按：拿平面图来讲）、坤北、离东、坎西、兑居东南、震居东北、巽居西南、艮居西北。于是八卦相交而成六十四卦，所谓先天之学也。"

邵康节对这一段的解释又是一个说法，他拿平面图来说乾南、坤北、离东、坎西、兑东南、震东北、巽西南、艮西北，自震至乾为顺，自巽而坎而艮以至于坤为逆。这个说法不同了，不过这也是很权威的论法。换句话说，乾一、兑二、离三、震四，他说倒着讲这个数法为顺，由巽卦起巽五、坎六、艮七、坤八为逆。这是邵康节推算的一种法则，实际上是一样，用法上是两样，用法各有各的后果。这是一套数字，基本上大家要记得。

我们现在晓得了先天八卦是乾一、兑二、离三、震四、巽五、坎六、艮七、坤八。

上面孔子所讲的天一、地二、天三、地四、天五、地六、天七、地八、天九、地十，单数属阳，称天，双数属阴，称地。乾一、兑二、离三、震四，所以一三五七九是阳性的，为阳数，二四六八十是阴性的，为阴数，双方都是五个。等于我们人的双手，每只手都是五个指头，两个五合起来叫做合十，所以后人把两掌合拢来便叫合十，也叫合适。合不合适？这个合适的道理就是从这里来的。

后天八卦与洛书

为了以后进行的方便，现在请大家再看看文王八卦的方位。

文王八卦也叫后天八卦，大家都要记熟，以后研究的时候才方便，文王后天八卦的方位是：

离南、坎北、震东、兑西、巽东南、坤西南、艮东北、乾西北。

假使用平面看，后天八卦的数是从洛书来的。我们一般的口诀是一坎、二坤、三震、四巽、五是中间（也叫中宫）、六是乾卦、七是兑卦、八是艮卦、九是离卦。为了便于记忆，古人把它编成歌诀，像一首诗一样，很好记忆。我们过去已经讲过，现在再重复一下：

一数坎兮二数坤，三震四巽数中分，五寄中宫六乾是，七兑八艮九离门。

我们过去已经说过，后天八卦的方位和数与伏羲先天八卦的不同，学《易经》、玩龙板，哪个地方用哪一套都不一样，都有规定。这里有一个练习，我们先来做做看，你把先后天两个数字对面来加一加，现在大家先把文王后天八卦图摆开来看看：

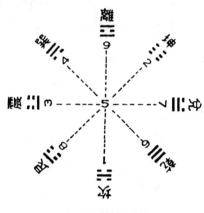

文王八卦方位图

从离到坎画一条直线，再从震到兑画一条横线，艮与坤画一条，巽与乾再画一条，共四条线，然后再把两头的数字加拢起来都是十，这叫合十。

伏羲八卦的方位呢？又不同了。

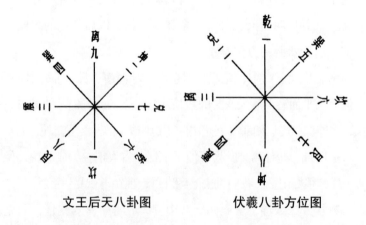

文王后天八卦图　　　伏羲八卦方位图

从乾到坤画一条线，从离到坎画一条线，从兑到艮画一条线，从巽到震画一条线，也是四条线；然后两头的数字加起来都是九，这叫用九。先天卦是九，后天卦是十；先天讲体（本体），后天讲用；先天卦是根本，后天卦是起用。真正要讲用法，要用后天文王卦的数，非常灵，这是个秘诀。这个道理你要搞不清楚，你去学算命呀、看风水呀、搞什么呀，有时候你会越看越糊涂。汉朝以后，医药书也套上了《易经》，这些我很不赞成。可是汉朝的古人已经开始套了，死拉鬼扯叫做配卦，按照医药的法则，归纳到《易经》的法则里。如果《易经》没有学好，医学便成了问题了，而且交代不清楚，什么地方该用先天，什么地方该用后天，用哪个数字，都交代不清楚。后来我加以研究，才知道不是交代不清楚，是他们根本就不懂。不要说古人很聪明，他们还真的不懂。

易学在蜀

明朝一部很有名的《来易》，是四川万县人来知德所著。他是明朝有名的易学大家，一辈子不出来做官，也不考功名，在四川巫山十二峰里头隐居，专门研究《易经》，长达二三十年，著了一部《易经来注解图》，非常有名。我们年轻时候听到《来易》，简直要晕倒，非常钦佩！所以我在四川的时候，碰到一位讲《易经》的老先生，我要跟他学《易经》，他不教。我问他为什么不教？他说因为你是下江人，尤其是你是浙江人。我说我们浙江人有那么大坏处吗？他说不是，因为易学在蜀（《易经》的学问在四川），四川人没有会以前，不传给外省人。我听了一笑说："从现在开始，你求我来学我也不学了，将来我非教你不可！"一来是说笑，二来是真的。

因为来知德的关系，易学在蜀，宋程明道也到过四川学到易理。但是等我到中年以后，把《来易》加以研究，非常赞叹《来易》了不起，但还是有问题。因为他所见不广，不过，这在古人来说也很难得了！《易经》的著作那么多，怎么看得完？再说来氏又远处西南，蛰居深山，自然难能博览群籍了。所以来氏有些自己认为是发明的，其实没有发明，古人已经说过了，自己白白浪费了很多的时间去思考研究。所以读古书自己可以省掉很多力气。来氏有些见解，则又刚刚与古人相反，这就是知识的不渊博了。

现在的时代又不同啦！全世界所有的藏书，我们都可以看到。譬如说有些《易经》从我们中国掉啦、绝版啦，我一查，知道哈佛大学图书馆有、法国大学图书馆有，或者美国国会图书馆有，一封信去就可以把它的照片寄来了。虽然国内没有，但是外国还替我们保存着，方便很多，资料也比较多得多了。

五的哲学

前面我们讲了两套数字，现在又是一套数字：

天一、地二、天三、地四、天五、地六、天七、地八、天九、地十。天数五，地数五，五位相得而各有合；天数二十有五，地数三十，凡天地之数五十有五，此所以成变化而行鬼神也。

孔子说"天数五，地数五"，金木水火土五行之数也是五；乃至佛学所讲的五大"地、水、火、风、空"，及五蕴"色、受、想、行、识"等等都是五，是同一个数理哲学来的。天数五位，地数五位，各位相加减后就又不同了。"五位相得而各有合"——单数归到单数里边，双数归到双数里边，另外又是一个结论。总和的数字不同，天数是二十五，"一、三、五、七、九"相加为二十五。所以孔子说，天数二十有五，构成了我们农业社会二十四个节气。譬如今天是阴历三月二十七，再过几天就是清明。但是台湾的清明不作数，既不清也不明，这是闲话。

"二、四、六、八、十"相加为三十，这就是"地数三十"，讲地球与月亮的关系。古人为什么三十天叫一个月，就是这个道理。五天叫一候，三候就是一气，两气就是一节。一年有七十二个候，叫气候；二十四个节气：清明呀、小满呀、白露呀、冬至呀……这二十四个节气在我们农村很有用处。每一个节气，各地区都有一些歌诀，很准的！我很想把它收集起来。譬如"惊蛰闻雷米如泥"，这是北方的话。就是在惊蛰这天打雷的话，一定丰收，米像泥巴那么贱。"春分有雨病人稀"，春分有雨，便少疾病。但是各地不同。哪个时候涨潮，哪个时候退潮，都准得很。这是我们中华民族几千年来，祖宗们一个一个留下来的经验。台湾也有台湾的说法。大家如果能够把它收集起来很有用处，不要等到老年人死光了，以后便没有人知道了。古人留下来的经验，甚至比气象台还要准确。《易经》几千年前便说出这些数字，天地之数相加五十有五，这个五十有五很严重，"此所以成变化而行鬼神也"，连鬼神都逃不出这五十五个数的范围。所以真能够懂了数理哲学，鬼神都逃不出你的手了。"凡天地之数五十有五"，真正厉害的数字是五，这是讲数理的基础。

大衍之数五十

中国过去卜卦不是迷信，是依据数理哲学来的。古代用蓍草来卜卦。"天地之数五十有五"，真正用的是五十根。为什么只用五十根来卜呢？因为那五根基本数是不能动的。等于天体上的太阳、月亮，这五星是不须动的。

大衍之数五十，其用四十有九，分而为二以象两，挂一以象三，揲之以四以象四时，归奇于扐以象闰，五岁再闰，故再扐而后卦。

"大衍之数五十"。衍就是衍绎。所以卜卦用五十根蓍草。当你拿五十根蓍草一摇，默祷完了，便从五十根中抽出来一根放在一边不用，所谓"大衍之数五十，其用四十有九"（不用五十）。如果我们懂得这个哲学的道理，不管你打仗、做生意，便可永远立于不败之地。为什么只用四十九而不用五十呢？就是基本数不动，摆在那里不用。

严格地说，真正要做生意，你要有三倍的本钱，如果开一个工厂要一千万的话，你便要准备三千万才能开工厂。为什么？因为你必须要有安全储备的原料、资金回收周转的时间，还要有意外风险的准备金等等，所以一千万的生意，便得要有三千万的本钱，甚至四千万；另外一千万备而不用，应付意外情况。所以说"大衍之数五十，其用四十有九"，那个"一"是备而不用！同样，你的那个一千万也是备而不能动用，万一到了十分危险的生死关头，就不会走投无路，也不会上吊了。所以在一开始你便要把那一帖不死之药准备好，拿在手中。这就是《易经》只用四十有九，留一不用的道理。这个"一"不能用，也是天地自然的法则。

蓍筮的程序

现在我们谈用蓍草筮卦的方法。

在我们开始筮卦以前，必须要心念专一，然后默默地祷念一下你要问的事情。祷念完毕后，从五十根蓍草中取出一根，放在一边，这就是"大衍之数五十，其用四十有九"。衍的意思与演、演绎差不多，意思是很宽广，所以称为大衍。

"分而为二以象两"，筮的时候，双手把四十九根蓍草，随意分而为二，把右手的一份放在一边，这就是"分而为二以象两"。为什么要象两？意思是把阴阳分开，效法天地的道理。这样的筮方法，不是迷信，是物理自然的效果，也就是太极生两仪的意思，这是第一营。

"挂一以象三"，然后再从原来右手的那一份中取出一根，挂在左手小指与无名指之间，即所谓的"挂一以象三"。三就是三才，象征天、地、人三才的意思，这是第二营。

"揲之以四以象四时"，揲就是数，把左手的蓍草每四根一组，分到最后，所剩的或一或二或三或四，以象春、夏、秋、冬四时，即所谓的"揲之以四以象四时"，这是第三营的半营。

"归奇于扐以象闰"，左手的蓍草，分到最后（每组四根），把剩余的蓍草或一根、或两根、或三根，不论多少，扐于左手无名指与中指之间。扐音勒，就是剩余的蓍草，这是第四营的一半。

然后再把原来右手所分的一半，用同样的方法四揲（第三营的又一半），归扐于左手的中指之间，这是第四营的又一半，"归奇于扐以象闰"。"奇"就是四揲以后所剩余的策。"五岁而再闰，故再扐而后卦"，五年有两个闰月，这样两扐以象征"五岁再闰"。

这时右手把揲过的蓍草放在一起，再把左手一挂（最初挂的一根）与二扐和小指、无名指间的蓍草合在一起，这样便完成了第一变。

"再扐而后卦"，然后把左右四揲的蓍草合在一起，再经过前边分二挂一、左右四揲与归扐的程序，三变之后才能成为一爻。这就是再扐而后卦，四营而成易；十有八变才能成为一卦。

这种手续非常繁琐，要经过十八次的手续，才能求出一个卦象，知道是什么卦。现在卜卦只用三个铜板，哗啦哗啦一摇，阳啦阴啦，也可以，这是后世的简化。

大衍揲蓍次序演绎表

大衍之数五十,其用四十有九,分而为二以象两,挂一以象三,揲之以四以象四时,归奇于扐以象闰,五岁再闰,故再扐而后卦。

第一变

 第 一 营 分而二以象两(任意分49为左右两部分,我们假定为 ················17与32)

 第 二 营 挂一以象三(取右首之一策,置于左手小指无名指之间)···32 －①

 第 三 营 揲之以四以象四时(四分左首之策以取其余数)
 之   半 ··17÷4剩①

 第 四 营 归奇于扐以象闰(将第三营所余之策①置于
 之   半 左手无名指与中指之间)

 第 三 营 四揲右首之策(四分右方之策32－①＝31)········
 之另一半 ···31÷4剩③

 第 四 营 五岁再闰、再扐而后挂(将后三营所余之策,
 之另一半 置于中、食指间)

    以上四营已毕,为第一变,所得策数为
     ··································(1＋1＋3＝5)

 (第一变后所余的策数只有两种情况,一是44,一是40)
 我们这里所得为 ·································(49－5为44)

第二变 再以前法四营所余的44策

 第 一 营 分而为二以象两(任意分44为两部分,我
     们假定为 ···································8与36)

第 二 营	挂一以象三 ································	36 －①
第 三 营 之 半	揲之以四以象四时 ····················	8÷4余④
第 四 营 之 半	归奇于扐以象闰（将余数④置于无名指与中指间）	
第 三 营 之另一半	再四揲右首之策 ························	35÷4余③
第 四 营 之另一半	五岁再闰，再扐而后挂（置余数③于中食指间）	

以上四营已毕为第二变。所得策数为

································(1＋4＋3＝8)

（第二变后所余的策数有三种情形即 40　36　30

此处所得为 ································44－8得36）

第三变　再以前法四营所余的正策36

第 一 营	分而为二以象两此处假设为	
	································	20与16
第 二 营	挂一以象三 ································	16－①
第 三 营 之 半	揲之以四以象四时 ····················	20÷4余④
第 四 营 之 半	归奇于扐以象闰	
第 三 营 之另一半	再四揲右首之策 ························	15÷4余③
第 四 营 之另一半	五岁再闰，再扐而后挂	

四营已毕，所得策数为

································(1＋4＋3＝8)

157

以上三变所得的策数为

......5　8　8 相加为 21

49－21＝28　　四分 28 为 7　　七为少阳所得为阳爻。

如此十八变后，得出六爻，即为所得之卦。

附注一：十八变每三变所得挂扐归奇的数，有以下六种组合：（1）5、4、4（2）9、8、8（3）5、8、8（4）9、4、8（5）9、4、4（6）5、4、8

附注二：这六种组合所得的策数也有以下六种情况：

得 9 和 6 的机会各为一，得 7 和 8 的机会各二，其计算方法如下：

假设十八变中，三变所得挂扐之数为 5、4、4，则

5＋4＋4＝13　　49 策－13＝36　　36÷4 得 9（36 即乾之策数，每卦六爻，36×6＝216）乾之策二百一十有六即由此来。

如果为 9、8、8 则

9＋8＋8＝25　　49－25＝24　　24÷4 得 6（24 即坤之策数，每卦六爻，24×6＝144）坤之策百四十有四由此来。

如果为 5、8、8 或 9、4、8 则

5＋8＋8＝21　　9＋4＋8＝21　　49－21＝28　　28÷4 得 7 者二。

如果为 9、4、4 或 5、4、8 则

9＋4＋4＝17　　5＋4＋8＝17　　49－17＝32　　32÷4 得 8 者二。

以上得 9、6 者各 1　　得 7、8 者 2　　这六爻即是所得之卦。

附注三：九为太阳，六为太阴，七为少阳，八为少阴，九为阳极，逢九变阴，六为阴极，逢六变阳，七为阳爻，八为阴爻，均不变。

孙悟空七十二变

乾之策二百一十有六，坤之策百四十有四，凡三百有六十，当期之日。二篇之策，万有一千五百二十，当万物之数也。

"乾之策二百一十有六"，经过前面分、挂、揲、扐十八变的程序，得老阳乾爻的正策为三十六，坤爻老阴的正策为二十四。每卦有六爻，故六之三十六为二百一十六，所以说"乾之策二百一十有六"。策就是竹签子。"坤之策"是六之二十四，一共有一百四十四（详请参阅上图附注）。坤就代表地，阴数，乾卦就代表天，阳数，阴阳合起来一共三百六十，"当期之日"，一年有三百六十天，事实上一年不止三百六十天，是三百六十天多一点点。所以五年把那个剩下的数加上去，就多一个闰月。不然太阳、月亮的轨道，我们就算不准了。五年两头都有闰月。

"二篇之策，万有一千五百二十，当万物之数也。"我们中国人所谓"天地万物"这个观念，综合起来，都是从《易经》来的。六十四卦中阴阳卦各三十二，以三十二乘乾之二百一十有六则为六千九百一十二；乘坤之百四十有四，为四千六百零八，两者相加即万有一千五百二十，以当"万物之数"。

是故四营而成易，十有八变而成卦。

"是故四营而成易"。经过四次的分二挂一程序，卜出一个爻象。

"十有八变而成卦"。要经十八次的手续才能成卦。

阳数到极点为九。所以我们中国人看到人家女孩子长大了，说你的女孩子好漂亮呀，真是女大"十八变"，十八变就是从这里来的。十八变是《易经》的数学，阳数到九，二九一十八，所以大变十八。《西游记》说三十六天变，七十二地变，三十六天罡，七十二地煞，孙悟空学了七十二地变，但是三十六天变他不懂，大概只有人才能变得出来！这就是十有八变而成卦。

数理的最高境界

八卦而小成，引而伸之，触类而长之，天下之能事毕矣。

显道神德行，是故可与酬酢，可与佑神矣。

子曰：知变化之道者，其知神之所为乎？

"八卦而小成"，这个大的现象有八个，叫做八卦。把它缩小范围使我们容易记忆。"引而伸之"，把它扩张起来，用演绎的方法，"引而伸之，触类而长之"。每个东西都有卦，每个卦里头又有爻，爻里头又有卦，卦里头又有爻，"天下之能事毕矣"。真把《易经》的数理弄通了，天下万事的道理没有不知道的。未卜先知，不要用卜卦就知道了。

懂了这个数理才能"显道神德行"，显出来形而上的道，神明——看不见的这个神，神而不可知的这一面，它的作用，都可以知道。"是故可以酬酢"，可以应付天下之士，也可以协助完成神化的功能，乃至中国人的祭祖宗，都叫酬酢。"可与佑神矣"！就可以向天地拜拜了。换句话说，就是可以上教堂、拜菩萨，这才懂得了祭祀的道理。

宗教的仪式为什么可以佑神？帮助神？神没有人来帮助怎么行啊！我们不给神修个庙子，神一点用都没有。所以"魔从心造，妖由人兴"。你说灵不灵？还不是你们心里造的！你说它不灵，便一点也不灵了！拿《易经》的哲学术语一讲，无所谓妖魔，也无所谓神明了。所以孔子说："知变化之道者，其知神之所为乎"！这就懂得了数理变化的法则。所以我们中国文化的《易经》是科学的，绝不是迷信的，把宗教的外衣统统拿掉了，宇宙间上帝也好、圣母也好、妈祖也好、菩萨也好，不过是数理变化之道，所以说"知变化之道者，其知神之所为乎"！鬼神的动作是什么？你坐在这里就知道了。

我们小的时候，拼命学《易经》是为什么？是因为怕鬼。老师说，把《易经》学通，你只要在那里一坐，鬼神到了你前边都要向你行礼。这样一说，我胆子大了，我就找了本《易经》，不敢随便乱拿，是两手捧着读的。晚上睡觉时，还要把《易经》压在枕头下面，因为怕鬼呀！学了《易经》就可以神护鬼佑了。因为孔子宣传得那么厉害，说学了《易经》就可以知变化之道，而且知道鬼神的行为，一切天人你也都知道了！就连今天玉皇大帝开的是什么会，下的是什么命令，你都知道，你的数理当然已达到最高的境界了。

道与神通

上一次我们讲《系传》九章有关卜卦的问题，以及卜卦的方法，因为大家对于卦还不能熟背，我们不能详细地讲。不过大家要注意的是，一般人对卜卦都叫占卜，其实占是占，卜是卜，方法不同。考古学家在牛骨上发现的文字便叫卜，这是人对世界宇宙奥秘探索的方法。许多宇宙间不可知的事，从古到今，从中到外，大家都想知道它，所以，世界上追求先知的方法也很多。如果站在佛学和中国正统文化的立场去探索，人类智慧的本能，确实能知道过去未来，但是我们现在却做不到，原因是这个能力被后天的污染遮掩住了。这一种能知过去未来的这个"能"，叫做神通。

所谓神，就是自己的思想精神能够通达一切，达到了人类智慧的最高处。神通的产生有五种，就是报通、修通、鬼通、妖通及依通。报通就是与生俱来的一种天生的特殊本能。就佛学的立场看，我们人类整个的生命，是无穷尽的，是不生不灭的，是永恒的。我们现在的生命，是所有人类生命中的一个段落，也叫做分段生死。分段生死这个现象中能生能死的那个功能，却不属于现在生死的变化，那个就是"道"。宗教家对它有很多的名称，什么上帝呀、主呀、佛呀等等。

第一种报通，就是有些人生下来就有的神通。那是由前生的果报带来的，这种人多半前生都有很高智慧与很好的修持。这种神通也是比较难得的。

第二种是修通，是此生修道而得来的神通。当一个人修持到静极了，得定以后，自己生命的本能智慧就会爆发，因而获得某种神通，就是修通。

第三种及第四种就是妖通与鬼通两种，也就是我们现在所谓的精神分裂症的状态。在佛家认为这是由于自己本身健康不良，而由外来力量依附所发的功能，所谓妖魔鬼神附身等等。宇宙中这类的生命，佛经叫作非人，不属于人类的一种。有些甚至还有形象跟行动产生。另有些能力超过一般非人的，善的谓之天神，不善的就是妖，再差一点的叫做鬼。当然这种现象在精神上都是不正常的，这就是所谓的妖通、鬼通。我们乡下到处可以看到这一类的事。

有些情形还有地区性，离开了那个范围及地区就不灵了。譬如台湾有一个摸骨的，离开他的地方就不行啦！这一类都是所谓的妖通、鬼通。它是靠另外一个东西的灵感所显示出的一种能力。

第五种便是依通，是依靠物质的工具来达到先知的情形。如卜卦啦、算命啦……这些都是依通，依靠一种方法而获得先知的。看相算命等，全世界各个民族都有它的一套，如埃及有埃及的一套，印度有印度的一套，中国有中国的一套，西洋有西洋的一套。西洋的一套接近埃及、希腊这一类，这些都属于依通的范围。我们东方的卜卦也是依通，是靠一种方法。

这就说明了宇宙之间有奥秘！其实也不是奥秘，只能说是人类所不能发现的。每一个生命都有他的显著功能，但都不是全部的。所有的功能中以人类的功能比较完备，不过有些功能人类还是不能达到。譬如人的眼睛隔一道墙壁，或者被纸一遮就看不见了。但是真有神通的人，墙壁也挡不住，隔着墙壁也看得很清楚。又如蝙蝠没有眼睛可以飞翔，我们人类做不到。还有蚂蚁在墙壁上可以倒着来爬，人也做不到。其实人也能做得到，因为后天的思想啦、情感啦障碍住了，把他原有的功能丧失了，因此靠依通来弥补那些缺陷。可是人类求知的欲望特别强，尤其对人类自己生命的过去、未来的情形，寻求知道的那种欲望更加强烈，也就是追求先知。世界上各种追求先知的方法，大部分都靠依通。所谓的妖通、鬼通乃至依通等，都是我们中国过去所谓的巫筮。

中国历史上的巫筮

中国上古时代所谓的巫、筮，包括了医药、卜筮、看相、算命，乃至包括了天文地理等等。换句话说，相当于现在的科学家。可是我们中国古代很看不起工商业，当然更看不起巫筮了。在过去巫跟医是并称的，孔子在《论语》中也说："人而无恒，不可以作巫医。"巫医是个小道，是最起码的谋生技能。一个人没有恒心、没有决心、没有坚定的意志，连学巫医都做不好。这是孔子的名言。

在春秋战国的时候，巫医的地位已经提高了很多，但是在社会上的行业中，还是比较低。但在我们过去的历史上，却非常注重卜筮，因为人没有办法先知，尤其对国家大事。春秋战国时代，特别是春秋时，决定一件国家大事，或者是决定一次严重的战争，都要经过卜筮。国君斋戒沐浴，一个人在宫殿里边三天或者五天七天，什么人都不见，当然后妃也包括在内，静静地祈祷，然后请太史公——管天文的来决策卜筮。换句话说，不可知的一面则以卜筮知之，这在古代是很重要的。所以你们研究《春秋》，到处可以看到卜筮卜卦的记录。有些很灵，有些也不一定灵。这个中间也有很多的道理。不过，由此我们可以看出上古时候大家对卜筮的重视。

卜与占的方法不同，在上古时候是用卜——骨卜，骨卜的史料现在还有形迹可寻，考古学家可以找出来。骨卜进步到了周代，就是孔子这个时代，便有筮了。卜比较早用，那个时候恐怕还是没有统一的方法，但是政界已经用筮了，所以卜筮并称。我们这本书上有宋代的大儒朱熹先生留下来的筮法。前面已经讲过，这种筮是用一种蓍草，就像我们台湾的台风草一样，曾有一位日本人送我一束。这种草生长在甘肃一带，我们这《易经》文化，是属于西北高原黄河上流所谓的大夏文化，我们称华夏文化，就是筮草的产地。南方地势低，是卑湿之地，没有这个东西。用筮草来筮，属于数。筮的里面也有象。我们讲到《易经》有象与数，一种是看象，一种是看数。筮的时候要有一个神台子，可是丝毫没有偶像的成分，很恭敬的，也不是迷信，一定要很诚恳。烧香还是后来才有，我们烧香是印度来的，点蜡烛是我们中国的。西方的天主教也是点蜡烛的，我们小时常说"天主马利亚，只点蜡烛不带香"。天主教的点蜡烛还是从东方传过去的。

春秋战国时候就有用龟卜的。那时要知国家大事，要用千年老龟的龟壳去卜。

杀这种龟很麻烦，叫脱壳乌龟，也很残忍。先把龟用东西压起来，压得紧紧的，然后用火烧它的尾巴，当它忍受不了时，一下子窜出来，只有龟壳留下来。当然它是愤怒到极点、痛苦到极点，那种肉是不能吃的，因为它已经有毒了。我们讲生物的道理，当一个人或生物痛苦到了极点，他的生理会有某种变化。像人发了很大的脾气，马上抽血检查，血液会有毒的，而且血液也变蓝了，不是红的。所以佛家讲戒杀，不准吃肉，也是因为肉中有毒的关系。任何一种有生命的动物，当你要杀死它的时候，它都会有一种抗拒、仇恨的心理，血液里就会产生毒素，很可怕！人也一样。所以这种乌龟的肉，就不能吃了。

龟壳留下来用铜钱在里边摇，有字的一面叫阳面，没有字的一面叫阴面，六次下来构成一卦。如果三个铜钱下去出现两个阴面，一个阳面，就打一点，表示阳爻；如果两个阳面，一个阴面，就打两点，表示阴爻；如果是三个阳面，就画一圆圈，这叫重爻，也叫动爻。动就要变，阳极就会变阴。如果三个都是阴面，就打一×。×就表示交，表示阴极要变阳。如果六次都变阳或变阴，那叫六爻大变，那就很难办了。如果六次下来只有一爻变，假设我们投了六次都得阳爻，便是乾卦，如果第三爻是三个阳，阳极阴生，那么这第三爻便非变不可了！这样一来便成了天泽履卦。这个卦由乾卦变为履，古文叫它乾之履卦，这就叫变卦。我们平常说人不守诺言叫变卦，就是从这里来的。如果要判断一件事情的时候，便要与它的本卦参酌研究。

文王课与火珠林

一般跑江湖所用的方法，例如在中华路新公园里我们所看到的，就叫六爻卦，也叫文王课，这是根据《周易》来卜的，实际上就是汉代的火珠林法。有一次钱宾四先生卜国运，就是用火珠林法。很多人问我：钱先生用火珠林法，究竟火珠林是什么？把大家考倒了。我说钱先生故作惊人之举！一般人以为火珠林失传了，事实上火珠林就是现在的六爻卦。汉代有本火珠林卜卦的书，以后失传了，现在书店里卖的卜筮正宗，就是从火珠林里头变出来的。这本书就叫《六爻卦》，也叫《金钱卜》，就是现在市面上所流行的，不过已经有了很多改进与发展。

讲到卜卦，中国历代都有很多方法，前面我们讲到过梅花易数，方法很简单，是不必卜卦的。一个人一进门，从他站的方位、看当时的时间、看穿的是什么衣服，一个卦的卦象就构成了。有时候也很灵。如听到鸟叫等等，这在中国古代叫做兆，万事都有个兆头。你说不相信吗？有时候也满怪的。譬如过年，家里供菩萨、供祖宗，烧个香，香烧完了，香烟或香灰会构成某些奇怪的图案。这些图案都代表着某种意义，有时候也非常灵，或者像香灰不倒……都是很常见、很普通的。

隐身术与祝由科

小时候遇到这些稀奇古怪的学问，东方的、西方的都要去学，而且好奇心重，总想要把它弄清楚。有一次在四川，有位老先生已经七十多岁了，那时候我们看他已经很老了。他修道的功夫很高，头光光的，戴个小帽，摸到他的顶门是软软的，跟刚生下来的婴儿一样，会跳动。据说阳神可以出窍了。会不会出？不知道，但可证明他打坐修道很用功了。还有一位老先生乳房一挤，跟女人一样，会有奶水，可见他的身体已经修到返老还童了。根据原理，功夫做到这里，假使你把他杀了头，他流的不是血，是白浆，可知他们的功夫都很高。

当时我是个军官，我要拜他为师。人家告诉我，这位先生有很多法术，枪打不进去，又会隐身术，而当时最有诱惑力的就是隐身术。我说老师你能不能教我隐身术？他说那很难，当然你可以，不过我也做不了主，要禀告玉皇大帝批准了才可以。我说玉皇大帝怎么批？他说要举行一个仪式，半夜子时十二点整，摆上祭品，很隆重地跪下来拜。你要亲自到东门外去买一块布。那时候在成都，到东门外就是从信义路走到三重市那么远，去买一块土布回来。我说那是做什么的？他说你拿回来后，我在布上画一道符，烧了来报告玉皇大帝，请他批准。烧了布上会显出文字来，那就是天书。我说好！马上派勤务兵去。他说那不行，一定要亲自去。我说好，就亲自去。

半夜三更，非常神秘的，祭台不准别人参观，道士们要画符的画符，念咒的念咒；碗里边的水中都是灰，还要喝下去。我学这些是很勇敢的，充其量半碗水经过火烧了不会有毒，我不怕，几口就喝完了。然后用两个铁钳子夹住一尺见方的白布，在火上烧。布烧完了，灰还是方方整整的一块，没有掉下来，上边有很多字，不晓得是梵文还是古籀文，反正不是中文，很好看，还会发亮。我跪在下面，四川人讲了：高头（最高的头上，天上的上帝）已经批准了，可以传你。我说老师，那是什么字呢？我很想看看上面的文字，到底是准呢还是不准？话虽如此，可是我已经晓得了。

说到画符念咒，我亲眼看到的，这叫祝由科！现在我还有这个法本，很想找个人传传。可是你们都不行，这一定要找一个最聪明的笨蛋，才可以传他，或者是最笨蛋的聪明人，也可以传。像这里讲的祝由科，一个人如果刀伤啦、手断啦，拿一碗净水，也不用医药，哇啦啦的念念有词……哼！"呔"一声，病就好啦。但是画符念咒，我来用就不灵啦！因为我不信。什么东方来个红孩儿呀，头戴红缨帽呀，身穿大红袍呀……去你的鬼！可是真的要学这个本事，一定先要信仰，要绝对的迷信，才会产生精神力量。譬如我们有骨刺鲠到喉咙里，画一道符，水一喝，骨刺就下去了，这是小事，乡下很多。可是到我手里便一定不灵，因为我不信。像这一类千奇百怪的事很多很多。

话说回来，当时我行礼如仪，起来以后，我说老师，什么时候传我功夫？他说还要过三天，我说开始练后要几时才能练得好？老师说，这次是教枪打不进的（就是和红灯照那一套一样），他说要三百天，二百九十天都不行。当时我还带着部队，每天忙得不得了，随时都有事，我说一个礼拜还可以，练一百天我不行。其实不是一百天不行，假使真能练到枪打不进，一年的时间我也干，不要说三百天了。老师说不行，少了三百天不行！当时我便抽出手枪说：这样吧！老师，你先让我打一枪，如果真打不进去，我再跟你学。老师说：这样不可以，你要这么说，我不教了。当时我很客气很有礼貌地跟老师说：我现在实在很忙，今天先回去，以后有空再来学，反正玉皇大帝已经批准了，下次再上报告也有案可查了。这样我便走了。回去后，便叫我的传令兵，马上到成都东门外那个布店里，又买了两块布，用火一烧，也是一样，有发光的文字，这是什么原因呢？因为棉布用米浆浆过，烧了以后，棉花变成了灰，米浆却发生了物理的作用，含有一种发光体，看起来像似梵文一样的天书。说穿了就是这么回事。

当时一看到这个东西我就懂了，这是我们学科学、学物理的人的一种常识，一看就明白了。哪里是玉皇大帝不玉皇大帝！但各位要注意，很多事情，你说没有道理，它却有道理。以上这些固然是物理的作用，但是你不要说宇宙间没有奥秘，那又不同了。透过物理科学的后面，还有一个东西，像米浆烧了为什么会有那样的变化？煤燃烧了以后又是一种功能，它的背后是谁在做主？是什么在支使它？宇宙间这一类的问题，仔细讨论起来，要作专题演讲才可以，不是三言两语可以说完的。这就是中华文化，一直到现在还有很多解不开的谜。

台湾庙宇的杯筊

现在庙子里求签有叫办杯的，这叫"杯筊"，也作梧筊。这在我国古代是非常重视、非常讲究的。古时的杯珓，最早是用玉做的，后来为了简便，也有用两只蚌壳或竹根的。有一本书叫《石林燕语》，上边记载着"高辛庙有梧筊，以一俯一仰为圣筊"，可见这在我国是很久的事了。现在我们台湾普通的庙宇里边都有这种梧筊，这是从古时的"卜"演变来的。至于求签，那是梅花易数演变过来的。但是你说灵不灵呢？不要迷信，小事非常灵，灵得很，大事包你不灵。有人说庙里求签毫无道理，那也不尽然！我可以做很多签数，做出来一定灵。签数有签数的做法，从小到现在，始终只有两支签数，决定了我这一生。那非常奇怪，到现在还感到很奇怪、很不可思议。假使将来我年龄大了，要写回忆录，我会把它写出来供大家研究，现在还不能写，这是个秘密。事情的大概是这样的：

从小我们都在庙子上读书，读完了一个阶段，我要到杭州求学。那时候从一个小县里到杭州省会去读书，等于现在到美国一样，是很重大的举动，甚至比现在出国还要严重。明天同学们都要回家了，我却要出远门，大家也不免有点离情别绪。于是我们三三两两在附近庙里逛，也不管庙里有菩萨没有菩萨。我们走到一个道士庙里，因为我要到杭州去，抽支签吧！当时的心里很恭敬，也很不恭敬。因为这些庙子天天看到，在意识上知道它只是一个庙子。这时也不管菩萨灵不灵，不过求签的时候心里倒是很恭敬的。先求了一支签，我不相信，又求了一支签，还是一样的内容。十年后回家到另一庙里去玩，顺手一拿又是那两支签，与过去的完全一样，那就很碰巧了！真是像四川人讲的：斫竹子遇节，碰巧了一斧头砍到节巴上。就那么巧！现在想想还是感到很奇怪，似乎在冥冥中有一个力量主宰着这一切。这两支签差不多决定了我这一生的历程。如果说巧，也真是碰得巧。但是这中间，各位也不要迷信。不过话又说回来了，这个不迷信的本身，就已经是个很深的迷信了。究竟宇宙间这个道理在什么地方？这是一个很大的秘密。

后来到了日本，又发现日本人用这个方法，把六爻变成活动的，随便来装、来配，不需要画卦的麻烦。回来后，同学们把它做成亚克力的，可以随便用来摆卦，减少画卦的麻烦，也算是玩易的一种方便。

天圆地方

要了解宇宙的奥秘，不但要把八八六十四卦记得很熟，图也非常重要。现在再把伏羲六十四卦方圆图向各位做一介绍：

伏羲六十四卦方圆图，是根据我们中国古代所谓"天圆地方"来的。不过这一句话大家不要搞错了，几十年前大家自己研究中华文化，认为不科学，认为过去天是圆的，地是方的，这个说法是错误的。地球怎么是方的？地分明是圆的嘛！其实不是那个意思。譬如孔子的学生曾子，从他书里的记载就晓得地是圆的，没有讲地球是方的。为什么讲"天圆地方"呢？因为天体是个圆球，地面要用平方形来计算，因此这个六十四卦就摆出了天圆地方这个图。这个图大家要注意，对我们研究《易经》象数是很重要的。

前头我们讲到卜卦的原理，还没有完全讲完，今天继续跟大家补充一下。大家要研究卜卦，必须把六十四卦都能熟背下来，如果这一点做不到，便根本没有办法学《易经》。其实大家只要用心，知道了窍门也不是一件难事。譬如乾宫的八卦，是这样变来的：

乾为天 ䷀	天风姤 ䷫	天山遁 ䷠
天地否 ䷋	风地观 ䷓	山地剥 ䷖
火地晋 ䷢	火天大有 ䷍	

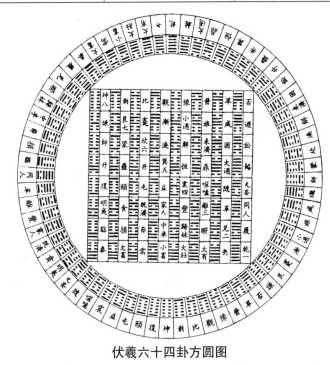

伏羲六十四卦方圆图

这是属于乾卦，每本书开头都有，你这样去看，不要两天便会背了。六十四卦背会了以后，便可以运用无穷了。

假设现在大家把六十四卦都背下来了，我们再看先天数，先天卦数是：

乾一　兑二　离三　震四

巽五　坎六　艮七　坤八

指南与指北

现在大家再看前面方圆图中间的方图，看它六十四卦如何排列。中国的麻将就是效法这个来的，所以变化无穷。方图的右手边、右下角，拿方位来讲代表了西北，是乾卦的位置。方图的左上角，代表了东南方，是坤卦的位置。但是在圆图上乾卦在南，坤卦在北；乾为天在上，坤为地在下。南北是个磁场，先把它定位了，研究起来才不会弄错方向。

说到方位，西方人是以北极为准，所以他们用指北针；东方人则是以太阳为准。我们看太阳是在南方，所以黄帝就发明了指南车。其实西方人指北，东方人指南，都有道理。不过我还是同意指南的道理。在圆图上，上方是南，是乾位；下方是北，是坤位。这是从平面来看，如果用立体来看，那又不同了，乾是天在上，坤是地在下。这又是一番道理，以后再讲。

我们现在重回到方图上。方图的右下角是乾，乾的下面有个数字"一"，这个一，就是代表先天数的一，也可以用阿拉伯字写，是一样的。（实际上我们平常说阿拉伯字是错误的，阿拉伯字是从印度来的，印度用这个数字的时间很早。不晓得为什么西方人也都说是阿拉伯字，后人便以讹传讹，也就把印度字说成阿拉伯字了。这一点大家要知道。我们中国数字的写法很多，有用横写"一二三四"的，有用阿拉伯字写的，也有一种竖写的"｜∥∥Ⅹ 8 丄 ⊥ ⊨ 攵十"。过去老式的记账都是用这种字体，所以叫账房字。还有音乐的符号用工、刀、尺来代表1234567的。这是几千年来中国文化的演变，仔细去研究，也很有意思。）

科学的排列

刚才我们说过，最下一排的最右手是乾卦，上面写的是乾一，第二排是兑卦兑二，第三排是离卦离三，第四排是震卦震四，第五排是巽卦巽五，第六排是坎卦坎六，第七排是艮卦艮七，第八排是坤卦坤八。我们分析方图，这里的乾"一"，兑"二"，离"三"，震"四"，也就是我们刚才所说的先天数，其排列状况见下图。

坤八　　　否　天地
艮七　　　遁　天山
坎六　　　讼　天水
巽五　　　姤　天风
震四　　　无妄　天雷
离三　　　同人　天火
兑二　　　履天泽
乾一　　　乾　为天

为什么在这个方图上乾、兑、离、震、巽、坎、艮、坤会形成一条斜线？为什么要这样由西北偏斜向东南呢？因为我们这个地球的磁场，也是向东南偏斜的，所以南北极在指南针上是向东南偏的。我们台湾就处在东南这个位置上，所以这几十年来运气特别好，特别走运。可是从今年开始，又要变一个运了，这个运慢慢地转向了。这个里头问题很多，暂且不做讨论。现在还回到我们这个方图上来。

我们如果用数字来代表八卦，乾卦是"☰"，也就是一一。乾卦左上第二是天泽履，它的数字代表是一二，第三层是天火同人，数字代表是一三，第四层是天雷无妄一四，第五层是天风姤一五，第六层是天水讼一六，第七层是天山遁一七，第八层是天地否一八。列图表示如下：

```
           坤                          否
           八                          一
           八                          八
              艮                       遁
              七                       一
              七                       七
                 坎                    讼
                 六                    一
                 六                    六
                    巽                 姤
                    五                 一
                    五                 五
                       震              无妄
                       四              一
                       四              四
                          离           同人
                          三           一
                          三           三
                             兑        履
                             二        一
                             二        二
   泰   大畜   需   小畜   大壮  大有  夬   乾
   八   七     六   五     四    三    二   一
   一   一     一   一     一    一    一   一
```

再从乾卦开始，由右向左横列看，依次是：

乾一一，夬二一，大有三一，大壮四一，小畜五一，需六一，大畜七一，泰八一。

如果我们用阿拉伯数字来表示它，就更清楚了：

坤							否
8	7	6	5	4	3	2	1
8	8	8	8	8	8	8	8
	艮						
8	7						1
7	7						7
		坎					
8		6					1
6		6					6
			巽				
8			5				1
5			5				5
				震			
8				4			1
4				4			4
					离		
8					3		1
3					3		3
						兑	
8						2	1
2						2	2
泰							乾
8	7	6	5	4	3	2	1
1	1	1	1	1	1	1	1

演绎与归纳

在前图上，我们可以看到乾卦是１１，乾卦最上的否卦是１８，左上角的坤卦是８８，坤卦的最下面，也就是左下角的泰卦是８１。我们看到这个图案，每一卦都有两个数字，这个方块把九九八十一个数字都挂满了，八八六十四卦数字也都表示出来了。《易经》的文化是归纳法，同西洋的数理文化不同。西方的数理是演绎法，永远向前发展，所以天文的数字越来越大。学《易经》则刚好相反，天文的数字不可知，不可量，不可说，不可数，用《佛经》来讲是无量无边地向前边发展，由一变成二，由二变成三，由三变为无量数。《易经》的法则数字是看得到、摸得着的归纳法，无量无边地把它向内收，收到了十个数字以内，而且数字方法也很简单，没有那么复杂，只有加减乘除就够了。实际上只是加减，乘除都不必要了，因为乘除也是加减，一加一减，就把宇宙的数字都归纳起来了。

也可以说一个卦的本身就是一个宇宙。譬如乾卦，也可以说是一，也可以说是一加一，$1+1$。譬如兑卦，也可以说是两个二，也可以说是二加二或$2+2$。假设方格里边一个卦代表一个宇宙，也算是一个说法算法。譬如乾卦是一，乾卦又代表天。这个天就是这个宇宙，但是它有两层宇宙。它是"一加一"，一层是外卦，一层是内卦，所以有两层天。一个是我们观念上的精神世界、思想上的天；一个是物理世界的太空，是代表太空的天。像这个乾卦，我们可以拿一卦作宇宙来研究，也可以拿两个卦作宇宙来研究。再如履卦，是一、二，是一与二加起来，这个数字又构成另外一个东西。这个另外的东西就很多了。

我们先讲一个简单的原理，再慢慢地去研究。你能这样去研究、去思想、去追究，随时会产生新的原则和新的方法出来。一般地是把四个卦变成一组，如乾卦、夬卦、履卦、兑卦，这四个卦一组。把每四个分配一组，乃至宇宙中每个地方都四个一组或六个一组、八个一组。你把它划分开，或者是用一条线把它分开也好，每个数字之中，离开本卦构成的现象统统不同。这是第二个学《易经》的基本观念，介绍给大家知道。所以学《易经》不要只是听课懂了就可以，这没有用，要回去研究，要多思想。不过，以我的经验，还是劝大家不要学《易经》的好。有时候想到一个问题，你洗澡泡到水里边，水冷了还不知道，把自己都忘记了，甚至冻感冒了还不知道呢！好像这个宇宙的奥秘就要被你摸到了，就差一点点，所以你不肯停止。等到你把这个东西摸到了：哎呀！前面还有一个……那真是美不胜言。这样就很麻烦了，摸来摸去，永远摸不完。《易经》真是一个探求宇宙奥秘的学问：水凉了、天亮了也都无所谓了。

向南与向北

第三观念，也就是学《易经》的基本法则，你听到了也很稀松平常，但真正研究起来，里边就复杂得很了。大家看这个方图是分两层的。各位还记得，先天图的数字是乾一兑二、离三震四，左旋；另一边是巽五坎六、艮七坤八，右旋。两方面这样一兜，成了一个西瓜，我们这个地球，天体就是这样。现在这个方图是立体的，乾一兑二、离三震四，是下面一层；巽五坎六、艮七坤八，是上面一层。换句话说，假设用我们地球来讲，这个方图等于地球的南北极。说到这里，大家要知道，南半球、北半球，对天体的看法是不同的。当年有个当外交官的朋友，说起来已经是二三十年前了。当时我在讲《易经》，他要外放到澳洲，他来找我，拿个罗盘来跟我研究。通常一般的外交官都十分迷信，喜欢看相、算命、看风水等等。他来问我：到澳洲去看罗盘，是不是跟台湾一样的看法？我说不一样，你要把它倒过来看，把南方称作北方，北方称作南方来看就可以了。我们北半球的人看太阳是在南方，南半球则相反，他们的太阳在北方，北半球盖房子是坐北向南，所以皇帝便是南面而王。到了澳洲的冬天是我们这里的夏天，他们那里冬天气候也不同了，所以他们以向北方为吉利。过去我们盖房子，方向都很讲究。像大工厂的房子，方向一定向北。那时候工人上班多数在白天，上午有东晒、下午有西晒、南晒，都影响工人的情绪，只有向北比较荫凉，所以一般工厂都向北方。当然现在不同了，人类可以巧夺天工，可以用空调、用科技改变大自然的一些状况，所以是否还讲究这些，我就不知道了。这是我们由方图说到另外的一个问题。

二十八宿的分野

过去我们把这个六十四卦方图，摆在中国的土地面上，再配合着天文，也像二十八宿的分野一样。二十八宿与地面的关系，天文的名称叫做"分野"。这意思就是说：天上的星宿照到中国某个地面，就把它那个星座与地面配合起来，这个配合叫做纳甲。纳甲就是从天上星宿的变异状况，所反应分野地区的人事。它也很灵验啊！你不要以为它是迷信、是乱搞的。譬如过去人夜观天象，今天是三月某日，某一个分野的星座照到某一个地区，这个座星忽然一变，这个地区便会有大事发生。这就是二十八宿分野纳甲的情形。

以前的人读古文，一定要读《滕王阁序》。现在就不一定了，恐怕大家都没读过。写这篇文章的王勃，他十三岁便做出这么一篇有名的文章。一开始便说："南昌故郡，洪都新府。"那是很不容易的。才十三岁的孩子，天文地理都那么熟了，这就是中国文化。古人读书的范围也是很广博的，南昌就是江西，滕王阁在江西。像我们年轻时出门，一定要特别经过江西，为的就是要看滕王阁。到了南京特别要看秦淮河，看了以后等于到高雄去看爱河一样，一点也不感到可爱。秦淮河也是一条臭水沟。唐代的时候，南昌叫洪都。下面一句是"星分翼轸，地接衡庐"。每句话不但押韵，文字也都对得很工整。南昌故郡，故就是旧，旧对新，所以说洪都新府。"星分翼轸"，分就是分野，怎么叫翼轸呢？翼是翼星，轸是轸星，在二十八宿里边，就分野说，翼星、轸星是属于江西地区。它在中国的地理位置是"地接衡庐"，南面是湖南的衡山，北面是江西九江的庐山。

大家看一个十三岁的孩子，天文地理一切都熟得很，这就是中国文化旧式的教育，并不是不懂科学。现在大家一开口就说现在学得很多,过去只读古文。你不要开玩笑啦!过去读书要学的东西也多得很呢!过去一篇古文,它把天文地理、物理人事,一切都包括了。譬如《滕王阁序》一篇,现在请你来解释看看,这篇文章里几乎把大学各科所有的东西,都包括进去了。开头两句话,地理天文都有。我们现在不是讲《滕王阁序》,只是从六十四卦方图,讲到了分野,同时,也让大家了解一下古人读书的层面,给大家一个参考。

无往不复　无平不陂

我们大家既学《易经》,关于《易经》的方图圆图,是很有用的,一定要用心去研究,才能有所收获。不要像听老爷爷说故事一样。小孙子缠着爷爷说故事,爷爷很烦,说我告诉你,你听着啊!曹操八十三万人马下江南,八十三万大军还有骑着马的啊!对不对?孙子说对。然后瞪着小眼听下文,等了半天,爷爷只顾自己抽烟,一句话也不说,孙子急得没办法,便要爷爷快点说嘛!以后怎么样了?爷爷说不要急,曹操八十三万大军,人呀、马呀,要慢慢过长江,等过完了才能讲呀!小孙子无奈,只好等着曹操八十三万人马慢慢地过长江了。各位听《易经》可不能这样,如果没有研究,便像八十三万大军下江南一样,听了也是白听。

现在我们看外面这个圆图。圆图代表天,方图代表地,这就是天圆地方。平常大家都想知道国家未来的前途,那要先把圆图方图弄清楚。方图讲空间,圆图讲时间,看了你就晓得什么时代是到哪一个卦运,你就可以知道那个时代是如何了。譬如就台湾的地理卦气来看,现在台湾最走运了,但是要转的,不可能让好运永远属于你的。每一个方位要配合天体转动,所以明年甲子年开始,就要转变了。明年是下元甲子,外边的这个圈圈,说明时间在不停地轮转,佛学上就叫做轮回,不停地旋转,永无止境的。轮回的道理,在中国文化而言就是复卦。《易经》有个道理,"无往不复,无平不陂",去了以后定要回来,因为地球是个圆的。无平不陂,平地也不会永远是个平地,一定有高一点、低一点波浪式的。这就告诉你人生的原则,你不要认为运气好永远是好,倒霉也不会永远地倒霉,只看你能不能平安地过这一段霉运,能不能把握这一段霉运。如果你能度过,这就是轮回的旋转了。"无往不复,无平不陂",人生境界也是这样,任何人都没有永远的好运或者坏运,人生的道理与天体的道理都是一样的。

上了老师的当

这个圆图,从乾卦开始,方图代表南北两半球,圆图代表东西两半球。一个是代表太阳系统,一个是代表月亮系统。天道左旋,地道右旋,一正一反。地球跟太阳转的圈圈不一样,如果一样两个便会碰撞,那就不得了啦!伏羲六十四卦圆图的排列,大家也要了然于心中。我今天给大家讲《易经》,不是老师教我的,是我自己研究出来的。老师教的是要我默背,这个圆图八八六十四卦的次序,很不容易记啊!什么理由?等到我自己摸清楚以后,发现原来是这样的。今天你们大家不费吹灰之力,就知道了这个原则与诀窍,如果是要大家去摸,我相信不是那么容易的,说不定要摸十年二十年也不一定。但是经我这么一说,一下你就可以发现了这个道理。它就像是那张麻将牌,假设你懂了这个方式,圆图也很好记,方图也很好记,八八六十四卦也很好背了。

现在各位先从方图的乾卦横向左看:依次是乾、夬、大有、大壮、小畜、需、大畜、泰共八个卦,是一组。乾上边紧接着的第一卦是履,依次向左横看是兑、睽、归妹(结婚卜得归妹,是很好的）、中孚、节、损、临。这是怎么排列法呢？我告诉各位，有一天我到高雄去，一夜没有睡觉，是高兴得睡不着。高兴什么？高兴我上了古人的当、上了老师的当。其实也不是老师骗我们，是老师自己也没有弄懂。什么道理呢？现在我们把第一卦像打麻将一样，一推，第一排上面是乾一兑二离三震四，巽五坎六艮七坤八，每排都是一样，下面都是乾一。第二排下面都是兑二，第三排下面是离三，第四排下面是震四，依次五排是巽五，六排是坎六，七排是艮七，八排是坤八，这就是方图的排列方法。圆图呢？则是依伏羲八卦的方位把下面第一、第二、第三、第四排依次左旋排列；再从第五排姤卦开始，五、六、七、八排，依次右旋排列，这便是圆图排列的方法。八八六十四卦，就这么简单。所以孔子说"易简而天下之理得矣"！这么复杂的宇宙，他要用最简化的方法，使你略读过书的人也可以了解了。这是孔子的伟大。将来人文科学发展到最高的时候，也将是最简化的时候。但是恐怕到那个时候，人类就要毁灭了。天道是很公平的，人不能太聪明了，太聪明了便会把它毁灭再来一个。

六十花甲　有好有坏

这个六十四卦方圆图，我们晓得了如何排列，但是数字就不同了。有些古书上圆图旁边打的都是数字，最外面打的数字管时间和气运，所以我们常说算命运气好不好，那是看那个数字走到哪一卦。像我们现在从黄帝甲子年一月一日开始计算的，假设我们从宇宙开始或从黄帝时候数到现在，那太麻烦了，中国人不用这一套。它只用天干地支六十个数字来归纳，一个花甲一个花甲、一个单元一个单元。所以从我们现在开始，到一九八四年交下元甲子，六十年一个甲子，明年是甲子年，后年是乙丑年……六十个数字中，又分二十年一个运；二十年中间又要分，五年一个次运，一年一个小运,分得很细。一个人你说他运气好不好?上午好,下午就不好;今天好了,明天就坏;白天好了,晚上就坏……有好有坏,永远在旋转中。除非你永远不动入定啦,永远在静态中,否则一动便有好坏,吉凶悔吝便出来了。所以孔子说:"吉凶悔吝者,生乎动者也。"我们懂了这个道理,便会卜卦、会算命了。不过古人讲过,善易者不卜。《易经》读通了还有什么要问的?吃多了怎么样?肚子发胀、肠胃发炎。不怕发炎你就吃,这很简单嘛!还卜什么?"吉凶悔吝者,生乎动者也。"

前面我们谈到《易经》卜卦的方法,这个方法就是依通。这个依通依什么?依数。诸葛亮为什么会掐指一算?因为他懂数。懂数就已经不要再卜卦了,只要有一个数字,便已经知道一切了。梅花易数的方法,就是报数的,只要报个数字,便有了卦了。你要把这个原则方法记住,用这个方法,不只卜卦算命。不过,拿《易经》去算命卜卦,我常说很可惜。现在没有一个真正学物理科学,或者学最新科学的,能在这方面下功夫努力。假设真能由这两方面来配合,对这个宇宙的奥秘,科学上一定有新的贡献,东西文化配合了一定有新的发展。不要把《易经》只拿来用之于算命呀!看地呀!那我们文化的功用也未免太小道了,那就不叫中华文化,叫小道文化了。当然我们的文化是大道文化,不管你用到心理学、物理学、化学等等,可用的地方太多啦。现在照这种古老的方法来用,不行!所以大家要想出新的境界,先要把这些最基本的方图、圆图、卦名、卦位弄清楚,才能推陈出新。

"闲坐小窗读《周易》,不知春去已多时。"

奉了西方的正朔

上次我们讲到方圆的图案,大家都了解了它排列的方法,方图中间有很多的变化，这要大家自己去研究才行。还有这个圆图，把六十四卦分两排左右地排列出来，一阴一阳。像左边这半个圈子，从地雷复开始，即所谓的一阳来复，在一年之中就是从冬至开始。现在本省还保留着一些《易经》文化，有关冬至的习俗，像二十四节气所谓的补冬等。每一年新的开始就是一阳来复，冬至有时候又叫岁首，岁首就是一年的开始，是个专门的名称。譬如周朝便是以冬至为岁首，夏朝是以我们现在习惯的阴历正月作岁首，殷商时代是以每年十二月作岁首。岁首就是我们研究中国历史上所谓的正朔，初一十五这个朔法。我们历史上遇到改换朝代的时候，许多忠臣不肯投降，宁可被杀头也要来保持国家民族的气节，这便叫做不奉正朔——不跟着新的朝代变服饰，不称用新的朝代年号。不过这几十年来，已经早就奉了西洋人的正朔了。说起来也真可悲，自民国元年起，无论我们的学术机构或政府部门，大家都一样，都已经奉了西方文化的正朔，向西方文化投降了。依中国文化的历史观念，我们早就做了西方文化的子民了。这一点讲起来很有趣，也很痛心的。

提到中国文化，民国元年我们推翻清王朝以后，决定了改用阳历，照我们现在看，实在也可以说改为洋历，洋人的历法。其实我们中国过去就是阴阳合用的。譬如我们民间一般算命所用的二十四节气、七十二气候，普通的算命卜卦，用的都是阳历——太阳历。所以拿气候节气来讲，这个阳历是很准确的。现在的阴历就是以太阴历——每月十五月圆来订定的。这两个用法叫阴阳合历，我们中国早已存在。但是自己中国人往往不知道，反而为了配合西方世界，而用西方的历法，变成了习惯。

譬如我们说公元，到底是不是大家的"公"元？这很难讲，不过大家都承认它，所以它就是公元啦！其实公元只有一千多年，是依耶稣出生为标准的，我们愿意把自己几千年的历史拉回来缩短，去配合人家。这事没有办法！这一代将来的历史怎样演变，怎么写法，我们还不知道。我想以后也许会有历史学家，写到我们很丑陋的这一代，他们会感到我们是很可笑的一代。所以民国元年我们用阳历的时候，湖南有个名士叫叶德辉，他的故事很多。这个人因为提倡了几个学说，被人家骂得很厉害。实际上叶德辉、王湘绮、曾国藩都是湖南这一带的学者名流。叶德辉很不同意用阳历这件事。民国开始用阳历，叶德辉就在门口写了一副对子说："男女平权，公说公有理，婆说婆有理"，下联是"阴阳合历，你过你的年，我过我的年"。当时虽然政府机关用阳历，但是老百姓家家户户还是用旧历。直到现在，不管北洋军阀时代、国民政府时代乃至大陆，中国的老百姓还是这个样子。换句话拿《易经》的思想来讲，如果我们看兆头的话，老百姓这八十年来始终还是你过你的年，我过我的年，不同意西方的正朔。当然从实际来讲，用两个历法很不方便。不过我感到奇怪的是，过去我们说西历是"西"元，有人却偏偏要说"公"元。"西"元与"公"元一字之差，关系很大，这是大家要留意的。

《参同契》与一阳来复

现在谈到复卦，复卦就一年来讲，是从每年冬至的阳历岁首开始；就一天来讲，是从半夜子时开始。一天一夜十二个时辰，就是子、丑、寅、卯、辰、巳、午、未、申、酉、戌、亥。白天六个时辰，晚上六个时辰。子时是从晚上十一点零分开始，到一点整。一点零分到三点是丑时，两个钟点一个时辰。复卦呢？就一天而言，就是从夜半子时开始，由复卦开始一直向左面往上走，走到这个阳气上来，就是我们过去讲的一年十二辟卦（参考《易经杂说》一年十二月六阴六阳之象图），复就是十二辟卦的头，这个要配合起来研究。阳气一点一点开始，一阳为复䷗，二阳为临䷒，三阳为泰䷊，四阳为大壮䷡，五阳为夬䷪，六阳为乾䷀，一阴为姤䷫，二阴为遁䷠，三阴为否䷋，四阴为观䷓，五阴为剥䷖，六阴为坤䷁。每月一卦为君卦，从阴历十一月开始为复。这就是十二辟卦的大概。

后汉有一本宝典《参同契》，就是将《易经》、老庄、丹道三样合起来归而为一。所以讲打坐、讲修炼，如果不懂《易经》，便不会有透彻的了解。《参同契》这一派研究象数，外面圆图六十四卦，除了四正——上下左右，就是乾坤坎离四卦以外，把圆图六十卦分配一年三百六十天的时间计算，又有一个六十花甲成一个单元的道理，由这个道理、这个圆图，加以配合、放大，再配合了气运（大陆一般叫运气），把六十卦扩大变为六十年的气运。

四季无寒暑　一雨便成秋

邵康节就是这样推演他的《皇极经世》的。台湾在后天的卦位是巽卦的位置，在先天八卦里则是兑卦的位置。西北高原是属于乾卦的位置。西北多高山，我们中国的地理是以西北为头，东南就是海洋，就是先天兑卦。巽为风、为西南，西南是云南、缅甸那一带。当年学《易经》，对巽为风、为西南的说法也无所谓。但当我亲自到了云南昆明，尤其云南的下关（中国的省份也跟国家一样，都切开四块来分。云南的东部叫迤东，迤就是拖开很长的意思，西部叫迤西，南部靠越南这边叫迤南，北边靠四川叫迤北），到迤西，经过下关有个风站，那个风景、气候也不同了。我是非常喜欢云南的，尤其是昆明，那真是"四季无寒暑，一雨便成秋"。那比台湾好，一年到头都是暖和的，四季无寒暑，没有大冷大热，一下雨就是秋天。所以我们在昆明穿衣服，一天就有一年四季，早晨起来很凉，也可以勉强穿皮袄，到了八九点，一件一件脱掉了，到了中午要穿汗衫，到了下午两三点钟，慢慢加衣服，到了晚上又要盖棉被了。

云南四季也不分明，生活过得实在太舒服了。尤其到了迤西，同缅甸不同，同印度也不同。天天看到天朗气爽，天是蓝的，天上的云是白的，花是红的，水是清的，永远很好看，气候爽朗。云南的茶花开起来是十几层，有洗脸盆那么大，尤其到迤西一带，特别的美。滇缅公路开了以后，有一段叫横贯山脉，有从台北到桃园那么远的一片雪壁，下面是澜沧江。我们晓得中国的水都是东流到海，四川、云南一带，水是流向南边的。澜沧江的水是"天下无水不流南"。从澜沧江上看横贯山脉，真是万仞雪壁，都是茶花！像天外摆了一张锦屏一样，都是花，花像洗脸盆那么大，非常漂亮。当然我们也没办法采回来拿到衡阳路、中山北路来卖。中国美的地方很多，到了那里才知道。怪不得我们中国古人很奇怪，使人又想到了《山海经》的记载，那么神秘。现在外国人很多研究《山海经》，说我们老祖宗大禹到过美洲、到过非洲，很多争论。

我们怎么知道巽卦摆在西南方？因为西南多风，所以东南是海洋，西南则多风。到了云南下关的风真是大，如果在那里开货柜车，在微斜的山坡上，司机把油门一关，把方向盘把稳，不要加油，只要风吹就可以开车了。我们到了那里，都要两只手扶着帽子，不然就被风吹跑了。那风之大可想而知，但又不像台风那样可怕，吹得别有风味。

复与姤

现在回头讲复卦，我们看圆图下面坤卦的左边，由复卦开始向上边走，这是一年的气候。一天是由夜里子时开始，到达明天的午时（中午十一时到下午一时）；再从圆图上乾卦的右边开始是天风姤卦☰，一阴始生，便是下午了，也是一年的下半年开始。姤卦是什么？是夏至一阴生，复卦是冬至一阳生；阴生开始了下半年，气候也下降了。现在圆图是这样排列，也代表我们这个地球本身生命的功能，与太阳月亮的关系。到了明年的冬天，阳气慢慢上升，到了夏天升到了极点就是乾卦的上九，便又要下降。

我们在十二辟卦上看，阳衰阴生，并不是一定在六月。从冬至一阳生，一直到乾卦的上九爻，阴气已经弱到了极点。夏至开始一阴生，阳气开始弱退，天气也开始凉啦。到了九月阳气已经弱到极点，十月阳气已经完全没有了。到了十一月冬至，才一阳来复。冬至这一天，在中国《易经》文化上看，是极短日，是白天最短的一天。夏至是极长日，是白天最长的一天。过了夏至那一天，白天慢慢缩短。春秋两季时间是平均的，气候也是平均的。

昼夜的长短，代表了地球的变化，也就是节气的变化，一年如此，一天也是如此。道家修长生不老之术，就是根据这个原理。我们人体同这个天体是一样的，过去我们讲到十二辟卦，拿乾坤两卦代表人体，尤其拿女性代表坤卦来看，表示得最为清楚。女性用七，二七一十四，第一次经期来了，到了七七四十九，就是现在所说更年期的时候，经期就停止了。这就是生命的气化作用。男性用八来计算，二八一十六，更年期是七八五十六岁。男性也有更年期，现在医学已经证明。

从前有位老朋友蒋先生，官至上将，学问也很好。他到了七十岁以后，有一天看到我，很高兴地抓住我大笑，说他近来身体好多啦。问他怎么回事？他说最近病得很难过，去看医生，医生说他更年期到啦，劝他打一针更年期的荷尔蒙针。他很不高兴，怎么七十岁还有什么更年期？因为那个医官也是军中的名医，又是老部下。医官就劝他，老长官你就听我的话打一针看看，也没有关系呀！他说好。谁知道更年期的针打了以后，什么病都没有了，身体非常舒服。我说恭喜恭喜,那你可以返老还童了!于是我们坐下来谈。我说你这个医生很高明,虽然学西医,但还懂中医的道理。不错,男性是有更年期的。就女性来说,一般的七七四十九岁,卦气完了,便到了更年期。不过,有少数人或者提前,或者延后。也有老先生八十岁,太太六十岁还能够生孩子的。但是这种身体,是生命力比较强的一种特殊情形。

生命的圆与七日来复

这是讲我们的生命是跟圆图、方图一样的法则。大家把每一个人的生命配合圆图看看:头上面是乾卦,下面在密宗就叫海底,在中国的医学叫会阴,男女都一样,不过女性的用法不同。这是我们人类生命的开始,会阴也就是复卦。所以中国的道家又产生了一套方法,除了医学上十二经脉以外,又有奇经八脉。所谓打通任督二脉之说,其实任督二脉不是做功夫去打通的,做功夫去通是多余的。任督二脉每个人都通,假使不通就死了。可是呢,问题是这个卦气。卦气也可以比喻为我们人身的电能,电能有没有,就关系着我们人生的生命与健康。譬如女性就很明显,月经的周期是二十八天,四七二十八,月经不会超过一个月的,一定是二十八天,除非是病态。一般稍稍提前两天是有的。这个法则是很呆板的,同《易经》都是相同的,《黄帝内经》就是用的这个法则。经期来了以后,真正的经期回转是五天一候,七天是一阳来复,当然也有女性身体状况不同,三天两天月经就干净了。但是不能说是干净了,卦气还没有回转,回转要五天一候,七天是一阳来复才回转,每个月都是一样。

但是这个里边有问题。譬如女人的生理表现得非常明显,而男人就不十分明显。为什么一个经期要四个七天?月经也叫潮候,同海潮一样，同月亮有关系。假设女人是阳（因为女性在生理上表现得很明显，属于阳性，男性则反，属于阴性），可是阳中阴与自然的配合，就跟月亮与潮水的关系一模一样。潮涨潮落，所以古代称月经叫潮汛，依据海潮涨落而定。排卵期等于平潮的时候，海水涨到了一个高度，有很短时间的停留，这就是平潮，但一刹那之间就退潮了。

就女性来讲，在四个礼拜的中间，就有一次潮汛。上半月下半月也是同样的道理。普通我们稍加观察，一看气色就知道月经快要来啦。她的脸色会变，情绪也会变。有时候情绪变得很厉害，影响生理的情绪，有时候思想又很开朗。尤其女性在平潮的时候，半个月或两个礼拜，月经快来的时候，精神最旺时最标准，要发神经也是在这个时候，要很爽朗也是在这个阶段。男性其实也是一样，他会结结巴巴的。我们中国人常说，你这个人怎么七七八八的！说乱七八糟、七七八八，就叫反常，这是从《易经》的象数来的。譬如说你这个人不三不四的，也是《易经》的话。所以三三四四是很正常的，又不三又不四，就不是东西啦！这个人就反常啦！

要知道自己情绪的变化，只要看自己本身经期的正常与否，就可知道一个大概了。

男性也有经期，只是男性自己不觉得。男性要观察自己，也要从这方面观察，与女性是一样的。所以我常常问很多年轻男生们，他们青年时候在生长的过程中，有没有忽然身体上有些地方有异样的感觉？他们都说不知道。我说我很明显记得十五岁的时候，身体就起了变化，尤其这两个乳房痛得不得了。妈妈看我痛苦的情形，问是怎么回事？便跟妈妈讲我打拳打伤啦！妈妈听了很紧张，讲给祖母听。祖母听了就笑，骂我的妈妈，你当妈妈的，这个道理还不懂？告诉你，那是孩子长大啦。我问祖母长大了这里怎么会这么痛呢？祖母说：你将来会知道，没有关系，过一阵子就好啦。其实这种情形每个人都有，因为年轻人意马心猿，心情很乱，自己不注意自身生理的变化，所以自己不知道。这个就是身上的气候———一阳来复。打坐也是一样，就是要在静中产生一阳来复，这就是气脉的功夫。其实你每一秒钟都有一阳来复的时候，或者今天事情多了，精神很累，马上睡一觉，这一觉睡得很好，醒过来就是一阳来复。心理状态同身体状态都是一样的。

道家的长生不老术

道家要学神仙长生不老的修法，如果不懂明心见性，是无法谈修神仙长生不老的。明心见性是心灵的。如果我们说人们修长生不老之道是个圆，明心见性是属于一个圆的一半，身体方面是长生不老的另一半。两半合起来才能成功一个圆、才完整。所以道家称做性命双修，就是根据《易经》来的。明心见性走的是禅宗的路线，偏向于所谓见性成佛这一面；而道家、密宗走的路子是偏重生理的一面，就是先把生理修好，修到返老还童，再走明心见性以成佛。这就是性命双修。所以道家由《易经》这个法则产生了两句话："只修命，不修性，此是修行第一病。但修祖性不修丹，万劫英灵难入圣。"中国文化关于修炼生命的方法有两派，一派反对双修的（不是指男女的性，而是指性命双修而言）。譬如道家、密宗偏向修命，禅宗偏向修性。另一派注重双修，所以后来道家修炼长生不老的才有"只修命，不修性，此是修行第一病"的警语。只晓得炼功夫，炼精气神、炼气脉，把身体搞好，就是只修命。下面一句是"但修祖性不修丹"，讲佛家的人光念佛呀，参禅打坐呀，身体方面不管，那就"万劫英灵难入圣"了。不修命就不能炼成纯阳之体，不能成佛、不能成仙，永远也不会成功的。这也是真话。所以中国正统的道家注重性命双修。

性命双修的法则，要身体与心灵同时并重。气脉的道理，就是复卦的道理。记得一位女同学问我说，照老师你说的，我就没希望啦？我的卵巢已经拿掉了，还能修命吗？我说，这个同我说的没有关系。另外一位女同学说，她的子宫也拿掉了，是不是也没有希望了？我说这我就不知道了！我还没有变过女人，不晓得女性的情形，只好跟她打太极拳，把它推过去了。就道理讲，既然把子宫拿掉，就不要修命功了，只好去修性功吧！人体生理上的机能，最好不要轻易割去或拿掉一种。现在医学上随便拿掉人家子宫是很不妥的，被拿的人也很冤枉。譬如有位妇科名医，最喜欢给人家拿子宫了！我们称他为拿子宫的高手，今天开了多少个，昨天开了多少个……有时候把人家肚子打开，没有病，便把人家子宫割掉了。所以有些人实在被割得冤枉，有时绝对地相信科学、相信医生是错的啊！不相信科学、不相信医生，也是错的啊！我常常想有些人很奇怪、很可怜。如果要我把自己的生命捏在医生的手里，我是不干的。我的生命为什么要交到别人的手里？你是医生，你不一定比我高明呀！把生命交到医生手里，一般人就是这样，吃了药也不晓得是怎么回事，该不该吃、会不会医好病，都不知道，真教人替他感到无奈。人有时候真是笨得不得了。

修命功这件事，要懂得这个运。什么运呢？这意思就是道家采取活子时的说法。子时就是复卦，一阳来复。其实女性过了四十九岁，不一定说经期完了就没有希望了。拿女性作标准的原因，是因为女性的生命显得明显。假定女性在月经还没有断以前，修命功返老还童就快了。如果过了七七四九或在五十几岁，没有月经了，要加一倍的力量，才能修持到气脉通，月经重来。这是有可能的，我们同学里边有几位就是这样。记得一天夜里，一位同学打电话给我说：老师，吓死我啦！我问她什么事这么惊慌？她说：我以为是我血崩啦！我说你那么大年纪，不会吧！她说：现在证明完全是月经来了。我说那就恭喜你啦！她问还有几天？我说我没有见过老太太修行，不过根据原理，我可以告诉你，或者一礼拜或者半个月，再等三五天你就知道了。因为我要了解女性修持一阳来复的情形，叫她再回转时要告诉我，每一点都要告诉我。因为我是个男的，女的情形我不懂。道理、原理、方法我可以告诉你，经验我没有，要请你告诉我。她后来告诉我说：是不同，这个月经过了以后，平常感觉到病痛的地方，骨节呀、老化地方统统都变啦，心情也感到很年轻。她说以前感觉到看一切都很悲观，年纪大啦，孩子们出去了，什么都感觉索然。自这个来了以后，这一阶段什么都不一样了，心情也变了，反而感到生死都无所谓了。但也并不是因为自己衰老了，觉得应该死，不是的，反而觉得更有生命、更有精力、更觉得年轻，甚至可以做到掌握生命——假设我现在要病死了，我对生命有把握了！

我说是这个样子，在生命上这就是复卦的道理。

女性修道的秘诀

上一节讲了我们本身生命的法则，与地球上自然界法则——天地、气候法则是一样的，所以道家把人身当做小天地。这个人身肉体的小天地，也有一年四季变化的不同。所以我们自己的情绪有时候好一点、有时候坏一点，有时候心理上烦一点，或者心情平静一些，普通一般人不大注意到这一点。至于生命上气化的作用，平常各位同学提到练气功呀做什么的，大家要注意，所谓气化不是呼吸的气啊！也不是练气功那个气啊！那是炁化的炁，是我们身体的一种生命能。刚才我们讲的是女性。这有两个法则，但不要一定看成圆圈，由复卦到乾卦，阳能是这样上升的。拿身体来讲，是由下到上，身体精神是很健旺的。假设你懂了这个法则，你可以体会一下，尤其女性经期到了最高潮的时候（每个月的排卵期前后），接着便要下降。循右边这个法则下降，情绪身体都会有变化。有些人说不定上半个月精神好一点，大部分这个法则是呆板的。不过，也有些人特殊。由于她自己的感受与观点不同，认为自己下半个月——就是月经要来以前，精神会特别好。一般来说，这个法则是呆板的。

有些女性修道，尤其是出家的女性，常常觉得经期延后了，便心里不安，其实一点关系都没有。假使还没有到更年期以前，你三个月、四个月月经不来，就非恭喜你不可。不过有时候是病啊。这种病在中医叫停经，或者叫滞，那是病态。如果身体状况是好的，气脉是对的，那你一个月两个月三个月不来经，在一二十岁、二三十岁，因为学打坐功夫使经绝不来，这个在道家而言，叫做斩赤龙。女性修道，拼命修这种功夫，年轻的时候就把赤龙斩断，便有了初步的成就了。所谓"斩赤龙"是道家的术语，密宗没有。

我在西陲时，常跟密宗的大师们谈论这个问题，彼此交换意见。一般人对密宗大师都很恭敬。有时候我们单独相处在一起，大家都很随便。我说你们密宗主要的方法，是道家过来的啊！我的看法如此。道家修行的方法，可能在秦始皇以前从印度来，便和中国文化混合了。也就是说，中国早就有这一套了。因为秦始皇的时候，印度已经有一批修道的人来中国。从历史上我们知道，印度过来的这一批人中，有两三位会神通的。秦始皇知道以后，便把他们关了起来，但是秦始皇关不住他们，他们自然就出来了。从这个地方可以知道，当时印度有关生命修炼的方法，已经与中华文化交流了。密宗对女性斩赤龙的修法并不知道。

有一位活佛告诉我，有一本古代佛教的经典上有这项记载，但是方法不懂。我说我知道。活佛说：那请你教我。我说不行，我们要交换！你们最宝贵、最秘密的方法是什么？拿来我们彼此交换谈谈……女性修道月经停止时，不要搞错了，有时候是停经的现象。究竟是停经或者修持的功夫到了，要你从脸的气色、身体精神的状况去区别哪是病态，哪是功夫。如果真的功夫达到了，她便变得年轻，经期停止了，那是必然的！换句话说，这个女性一定返老还童，回复自己青春时期。这个身体生命的作用，已经回到十三岁月经还没来以前的状况，一样的作用。这个时候一定是乳房收缩，恢复到十二三岁，男女无分别那个境界。那绝不是说乳房生了癌症、干瘪了。有些人自己却也冤枉担心了。

我也发现一些女性，并不是她功夫好或修道修得好，而是瞎猫碰到死老鼠，撞上啦，月经停了。结果她几乎被吓死，赶紧找医生看，吃通经的药，她以为打两针就通经啦。因为不懂这个原理，所以受冤枉，也没有办法。一般男性修道更糊涂！因为男人身体一般的征候不显著，你更难拿捏得住。其实都是一样，如真做到任督二脉通了，跟女性斩赤龙的功夫也差不多了。任督二脉这个道理，就是这个圆图的道理。从复卦倒起来到姤卦到坤卦，一升一降，这个中间气的升降，就很困难了。它有一定的方法与次第。

我常常告诉大家，你们要知道修道是个科学的，不是宗教的迷信，同宗教没有关系。你信你的上帝也可以，你信你的菩萨也可以，你信你的太上老君也可以，甚至你信你的哈不楞登也无所谓。反正上帝、菩萨……是个代号，而我们生命的法则是个科学。如果你懂得了这个法则，自己会非常明显地觉察到自己生理的状况，及生理上起的变化。有时很沉闷、有时很松快，在修持上也是一步一步、一个一个的征候，会很明显的。有时候有进步，有时候像是病态，觉得五脏六腑哪部分像有病了一样的痛苦。其实是卦位上的一个变化，也就是《易经》所谓的爻变，一爻一爻的变化。因为爻变是必然的。你懂了这个法则，先把生命的法则把握清楚了以后，再观察宇宙的法则、地球物理的法则，一概都是一样，很清楚。这是讲圆图方面。

刚才我们提到了一个问题，没有解释清楚。复卦这个地方道家又叫活子时，所以修道的人打坐，要想修到气脉通了，必须懂得复卦的作用。复就是生命的恢复。不过我们普通人，因为有了夫妇的关系、有了家庭子女的关系，等到那个生理的能力恢复了以后，生理的欲望就来了。来了以后，你要用"善守"的要诀，在那个中间能够把握得住。所以每一秒钟、每一个时辰，都有自己生命恢复的时候。这个时候拿准了，人的生命就可以自己把握了。至少在学理上是如此。这也只有在中国《易经》文化中是特有的。

这种把握生命的法则，甚至生死也可以自己控制的，全世界文化都没有，只有我们中国文化懂。因为我们知道我们自身都有这个工具，这个法则是我们身体上的变化。十二经脉的变化，同十二辟卦的变化，五脏六腑的变化，及里边方图的变化，理论都是一样。这个法则等于一个公式，科学、化学、物理的公式，像国家法令的规定一样，是没有办法违反的。同样地，这个太阳的行度——春夏秋冬，也是没有办法违反、没有办法脱离这个大法则的。等到身心两方面修成功了，就可以跳出这个法则了。跳出宇宙这个法则，便成了超人，就是有超宇宙的力量了。

所以道家修长生不老的敢说这个话，就是因为掌握了这个法则之故。

活子时的奥秘

前面我们一再提到"活子时"这个名词。先说子时，就是每天夜里十一点钟开始，是一阳来复了。大家过夜生活都过得很糊涂，现在的生活，差不多把子时都浪费掉了。我每天夜里差不多到十一点钟，把每天的书稿等工作准备好了，便开始上班。事繁的时候，差不多快到一点钟才开始我自己的事。像昨天夜里,有一篇文章还没写完,心里很烦不想再写了,明天再说吧!街上出版的好书坏书,都是一位同事找来给我看,一找来就是一大堆,随时有好几本书在那里摆着。我随便抽出来一本,蛮好看的。看一会儿已经听到楼上出家人敲板子了,晓得已经五点半啦!

五点半还睡不睡呢?这个时候的精神反正不要睡了,因为把这子时已经浪费了。这个阳能,这一天的生命能,这一夜已经把它浪费了。当然我看书的时候,这个阳能我一边还在把握它,不把握它受不了,明天上午做起事来一定头痛的。当然我也可以不睡觉,但总是不大好。而且你要注意,这个清晨五六点钟躺下一睡,可以睡到下午两三点钟,要过了午时才够用,生命力才能恢复。

一阳生固然重要,一阴生也很重要。阴阳两个起头都很重要。可是我们一般人这个时候把它都浪费掉了,不晓得把握它。

其实把握这个活子时,并不一定要打坐,不一定要做功夫。问题是你知道了以后,大概有一刻钟(古人一个时辰分四刻,现在两个钟头是古人一个时辰)你如何把它把握住?这是非常非常难的。把握住了,就是活子时。活子时还有个人生的奥秘:病刚好的时候,或大病之后,就是活子时。尤其是伤寒病或癌症,不管你中医西医,一定要七天以内的休息。第一个七天最严重,伤寒说不定要拖到七七四十九天才能够好,才能把病菌完全杀死。就是普通的感冒,你觉得不要紧,我看是很可怕的!感冒的细菌在体内潜伏十八天,事实上不止十八天,有三七二十一天的。这个力量在你身体里边,你吃药不吃药,都是差不多。吃药是把你的痛苦减轻一点,真正感冒一进来,你要把它排除清楚了,等于女性的月经一样,要经过两三个礼拜以上。但是这个中间,如果病没有好,你又感冒了,你的生命便要退化下去了。

所以我们生命衰老死去,都是平常觉得没有病。依我的眼睛看,没有一个人没有病的,绝对有病,随时都有病。所以我今天还跟刘寿公讲笑话,我说我养生的道理,跟别人不一样,我绝不让身体内有一点不舒服停留在那里。只要身体有一点不舒服,立刻吃药,非要把它排干净不可。不把它排除了,等于让一个小偷到你家里住下来一样,你不把它清理出去,它会慢慢作怪的。可是一般人不这么想,只要稍微好一点,他便不管了,其实里边还有很多问题。很多人觉得自己精神好得很,实际上他已经快到民权东路殡仪馆订位置那个样子了,他自己还不晓得。生命是非常可怕的,不要看你年轻,实在大意不得。

病了以后回转便是活子时,一回转来以后,普通人就糟啦,一般都会转到爱欲上。生命功能一回转到爱欲上来,他那个生命能就又要消耗掉了。如果生命能回转得过来,你能把握住它,你就可以掌握自己的生命了。生命能本身是没有欲望的,没有男女两性相爱的欲望。但是这个生命能,这个阳能活子时回转了以后,由于我们习惯里边有男女爱欲的缘故,所以就把它引导到这个方向去了。这个生命能就是这样。

一阳来复与回光返照

我们人死的时候,快死以前,精神会特别旺一下。尤其正常老年人要死的时候,忽然精神好过来了,把儿子老婆都找来,叮嘱些事情大概就很快了,一二十分钟就过去了。这种情况中国人的老话叫做回光返照,其实这就是一阳来复。一阳来复又是个生命的开始,但是人平常不做功夫是把握不住它的。假使能把握得住,便会突破了这个死关。这一关如果平安过去了,还可以活得下来,身体还会很好。

所以我们说回光返照就是活子时,这个复卦随时都有。这也就是刚才所讲潮水涨落一样，那个高潮——就是平潮，所谓的平潮时间很短，潮水的涨是慢慢地涨。像我们小时候到海边看潮水涨，看到远远的潮水，一波一波地涨上来，涨到一个高度的时候，它不流了。不过我们小的时候没有注意，只是在海边玩，只晓得在海边看潮水平啦。这就是古人讲的"人平不语、水平不流"的道理。

潮水涨到平潮不流的时间非常短暂，我现在回想，在海边玩的时候，大概有十几分钟，最多不到半个钟头，就看到平潮那个潮水不动了。再一下子就看到潮水慢慢地退了，渐渐地矮下去，矮下去……而海边的渔民都晓得今天是初一呀、十五呀的，什么时候退潮，他们会马上知道，早把渔船准备好了。我们那边渔船很少，你们到台南安平港，看到渔民们把渔船背上一拖就出来了。很大一条船，他们把船放下去，一只脚跪上去，一只脚一蹬，那真是一泻千里，比滑水好看得多了。一个小个子在船上，一只脚一蹬，我们站在那里看，一下就看不到影子了。潮水退得很远，海边鱼虾顺手捡来就是，不到一个钟头船就回来了，我们还在海边玩。渔民满载而归，带回来的都是活蹦乱跳的鱼虾，黄鱼还咕咕咕叫呢。海边的渔民们拿黄鱼用水一冲，连肚子都不剖，带着鱼鳞就下锅了，那真是别有味道。现在已吃不到了。现在吃的都是冰冻过的、死的，已经不叫海鲜了。

我们知道了这种涨潮的现象，就可以知道我们身体同这个法则也是一样。邵康节说在子头午尾、一阴一阳，都要注意。所以我们每天不但夜子时要注意，中午的午时也要注意。你看吧！一个人到了午时，有修养与没有修养感觉就不同了。有修养的人他知道午时来了，要做功夫了，有时候想睡觉了。一般人则昏沉了，因为阴气来了。但大家不要认为只有阳气可贵，阴气也一样可贵。两个是平等的，因为阴极阳生，男人可贵，女人也一样可贵。所以，不要光是站在男性的立场讲话。一切都是平等的，《易经》的道理绝对是阴阳平等的。不过邵康节提到活子时，只提这一面，你就要想到对面的这一方也有活午时。人做事觉得疲劳啦，脑子都不想啦，那就是活午时姤卦来啦，特别需要休息，必须睡眠。睡眠休息会恢复精神，这就是阴极阳生。复卦与姤卦的道理，也就是所谓的阴阳交媾。所以人需要休息。

一般人静坐后精神会好，因为平常随时在姤卦中，静坐开始了复卦，当然精神越来越好，达到阴阳交媾。这个媾就是男女交媾那个媾啊！不过古人觉得不大好意思用它，只好把这个媾字写成构了。实际上真正古老的《易经》，就是女字边男女交媾的那个媾字。这个阴阳交媾的法则，是自然的道理，生命重生的道理。可是后世加上理学家，加上宗教家道德的、戒律的观念，反而变成一件坏事情了。因此我们中国后代讲《易经》，只好把这个媾换一个字来讲了。意思是给你难懂一点，免得给你搞清楚了，反而不好。

冬至子之半　天心无改移

我们知道了邵康节这个复卦的道理，就是活子时的道理。邵康节是宋代有名的大儒，也是易学大家。他说："冬至子之半，天心无改移，一阳初动处，万物未生时。"冬至夜正十二点钟，就是冬至子之半，天心没有改变、没有移动，就是平潮的时候。这时阳气——生命的功能，刚刚恢复，就是一阳初动处。一阳刚开始动，将动未动之际，就是万物未生时。所以禅宗讲修定打坐到一念不生。一念不生没有什么了不起。其实人到疲劳已极，什么话都懒得讲了，那也是一念不生啊！不过那个是阴境界。可是一般人不懂得这个学理，认为阴境界一来就害怕了。阴境界就让它阴境界，阴也不错，阴极就阳生嘛！它是必然的。

一般修道的人很冤枉，不懂这个学理，我们知道阳极也阴生。

你今天绝望到极点，慢慢慢慢地进入到什么都不知道，那就是阳极阴生。

"冬至子之半"，一半一半，平潮时候一半一半。所以我刚才讲我们小时候在海边玩耍，看海潮在平，冬至子之半看到潮水平的时候，同我们心情身体一样，平静异常，非常宁静。"天心无改移"，天心是我们中国《易经》道家的话，就代表生命的本相。无改移就是没有动过，这个时候要把握住。这个时候就是"一阳初动处"，是生命的根源。"万物未生时"，就是禅宗所谓的"本来无一物"，很清静的境界。

但是我们懂了《易经》的道理后，就了解这个清静不是永远可以保存的，那是不行的。永远保存不变的话，阳也变成阴了，变成了死东西啦。阳能是个生长的东西，"能"是个生长的炁化。至于阴呢？阴是个收藏的东西，阴极就阳生，必定会收藏进来。所谓阳施，阳性是放射的；阴藏，阴是代表女性。阳施阴藏，是两种功能。那么修道要到什么程度呢？最后还是要到达邵康节说的"一阳初动处，万物未生时"。这个时候就是平潮的时候——不阴不阳、半阴半阳、无阴无阳。这个境界是个最高的境界。假设一动，不是阴就是阳，这是复卦的道理。生命的道理也就在这里边。

人的这个生命，每天活着，如果没有用修养功夫，每天在生理上补充些、赚些什么回来，那就很吃亏了。不要认为过一年是长大了一岁，那是又死亡了一岁，又损失了一岁。所以老子说："物壮则老。"一个东西壮盛了，就要变老，"谓之不道"，老了就要死亡。死亡没有什么了不起，死亡是另一种生命的开始，不过是一种变化而已。这个卦变了，本是乾卦变成坤卦了，就是这么个道理。所以我要大家把方圆图——就是象数最重要的这一环弄清楚。大原则我都告诉大家了，你们自己去研究十二辟卦、方图圆图、六十四卦就可以了。这个东西搞不清楚、不背来，你没有办法研究《易经》。

可是你要讲讲文字，那倒很容易了，那不需要我来讲了。

我们要知道，《易经》重点在象数里头。把方圆图及六十四卦弄清楚，这是必须的事情，否则我劝你们也不要去搞这个东西了，也不要管它有没有道理，不要再浪费自己的精神。尤其是修道的，不把这个搞清楚了，你修道会走很多冤枉路的。弄清楚了，你就晓得我们人乃至于每一天、每一个时间，思想、身体都有它的变化，而且它的变化都是这一个法则，随时你都晓得自己到了什么卦象，回转头来检查自己的身体，会很清楚。有时候不是病，却有病的现象，有时候觉得精神特别旺盛，你注意，现在已经在病态中啦，很严重的病态。往往在这个时候人会死亡，死亡都是在精神最旺的时候产生的。相反地，一个人随时也会感到身体很衰弱。有些同学常问我：老师，我今天身体很不好。我说你放心，你的命长得很啊！因为他知道身体不好，便什么都不干了嘛！又是吃药、又是休养，当然不会有问题。如果你认为身体好得很，不注意、不小心，那你随时都会完蛋。这个法则，在方圆图、大运、小运都是一样的。我们今天介绍这几张表，大家要仔细研究，当然也要参考很多的资料、很多的书，尤其是道家的东西。这个问题，我们介绍到这里为止。

第十章　易有圣人之道四焉

易有圣人之道四焉。以言者尚其辞，以动者尚其变，以制器者尚其象，以卜筮者尚其占。

是以君子将有为也，将有行也，问焉而以言，其受命也如响；无有远近幽深，遂知来物，非天下之至精，其孰能与于此？参伍以变，错综其数，通其变，遂成天地之文；极其数，遂定天下之象。非天下之至变，其孰能与于此？

易无思也，无为也，寂然不动，感而遂通天下之故；非天下之至神，其孰能与于此？

夫易，圣人之所以极深而研几也，唯深也，故能通天下之志；唯几也，故能成天下之务；唯神也，故不疾而速，不行而至。

子曰：易有圣人之道四焉者，此之谓也。

圣人之道

易有圣人之道四焉。以言者尚其辞，以动者尚其变，以制器者尚其象，以卜筮者尚其占。

孔子认为，《易经》这一门学问的法则，有圣人之道四点，就是言、动、制器、卜筮。圣人是个代号，代表得道的人。尚就是注重、偏重的意思。言语包括了文字、图画。

"以言者尚其辞"，是说我们注重言语及文字，就是因为它是一种思想。要理解这个言语思想的重点,就要看《周易》的卦辞、象辞、爻辞……"以言者尚其辞",要特别注意这个辞。

"以动者尚其变",天地宇宙万物一动就有变。前面我们讲到了阴阳交媾的时候,知道只有在平潮、在阴阳中和的时候才不动。所以我们打坐、一念不动的时候,正是阴阳交媾的时候。但是只要一动,不管是阴动或是阳动,都是动,宇宙万物都在动中。"以动者尚其变",一动就有变化。像做生意一样,准备做这个生意,一投资就有好有坏,或赚钱,或赔本。

"以制器者尚其象",器就是一种物质,像一个茶杯啦,或者一部机器啦……你要晓得它那个物理的现象。物理的现象对构成一个东西有启示的作用。这个法则很重要。

"以卜筮者尚其占",那么我们要知道宇宙的奥秘,就要借助于依通——只好用卜卦、卜筮、算命来占未来的事情了。

这个中间孔子讲了四点,这四点孔子自己有一个解释。他说:《易经》的重点,要注重它的内涵,"以言者尚其辞",讲内涵。"以动者尚其变",万事万物注重它的变动现象,这些是内在的。然后外在的两点:"以制器者尚其象",看一个东西的现象,就已经反过来知道它的内容。但是内容究竟怎么变化?非常细密。这个细密中间只好靠卜卦、卜筮,就是"以卜筮者尚其占"。因为人的智慧没有达到神通的境界,故而不能自己知道,只好靠依通、靠卜卦来知道。卜卦就是依通。如果真到达有道的境界、神通的境界,就不需要靠依通了。孔子提出来这四点,自己又加以解释说:

有感斯应

是以君子将有为也,将有行也,问焉而以言,其受命也如响;无有远近幽深,遂知来物,非天下之至精,其孰能与于此？

孔子认为研究《易经》的学问，智慧成就达到了极高的境界，便不需要靠卜卦。而一般人将有所作为时、将有所行动时，因为自己智慧不到，就只好问卦，"问焉而以言"。如果自己修道有成就，到达《易经》最高的境界时，一旦要问事，只要反问自己就知道了。"其受命也如响"，只要你思想念头一动，就已经知道了。这就是所谓的神通，神而通之，神通的道理是"其受命也如响"。他们感应快得很，一个动作一来，它的现象就出来了。一个现象，一定有它的作用，"其受命也如响"。像音响一样，只要手一拍，音响就出来了，反应就那么快。

卜卦是什么？就是感应。这两天流行以前在上海玩过的那个碟仙，现在大家又来玩啦！一个人伸出一个指头放在碟子上，它自己就转动起来，便可以问事情的吉凶。一个同学来问我，那究竟是不是精神作用？我说你不要那么粗下决断，你的精神为什么要靠它呢？不靠它你就做不到？如果说不是，那他又问了：不是精神作用？那是真的碟仙啰！我说那也错了！当然我没有给他作答案。答案你要自己去找啊！

有时候同学们问我，到底扶乩准不准？有没有鬼神驾临？我常常告诉同学们，你要小心啊，小事情很准，大事情包你不准。有时候鬼还请不出来呢！有时候问完了你送它走，它还不走呢！扶乩的笔停都不停，转得很厉害。有位同学告诉我，有一次就是这样，问完了，它就是不走！通常是两个人扶着它转，那一次我一个指头扶着它，转得比过去还快，就是不肯走。没有办法，只好请它喝茶啦，告诉它谢谢啦！你请回吧！我问完了……

有关这一类事情，其实你说有这个东西吗？幽冥难见。鬼神之事都是一体的，这个道理原理就在这里，"其受命也如响"。瑜伽术就叫"瑜伽"。"瑜伽"的意思我们翻译就叫"相应",相应就是感应,互相的感应而成。所以他说你懂了这个道理后,"无有远近幽深";不管几千万年的事情,高远的,或者是在地球以外的事,或者就在目前,或者看不见的,鬼也好、神也好、菩萨也好,那些看不见的就叫幽深。到了《易经》这个法则以内,没有逃出这个范围的。"遂知来物",都会知道。

所以平常提到中国文化,自己要吹起老祖宗的东西,拿这个来吹就很伟大了,可惜你不会。平常外国人来到我们这里,问到哪里参观我们中华文化,大家都说到士林故宫博物院。可惜那不是我们的,那是我们祖宗的。这一代老是把我们祖宗拿出来炫耀,这一代除了破坏之外什么都不会!那今后又怎么叫做中华文化呢?那不是很丢人吗?我们祖宗无论怎么好,祖宗们已经死掉了。而我们的呢?我们这一代什么都没有,那是很糟糕的啊!所以不可以如此。我们如果真懂了《易经》的道理,真到了有感斯应那个时候,便可以"无有远近幽深,遂知来物了"。

孔子说《易经》这一门学问,要修养到"精微"才能够"遂知来物"。《礼记》上孔子为易学下了定义,说《易经》是"洁净精微"。"洁净"是宗教性的,宗教是非常圣洁恭敬的。这一门学问,我们小时候读《易经》,一定要很恭敬地捧着来读,不敢随便拿的。尤其讲《易经》的时候,更是洁净恭敬,不敢有一点随便的样子。"精微"是很科学的,要很精、很微、很细密的思想。这是宗教性、哲学性的科学,你没有精密的头脑,搞《易经》是没有用的。所以说:"非天下之至精,其孰能与于此?"

学《易》的基本原则

参伍以变,错综其数,通其变,遂成天地之文;极其数，遂定天下之象。非天下之至变，其孰能与于此？

"参伍以变"，参谋的参也是它，一二三的三也是它。我们后人写参的时候，把参字下边的三撇写作三横，变成"叁"的样子。实际上这个字有念参、有念三，在这里是念三，不过也可以把它当成参。我们中国文字上有讲"参差"不齐，"差"念"cī"，"参"念"cēn"，又叫破音字。所以这个字可以念参（cān），也可以念三，也可以念 cēn。"参伍以变，错综其数"，这里告诉你，参伍以变，就是三爻的变化，五爻的变化。一个卦只有六爻，到了五爻一变以后，后面不能再变了；第六爻一变就变成了另外一个场面了。假设这是我们现在的卦，那么第五爻变，我们已经老了，第六爻一变，我们就已经死掉了。也就是说，这个卦成为另外一面，阴卦来啦。

"参伍以变，错综其数"，错综就是卦"变"、错综复杂。我们看一个卦，看了这一面，就要反过来再看另外一面。学了《易经》的人，一件事情处理之后，作为一个老板的，立刻要想到它的下一步，把你老板的立场想完以后，便要想到对方，或者你的买主、或者你的职员、你的部下……他们的观念怎么样？跟老板刚好相反。所以我们作战判断军情，了解了自己，立刻要替敌人想一想，我这样攻击他，敌人懂不懂？一样懂。他也晓得我们会这样攻击他们。这你就要了解错综的道理了！这就叫错综复杂。

所以"错综"，就是要你学了《易经》以后，看一件事物要绝对地客观，绝对不能作主观的看法。我经常说一般学逻辑的讲哲学，动不动说"我很客观"，"嗳！我告诉你啊，我是绝对客观。"这一句话，本身就很主观了。他说"我的客观"看法，实际上就是他的主观看法。

"参伍以变，错综其数"，这两句话是法则，将来你用这个卦，要知道"参伍以变，错综其数"，就是正面反面都看清楚了，才能

"通其变，遂成天地之文"。学《易经》要学到"通"，读书也要读到"通"。我曾说专家不能领导政治。但是很遗憾，我敢预言，将来社会的走向会有专家领导政治的一天。到了专家领导政治的时候，比无学问人领导政治还要糟糕。政治是通才之学，所以政治家要能通其变，"通其变，遂成天地之文"。大政治家都是通变之才，惟有通变才能成天地之文。"极其数，遂定天下之象"，不但把现象通变了，也懂得了数。

我们中国人唱戏，总是学诸葛亮掐指一算。掐指一算就是拿数来推算的。我们小说上写诸葛亮要想挽回他的天命，说他在五丈原之时就知道自己要死了，只好用道家的方法"拜斗"来增延寿命（拜斗之术，密宗与道家都有）。那时候诸葛亮明知道他的生命不可挽回，但还是想办法来试试看。那个小说写得有趣极了！但是等魏延一撞进来，把那七星灯一脚踢倒，诸葛亮就知道不可挽回了！"极其数"，知道气数已尽，没有办法了。"极其数，遂定天下之象"，于是确定天下各种的现象。这就是学《易经》的两个原则——"通其变、极其数"。

"通其变"，任何的事都没有一定，你懂了《易经》，便知道人生境界不是一定的。今天还有一位同学谈到婚姻问题。我说你不要那么认真了，婚姻就是赌，成家立业就是赌啊！赌赢、赌输，谁知道呢？有气魄自己就去赌赌看！如果说结了婚，就非要婚姻怎么好不可，那你是昏了头了。每一人都是赌徒，在妈妈肚子里十个月，然后出来就注定是做赌徒的。输赢不知道！人生就是这样。为什么？因为人生就是两个东西："通其变、极其数"。要绝对的赌而不输，或者输而不赌，你非通达《易经》的这两个法则不可。"非天下之至变，其孰能与于此？"学问不到这个程度的话，如何能够创造出来《易经》这个法则呢？所以孔子极力赞叹《易经》的学问。孔子提出研究报告，告诉我们：老祖宗伏羲、黄帝创造这个《易经》

文化真伟大。世界上只有这么一个《易经》的学问，把天地间一切学问的准则都包括进去了，它也是一切逻辑的根本。

形而上道体与无为

> 易无思也，无为也，寂然不动，感而遂通天下之故；非天下之至神，其孰能与于此？

《系传》前面讲的是用，到了这一段是讲形而上道——易的体。"易无思也"，就是说《易经》这一门学问，它的体就是形而上的道。形而上这个东西，就是全世界一切宗教家、哲学家们所追求的。宗教家们总希望从这万物的根源找出它的那个本来、那个最初的东西。这个最初的东西，赋予它一个名号，或者叫神、或者叫菩萨、或者是什么东西……但是在这里，我们中国文化——《易经》的学问里头，你要叫它心物一元也可以，叫它神也可以。如果推算这个思想的年代，应当在孔子之前。假设有人说《系传》不是孔子作的，是后人增加的，那么这个人也不会是秦汉以后的人。而且不管《系传》是不是后人增加的，我们可看出来，他虽然不用那个"神"或者"心"或者"物"来代表宇宙的本体，但是在《易经》文化中，它最高的境界已到达了不可思议、没得东西的境界。佛经上讲不可思议，就是不可用思想去讨论。你说有个上帝、有个佛，已经牵涉到人的思想了，最后心物都是空的。我们讲的这个空字是来自佛学，中国过去没有这个说法，只称它是无为。无为不一定是空啊！这两个观念要搞清楚。

严格地讲，"空"与"无"是两个名词。不过，"空"容易使人觉得是完全没有的境界，容易误解成唯物哲学的那个"没有"。"空"这个名称，就有这个讨厌的地方，易被人误解。现在东南亚一带的小乘佛教也讲空，很容易被人误解！认为佛学讲的这个是空，就是唯物哲学讲的空。认为一个东西没有了就没有了，人死了，死了就没有了，后面不要谈了。什么灵魂啊、生命轮回啊、再来啊，都是鬼话。唯物哲学这样讲法，小乘佛学的空就抵不住了。

中国古代没有"空"这个观念，只有"无为"。"无为"不能解释为空，也不能解释成"虚空"。如果把虚空一样也叫"无为"，那是一个画蛇添足的解释。"无为"就是"无为"，"无为"是没有动，也可以说没有东西，一切充满而不存在。所以易这个东西，它是"无思也，无为也"，等于我们睡眠一样。当我们没有醒来以前，一切都是静止的状态，但它不叫做"静"，就叫做"无为"。《易经》简单的两句话，就把一切宗教哲学的问题都解答了。它的境界实在太高了，所以我们确认它应该是孔子讲的话。

寂然不动

当这个体没有动以前是"寂然不动"的。这个寂然不动，也不能比喻是"清静"。寂然不动等于静到极点，完全的静止。这个寂然不动，是在万物没有发生以前的这个体，一点都没有动。它是什么境界呢？"无为"的境界。但是在静止"无为"的境界时，万物的一切作用、能量却都包含在其中了。等于我们眼睛看到这个虚空，看似空无一物，但我们要进一步来探讨这个虚空，就可以发现这里边还有很多东西。譬如这个电、风、雷、云、雨……都在这个虚空之中；还有很多看不见的事物也都在这里头。可是这个虚空呢？却是寂然不动的。但它如果一感——阴阳交感、动静交感、是非交感、善恶交感，就会起作用。所以《易经》是交感的学问。《易经》的爻就是交的意思，一爻一爻都是寂然不动的。"感而遂通天下之故"，一感，一切作用都起来了。

大家看庙里边常有"感应""有求必应"的匾额。那就是感应道交。一切宗教，祷告上帝也好、拜菩萨也好，有没有作用呢？感应道交，有感就应。等于我们玩的那个碟仙一样，指头划上去碟子就会动。你问它什么？它都会告诉你，这就是"感而遂通"。

你说这里边有个鬼神吗？那全在于你，都是在于你的运用。"无思也，无为也，寂然不动，感而遂通"，这几句话非常重要。如果拿《易经》的道理来看，东方西方的宗教哲学都完啦！《易经》学说并不承认有神，也并不承认无神。所谓有无，《易经》把它分为阴阳两个现象，一阴一阳，不能够单独靠在哪一面，所以《易经》叫它为形而上本体。它是个"无思的"，不可思议的，也没有起心动念。如果思想一动，念头一动，已经不是道的那个境界了。

修到"无思、无为"就是道之体，同天地自然万物之体一样。这个体是"寂然不动"，但并不是个死东西。"感而遂通"有所感，马上通，通万感，通天下之故；"感而遂通天下之故"，才是宇宙万法。以修道而言，孤阴就不生，孤阳就不长，彼此要交感而通。

孔子在这里的报告，说《易经》讲到了道体这个学问，而平时《易经》都是讲用——也就是象数。现在讲到体，它是"无思也，无为也，感而遂通天下之故"。所以他说我们老祖宗这一门学问，是中国文化之根，是根之根。"非天下之至神"，这个"神"是形容词，神妙到不可思议，这个神包括了佛教讲的佛、道教讲的神、天主教基督教讲的上帝；至神不是普通的神。"其孰能与于此"？孰就是谁。假设不是天下最高最妙的神明，谁的境界能有如此高超绝伦呢？

这一节都是讲《易经》的体。它把形而上的体与形而下万物的用，其间的关系讲解得简单明了。研究东西文化宗教哲学，照我的观察及我平常的经验来看，还没有能超过《易经》的。它几句话就把所有的问题都解决了，这就是中国文化。

如果是西洋的文化研究，这可以写好几部论文了。"无思、无为、寂然不动"……几乎每一句话都可以写百把万字的一部书。"感而遂通"，一般人修道，想修到有神通成就的话，如果以为去拼命打坐、修道，就可以知过去未来，就能得到神通，那他永远是妄想。他已经着魔了！做不到的。如果你能修到"无思也，无为也，寂然不动"，便样样都知道了，所谓"感而遂通天下之故"。但你要去求知过去未来，反而就什么也不知道了。古人所谓"心包太虚"，你能如此，便"万事皆知"了。如果你心地上没有这个境界，而用个人的修道去求未知、求神通，那永远是缘木求鱼。

生命真谛的根

这一章是《易经》整个的纲要和精华。《易经》的学问及其形而上道，孔子在这里为我们做了答复。

夫易，圣人之所以极深而研几也，唯深也，故能通天下之志；唯几也，故能成天下之务；唯神也，故不疾而速，不行而至。

子曰：易有圣人之道四焉者，此之谓也。

孔子说，《易经》这一门学问，是我们老祖宗、得道的圣人们，追究生命真谛、宇宙万物到最根源、最深最深的那个根而产生的。也可以说，它是我们老祖宗对人类宇宙万物、生命真谛挖根的学问。然后"而研几也"，"研"的什么"几"呢？研究那个要动的"几"。好像我们两只手举起来要拍掌，是要拍？还是不要拍？在还没有拍以前，两只手将动未动那一刹那间，就是"几"。人站在门的中间，你说他要进来还是出去？你说他要进来，他却偏要出去；你说他要出去，他却偏要进来；或者站在那里不动，不进也不出。

这时你要说他是进是出？最难，这就是"几"。"几"的动很难捉摸，"几"这一门学问能探知宇宙万物的根本，所谓"极深而研几也"。因为这一门学问是科学的、哲学的、宗教的，科学的根、哲学的根、宗教的根，都在这里。"唯深也，故能通天下之志"，深到极点，宇宙万有一切人类的思想等等，你都搞通了。"唯几也"，最高的那个"几"，将动的"几"，你也能把握到了，"故能成天下之务"。

到了"能通天下之志"，一切人类文明的思想都搞通了，等于佛经上的悟道。到了成佛的境界，天上下雨，下几滴雨，佛都知道，但我们不知道。后来我学了《易经》以后，我也知道了。人家问我下了几滴雨，我说永远只有一滴雨，没有第二滴雨。千滴、万滴，就是这一滴雨。这就是"研几也"的"几"。不过你们现在是听了我讲以后才知道的，所以你现在知道的这个知道，不是你知道的"知道"，是我知道的"知道"。这个知道就是"几"。

因为它"精"，"故能通天下之志"；了解天地间一切思想、一切文化，唯"几"也。因为它洞察了这个动的"几"，故能成天下之务，所以成功天地间一切事务。"唯神也"，《易经》最高、最终的目标是通神，这个神不一定是鬼神的神，神就是那个不可知、不可说的。"故不疾而速，不行而至"，这就是所谓神而通之的意思。疾就是快，像走路一样，练武功练到这个程度，便可不疾而速。看起来好像没有在走一样，一步一步，从从容容慢慢地走，但一下就到了美国啦！没有看他走两步就到了。这就是所谓的"不疾而速"，快得很，"不行而至"。到这个境界，就是神的境界，这是形容的，不过也有人能达到神而通之的境界。佛学所讲的神通，就是达到这个境界，那也就是神通了！

所以孔子结论说："易有圣人之道四焉者，此之谓也。"圣人之道是"无思""无为""极深""研几"这四点。"无思""无为"特别要注意。搞宗教的人，天天想成道，你如果能做到"无思""无为""寂然不动",便差不多啦。但是各位不要以为光是"无思""无为""寂然不动"就行了,那是不对的。不能致用的,如何才能致用呢?"要感而遂通天下之故"。

要能做到"无思""无为""极深""研几",才能真正体会出"以言者尚其辞,以动者尚其变,以制器者尚其象,以卜筮者尚其占",因为这些都是圣人的致用之道。

第十一章　开物成务　冒天下之道

子曰：夫易何为者也？夫易，开物成务，冒天下之道，如斯而已者也！

是故圣人以通天下之志，以定天下之业，以断天下之疑。

是故蓍之德圆而神，卦之德方以知，六爻之义易以贡，圣人以此洗心，退藏于密，吉凶与民同患；神以知来，知以藏往，其孰能与于此哉？古之聪明睿知，神武而不杀者夫。

是以明于天之道，而察于民之故。是兴神物，以前民用。圣人以此斋戒以神明其德夫。

是故阖户谓之坤，辟户谓之乾，一阖一辟谓之变，往来不穷谓之通。见乃谓之象，形乃谓之器，制而用之谓之法，利用出入，民咸用之谓之神。

是故易有太极，是生两仪，两仪生四象，四象生八卦，八卦定吉凶，吉凶生大业。

是故法象莫大乎天地，变通莫大乎四时，县象著明莫大乎日月。崇高莫大乎富贵，备物致用。立成器以为天下利，莫大乎圣人。探赜索隐，钩深致远，以定天下之吉凶，成天下之亹亹者，莫大乎蓍龟。

是故天生神物，圣人则之。天地变化，圣人效之。天垂象，见吉凶，圣人象之。河出图，洛出书，圣人则之。

易有四象，所以示也。系辞焉，所以告也。定之以吉凶，所以断也。

开物成务

子曰：夫易何为者也？夫易，开物成务，冒天下之道，如斯而已者也！

《易经》究竟是一部什么样的书呢？第四章里孔子已经做过答案，说到"易与天地准，故能弥纶天地之道"。就是包括天地万物一切哲学的哲学、科学的科学、宗教的根本……换句话说，宇宙万物都在其中，"易与天地准，故能弥纶天地之道"，这是一个答案。可是在本章里，对于《易经》这门学问，又有另外的答案："开物成务，冒天下之道，如斯而已者也！"他说《易经》的学问是"开物"，开发宇宙万物——天文、地理、人事、看得见的光明面、看不见的阴暗面、看得见的阳世间、一切的一切等等，这就是"开物"；"成务"，成就一切人世间的事情，你要想办事，非要真正通了《易经》，才能真办事。换句话说，"开物"用现代的术语讲，就是要把物理世界的根本找出来；"成务"，就是把人生的根本法则找到。"冒天下之道"，"冒"就是我们现在年轻人所谓的"盖"，把天下的一切统统都盖下去了，宇宙万物一切最高的道理、原则，都在它的范围之内。"冒天下之道"，大原则都在这里边；"如斯而已"！不过如此而已！很轻松的，不过是这样的一个学问罢了。可是连这一步我们都过去不了，我们就是过不去，连八八六十四卦都摆不出来，要想过去，那是很难办到的。如果六十四卦你还摆不来，想"冒天下之道"，也冒不来呀！

千秋大业

是故圣人以通天下之志，以定天下之业，以断天下之疑。

孔子说，学了《易经》以后，你就可以"通天下之志"，也等于佛家讲的神通，别人心里想的什么事情，你都知道。"通天下之志"是《易经》的境界，所有一切人的心态、动念、万物的动态等，通了《易经》便都知道了。"以定天下之业"，要想成大功、立大业，非懂《易经》不可！不然没有办法成功。"以定天下之业"，这个业可分为两种。我经常讲，我们中国人往往把这句话错用了，大家常常把做生意称为事业，常听到"你做什么事业？"这句话错了！做生意不能算是事业。

事业的定义，在《系传》里很明白地告诉了我们。是什么呢？"举而措诸天下之民，谓之事业。"我们这一个人，在活着的一生里做一件事情，对世界人类永远有功劳，永远有利益给人家，这个才叫事业，就是人生的价值。最普通地说，上面最高到皇帝，下面最倒霉到讨饭的，当皇帝和做乞丐都不是事业，那是职业。其他你当宰相也好、部长也好、大学教授也好、补习班的小老师也好……那都是职业，不是事业。大家要弄清楚，找个工作赚钱吃饭，或打个知名度……那不叫事业。真正称得上事业的，古往今来没有几个人。

所以孔子赞叹大业，就是指尧、舜、禹、汤、文、武等的事业。在我们历史上功业最大的是大禹王。我们这个老祖宗，把中华民族变成农业国家，奠定了我们立国的基础。他的付出，他的努力，他的成就，就是事业。因此他为万世所崇拜，其功永不可没。这种才叫事业。其他的人，生意做得再好、赚钱再多，你要讲事业，那还很远。

我经常对大家讲：事业是永远的。不要说外国史上的明君贤相，就是我们中国的历史，你能报得出二十个皇帝的名字吗？报报看！几千年来那么多名宰相，你能报出几个？我们在这里都是高级知识分子啊！唐朝以后到现在多少状元？你晓得吗？官的大小没有用的，多少财富的人家，过不了几年，人家早把他的影子忘掉啦！在当时是很风光的，但是因为他没有事业，所以他不能长久、不能不朽。所以有志气的人，要想建大功、立大业，就要讲事业。这个事业一定要对天下国家有所贡献。因此人生有两种事业：一种是当世现身的事业，那很有限。活着时人家知道名字，一死了以后，也就人死灯灭，不要多久，人家已经淡忘了！像我们老朋友在一起谈话，经常会想到当年那些红了半边天的人，现在黑得已经乌啦！名字都被人忘掉啦！连我们当时的人都已经把他们忘掉，想不起来，一般人更不用说了。不过孙悟空和关公，大家都还是知道的，因为他们的作为好像事业，这叫做千秋大业。像释迦牟尼、耶稣、孔子，在地球没有毁灭以前，他们的大名就永远存在，永远活在人们的心中。因为他们对人类有了贡献，这样才叫千秋大业，是另一种事业，绝不是你做官的权力所能比拟的。

一个人当了皇帝，就算统治全世界，最多也不会超过几十年就过去了。历史的经验告诉我们，这个世界上永远不会有超过三十年没有战乱的。当然并不是说全面的世界战争，反正不到五六年或七八年，不是这边打仗，便是那边冲突。现在世界各地还是有战争的，不过我们台湾没有而已。大家不要以为这样就可太平了！以人类世界来讲，很不太平。中东打得一塌糊涂，他们不是人吗？叫我们怎么能够安定呢？只有胸怀千秋大业的人，他在战火中、变乱中、任何时候都永远跟人们同在的。这个人的事业与菩萨、上帝的慈悲心怀一样，在人类极为苦难的时候，他永远值得人们信赖。所以《易经》的道理，教我们成就的就是这种事业——通天下的大志，成天下的大业的事业。

"以断天下之疑"，过去、现在、未来……人类有很多的疑惑，我们将来怎么样？我们的前途如何？谁也不知道。我们个人的前途，明天过得去过不去？都不知道。学了《易经》以后，我们都可以知道，甚至哪一天、哪个时辰我们要去啦，也都晓得，这就是所谓的"断天下之疑"，断就是判断。如果要问《易经》这一门学问是干什么的？就是下面这答案——"以通天下之志，以定天下之业，以断天下之疑"。但是我们必须能够到达"无思""无为"的境界，要能"寂然不动"才可。如果没有到达这个境界，那只好靠依通啦！因为自己不可能会有神通的，依通就是靠卜卦了。

退藏于密

> 是故蓍之德圆而神，卦之德方以知，六爻之义易以贡，圣人以此洗心，退藏于密，吉凶与民同患；神以知来，知以藏往，其孰能与于此哉？古之聪明睿知，神武而不杀者夫。

"蓍之德圆而神"，拿蓍草来讲，蓍草长得很怪，它整个的心是圆的，很圆、很硬、中间有孔。空灵代表了"无思""无为"。这种草跟竹子差不多，竹子是空心的，蓍草也是。我们民间有两句话："人要实心，竹要空心。"就是这个意思。蓍草中间也是空的，所以说圆而神。

卦呢？"卦之德方以知"。德是讲性能，"方以知"，方代表四面八方，无所不到，我们画的卦具有最高的智慧。"六爻之义易以贡"，六爻就是我们卜卦用的爻，每一卦有六爻，六个步骤。六爻的意义是"易"，容易的易，你懂了《易经》根据程序来判断，是很容易的，这就是《易经》卜卦依通的解释。但是学《易经》不要走到邪路去了。光是会卜卦、能够知道过去未来，充其量不过变成一个碟仙而已。光现神通就错了。大家要注意啊！《易经》这门学问，你修到最高能够神通了，那还不算到家啊！

那么要修到什么程度呢？"圣人以此洗心"，要回转来！这是道心。自己心里什么都没有，空啦，洗练自己的内心，归到最高的圣洁的境界。"退藏于密"，我们宗教家——佛家、道家功夫到了极点，能够成佛、成仙，就是做到这点，"洗心，退藏于密"。所以你们学佛、修道的要注意啊！还要修到能够"洗心，退藏于密"，反转来一点一点地减，减到了最后，什么也没有了，达到"寂然不动"的境界。可知修到有了神通还不算数，要再进一步到无神通那就是道了。有神通就是用，是用之于神通。如果只要想卜卦知道过去未来，那你就邪门了，已经错了。这里告诉你："圣人以此洗心，退藏于密。"洗心就是学佛修道的空"念头"、空"思想"。真正得了道的人，一定能"吉凶与民同患"。

真正得道的人，不但不用神通，而且灾难来时能够躲得开也绝不躲。在佛学的名词这叫做"应劫"。劫数一来，该杀头的时候，便伸出头来让人杀，痛快地杀，这就是得道的人。真正得道的人，跟普通人一样。为什么呢？"吉凶与民同患"。民不是光指老百姓，而是一切众生。用现在的话讲，就是好的、坏的，大家共同平等，不因为自己有神通、有本事，而享有特殊的遭遇。所以耶稣肯钉上十字架，无论如何，总算是真的圣人。因为他流出来的血是红的，同我们一样，那是痛苦的。如果功夫到了，流出来的血便是白浆，这在道家很多。不过没有关系，我还是很恭敬他，因为他真正做到了"吉凶与民同患"。耶稣最后不但没有怨恨，他还要说："我为世人赎罪。"真了不起！就凭这一句话，他就有资格做圣人。这也就是《易经》的道理，"吉凶与民同患"。所以真得道的人，不会现神通的。

最高的智慧

"神以知来，知以藏往，其孰能与于此哉？"得道的人都很平凡，他们有道也不会表示出来，一切能够前知，但他不用前知，所以古人说"先知者不祥"。一个人有神通、有先知，是最不吉祥的。我们中国文化还有一句话"察见渊鱼者不祥"，眼睛清明到水里头有几条鱼都看得清楚，这个人就糟糕啦！先知者不祥，所以万事先知的人多数都是不得善终的。有神通的人，佛家的戒律是"戒不用"。假使要用，那他就差不多啦，大概准备死啦，因为他已变，不是人了。

一个真得道的人最平凡、最普通，就是"吉凶与民同患"。但是他能不能知道过去未来？他全知道，这就可以叫圣人。等于我们一个人有钱有地位，肯到贫民窟里头过贫民一样的生活，去帮助他们，同他们完全一样，这才是有道之士。可不是因为你穷惯啦，觉得跟穷人住在一起很舒服。那是你命苦，没有命来享受富贵。一个人在绝对的富贵中做到"与民同患"，便等于地藏王菩萨所说"地狱未空，誓不成佛"的道理。实际上他早成了佛了！因此，他有资格坐在地狱里头，所以地藏王菩萨是很伟大的。不过伟大得小了一点点，如果他还不是地藏王菩萨，他还没有菩萨的境界，而能够真正坐在地狱里头："好啦，你一定要下地狱，我来跟你一起受苦。"那就更伟大，那虽不是菩萨而更菩萨了。

所以说，这个道理要搞通，才知道《易经》"神以知来"的道理。换句话说，未来的虽然都已知道了，但更重要的是"知以藏往"，从内心到脑子里却是什么都不知道，这才是最高的智慧。什么智慧呢？知道一切，最后到了一张白纸一样，什么都不知道，这就是圣人的境界，就是"神以知来，知以藏往"。一切都归于没有，一切都藏了起来，跟一般人一样，那才是最高的智慧。

但是一般世俗的聪明人没有不喜欢表现的，尤其是喜欢知道别人不知道的，却不知道"察见渊鱼者不祥"的老话。假设我们全世界到处都是特务，工作的世界处处都隐藏着机密，像做生意一样，调查、搜集、输入电脑……在这种情形下，大家更是想要知道你所不知道的。知道未来是很危险的，历史上因前知而丧命毁家的大有人在。真正能够一切都前知了，却要能够"知以藏往"，变成什么都不知道，才是最高明稳妥的。

所以他说《易经》这样一种学问，"孰能与于此哉？"谁能洞彻这种学问？谁能够达到这种境界呢？谁能知过去未来，而又等于完全不知不用？谁能做到该倒霉的时候就去倒霉，自己绝不逃避呢？如果因为自己有前知便躲开了，那不行！那不是圣人。

神武不杀的圣人境界

所以什么叫圣人？大家都问：我们中国为什么标榜孔子？因为他绝不逃避困难。尽管也有很多人骂他，尤其是他碰到的那些道家人物，像楚狂接舆等，大家都在挖苦他，挖苦得很厉害。有一次小学生跟孔老师失散了，学生找老师找不到，碰到一个叫蓬萌的——就是现在公寓大厦的管理员，问他见到老师没有，他说："什么老师呀？""就是我老师孔子。"他说："啊！那个家伙！"学生说："就是那个鼻子大大的，头上平平的那位老先生。"他说："啊！那个就是孔丘啊！"学生说："是呀，就是他。"蓬萌说："我看到他啦。凄凄惶惶，如丧家之犬。"那个"丧家之犬"骂人骂得很苦呀，变成野狗啦，没得人家收留的狗。有收留的狗虽然没有牛肉吃，但也还有点冷饭吃。没有人收留、在外边到处乱跑的狗，就是丧家之犬。道家就拿"如丧家之犬"来骂孔子。因为那时天下大乱，大家都劝孔子算了吧，一个人是救不了的。但是孔子不变初衷，明知不可为而为之，他只尽其在我，尽他的心力去做。这就是《易经》的道理，圣人之道，明知其不可为而为之，明明知道救不了，也一样要救。所以《易经》这个精神，孔子说谁能做到呢？

"古之聪明睿知，神武而不杀者夫！"我们上古的老祖宗是得道的圣人、对人类有贡献的、绝顶聪明的人。聪是耳朵灵光，明是眼睛好，脑筋好就是聪明，但不是智慧，智慧不是聪明，那叫睿智，后来就叫慧智，佛家叫智慧。它不是从脑筋好来的，不是聪明，那是天纵圣人。"聪明睿知，神武"！中国的老话"有文治者，必有武功"，文武要双全。读书读得好，风一吹就要倒的人，碰到一点小事情哎哟一声大叫，比女孩子还害怕，那就没一点用啦！中国古代的教育，都是文武合一的。大家看中国古代的人物，像孔子呀，孟子呀，没有身上不带武器的。但是有武不用，有功夫不用。很多人学了功夫，一辈子都不用，都没有打过人，这样可以，但是不能没有功夫。"古之聪明睿知，神武而不杀者夫！"人可以有本事，一手可以把天下人的头像切萝卜一样切光，有这么高的本事。但他却是永远慈悲人家，永远是爱人的。有些人认为慈悲就是窝囊，认为我慈悲人家是我窝囊，没有英雄气概，也有人认为那不是慈悲，是没有本事。究竟如何呢？

我们大家都知道，佛家有一句话说"放下屠刀，立地成佛"。大家也都会引用，尤其那些学佛的，更是如此。我说：不要吹牛，你们那个刀呀，连剃头刀都不如，不要说自己看到了刀就怕，连看到太太拿起厨房的切菜刀都会发抖的，你哪里还有资格去拿屠刀呀？放下屠刀是指那些拿着刀砍过许多人头的人，然后忽然不干了，看到那些被杀的太可怜了，慈悲心发，放下屠刀，不再杀人。那是慈悲！你连杀人的本事都没有，说你慈悲放下屠刀？那是胆小人打架说的："你有胆子站在这里不要动，我回去叫我哥哥来，看你怕不怕。"说着就跑啦！那是不行的。

所以说，《易经》这一门学问所代表的中国文化的精神是：有神通而不用，不但不用，还要"退藏于密""无思""无为""寂然不动"。尤其无所不知，能知过去未来而"吉凶与民同患"，同普通人一样，非常平凡，这才是得道的人。谁能做得到呢？他没有说是现代的人能够做到，只有推崇古人："古之聪明睿知，神武而不杀者夫"！有这个条件，便快要修养到成佛境界、得道的境界了，快有资格可以去当上帝了。我们大家想修道，先要考察考察自己这块材料，是不是又聪明、又睿智、又神武、又不杀。

领导人的条件

天地间真正的圣人都是很平凡的，不平凡那就不是圣人；以不平凡显示他是圣人的，他不是圣人。因此下面又讲到做领导人要具备的条件。

大家要知道，《易经》是帝王之学、领导之学。以中国文化传统来说，古代的明君必须深明此道，都要懂这个学问，才能做一个明君贤王。所以真正做领导的人必须：

明于天之道，而察于民之故。

上明天道，要把自然现象、宗教哲学，一切都搞清楚。因为懂得天道，就懂得了宇宙之道，然后才可为君，才可以领导万民。不过这个天在古文里代表了好几种意义，有形象的天堂的天，也是这个天；形而上那个本体的道，也是这个天；人的心，我们的良心，我们一般所谓的天理良心，也是这个天。有时候这个天是抽象的，有时候是实际的。这里所谓的天道是指形而上的，包括了有形的天文，像天上的星星、月亮等。我们一般所谓的太空，不是形而上的，这个太空还是形而下的，因为它是可以看得见、摸得着的。什么叫形而上的呢？人类知识不能到达的那个，就是形而上的。《易经》告诉我们，要明了天之道，明了天不可知的一面，才能够懂得人生社会，懂得人民生活一切的事物，包括人类的思想等。

中国圣人的"齐"戒

> 是兴神物,以前民用。

所以一个领导者要懂得帝王之学的《易经》,懂了这个学问,便能够创造物质文明,给人民创造幸福。现在科学的发展差不多到达了"是兴神物"这个境界。近来很多人专门研究中国上古史,发现在我们上古史中,也有很多令人解不开的神秘处,像大禹治水等等,都有兴神物的能力,像是石头可以赶起来跑路,山可以自行搬开等。各位要知道,那个时候我国人口那么少,大禹九年中把全中国水患治平、水利弄好,的确是不可思议的事。在那个时候,要治理中国的水患,你需要动用多少人力啊!而那个时候整个中国的人口不会超过现在全台湾的人口。那么大的水利工程,那么辽阔的面积,怎么办?在我们上古史上说,大禹到了哪里,不管是石头还是山,大禹王只要用手一划,叫它开开,它就开啦,要把这座山搬开,一句话山就自己搬开啦,要把石头赶起来跑,就赶着跑啦……关于这些神话多得很,这就是"是兴神物"。

兴神物干什么?神物是利人的,贡献社会的,这是人民的福利。"以前民用",在圣人们看来,人民的福利才是最重要的,"是兴神物",给人类利用。所以得道圣人了解了这个学问,达到了"兴神物,以前民用"这个境界,以后己身便"退藏于密""寂然不动"。有了这种功夫和修养,它的作用是什么呢?

> 圣人以此齐戒以神明其德夫!

智慧到了最高处,人情世故、天文地理都通了,通了以后怎么样?通了以后的人,做人更要小心。"齐戒"就是斋戒。读古书,这个"齐"字很多地方读"斋"。我们看古书有"齐庄中正"这句话，"齐"就是斋。什么是"斋"呢？斋就是心理精神作用，所以叫心斋。吃素不是吃斋，吃素是不吃荤，不吃荤也不是不吃肉啊！不吃荤是无荤，像大蒜、韭菜呀，这些都是荤的。出家人为什么不吃荤呢？因为荤含有刺激性，会刺激人的生理，容易使人起欲念，所以出家人饮食要无荤。荤是草头的，不吃肉是另一件事。一般人把不吃肉叫做吃斋，那是讲错啦！什么叫做斋？斋就是心灵的一种境界，"无思也""无为也""寂然不动"，这个境界就是斋。大家要注意啊！我们讲中国文化，千万不要跟着一般人的错误讲法。

"戒"呢？真正到达了己身"退藏于密"，内外改变了，心境不被外物所动摇，不被外面环境所影响，所以"齐"下面是"庄"。这个"庄"就是庄敬的庄，是"庄重"的意思。无论是修道人或是我们一般人，生活态度都非常重要。一个人能够不受外界的影响，这个时候的心至中至正，所以说"齐庄中正"。这就是中国文化的作用，四个字包括了一切宗教的祷告在内了，是不落形式的。所以圣人到了这种程度，懂了一切过去未来以后，变成更谦虚、更小心，就是"齐戒以神明其德夫"！自己越是斋戒得清静，神通越大，自己本身也越到达神明的境界，明白了天下一切事物。这个样子你的德业便更进步，你对人类的贡献也更伟大了。

这就是《易经》的学问。孔子在这里不但告诉了我们《易经》的学问，也告诉了他个人研究的心得成果，以及学《易经》的最后目的，更指出了人生修养的最高境界：齐戒以神明其德夫！

变与通

下面我们讲"用"。

> 是故阖户谓之坤，辟户谓之乾，一阖一辟谓之变，往来不穷谓之通。见乃谓之象，形乃谓之器，制而用之谓之法，利用出入，民咸用之谓之神。

阖户谓之坤，辟户谓之乾。坤卦代表阴，也代表地，也代表女性；乾卦代表阳，也代表天，也代表男性。乾坤两卦代表的很多，物体里边黄金、玉、冰也是以乾卦作代表，像釜、布、文也是以坤卦作代表。"是故阖户谓之坤"，把门关拢来就是坤；"辟户谓之乾"，打开了叫做乾。换句话说，乾卦是放射性的。两扇门阖起来就是坤，打开了就是乾。一阖一开，一收缩一开放，好像一紧张一松懈一样。

但是一关一开之间，卦就在变了，就是一般所谓的变卦。人生的道理就是这样，不过我们自己不感觉、不注意罢了。我们每一分钟、每一秒钟都在变，不但我们身体在变，思想也在变。像刚刚答应你的话，过一下便后悔了，这就是变，所以说"一阖一辟谓之变"。这个宇宙间的万事万物，随时都在变化之中。天地间没有不变的事、没有不变的人、没有不变的东西。就是因为我们人不懂得这个道理，凡是好的大家都希望它不要变。像人类的感情，我们都希望爱河永浴，希望它不要变；年龄也希望不要变，永远青春等等。可见人永远都是那么愚蠢！如果我们懂了这个道理，知道天地间没有不变的事物，变是当然。不变？没有这回事！认为不变，那是神经病、是梦想！天地间的一切一定要变。所以孔子说"一阖一辟谓之变"。因为变，才有过去无始，未来无终，无始无终，都在变化中。

"往来不穷谓之通"，不变的东西都是死掉了的。不过大家要知道，这个"死"，也是个假定的名词。《易经》的道理，天下没有不死的东西，死也是变化的一种现象。"死"的本身也是一种变化，尽管它死了，但它还在变，不停地在变。人死了，肉会烂，骨头也会慢慢变成灰尘、变成泥巴，泥巴又变成东西，又活起来啦……这一切都是在变。所以说我们现在生活在这里，每一秒钟也都在变中，我们的生命也是变出来的，是青菜、牛肉、鱼虾、五谷、辣椒、盐巴……变出来的，我们的生命随时在变——大便、小便、流汗、生病……这都是变；我们又变成青菜，青菜又变成我们……吃素的是青菜变的，我们一般人是肉变的，天地万物随时随地都在变中。"往来不穷谓之通"，一变就通，所以变就谓之通。

学《易经》的人，一切事情要晓得"变"与"通"，不晓得变与通的人，不要学《易经》，因为他看一切都认为是呆板的、一定的。天下没有这回事！因此天地万物在变化中，看得见的我们就叫它象，现象，"见乃谓之象，形乃谓之器"。现象里头有固定形体的物，我们叫它"东西""器具"。而能够懂得物理的变化、精神的变化，把它制成一个东西，供人民使用的，这个就叫做法则，所谓"制而用之谓之法"。甚至于做生意也一样。做生意的人把没有的变成有，把无用之物变成自己的财富，这就是有眼光，能够看得到，所以说"见乃谓之象"。

我个人就有个例子。一九四九年我本来想到香港看一看，然后到东南亚走一趟。后来遇到一个朋友刚从东南亚回来，他就跟我讲了很多情形。我说算了，你已经看过了，我就不要再看了，东南亚这个"象"我已经知道了。我说听说一位朋友在香港，可怜得走投无路，准备跳海自杀啦。谁晓得半年之后他发财了！现在有钱得很。我说为什么会这样呢？他说这就是《易经》的道理，变而通的。我问他怎么变出来的？他说他逃出来时，连衣服都没有换的，身上长满了虱子。忽然他运气来了，美国人做了一个生化试验，要用虱子。但美国人身上很干净，根本不会长虱子，到哪里找虱子呢？所以便在香港登了一个要买虱子的广告，被他看到了，就干脆培养虱子,一瓶一瓶高价卖到美国去。最后他变成养虱子的专家,一下子就发了财啦!……我们听了就大笑,真是运气来了,这就是"见乃谓之象"。看得见、会动脑筋。"形乃谓之器,制而用之谓之法",没有用的东西,经你动脑筋,变成有用了!就是这个法则。这也就是"往来不穷谓之通"的道理。

"利用出入,民咸用之谓之神。""利用"本来是个好名称,但是现在很糟糕了,一提到这个名称便很难过!我们的社会道德,多半因为"利"而使它堕落得一塌糊涂。非常可悲!不过大自然界里的万事万物,普通人看到没有用的废物,乃至丢弃的东西,但对人类却会很有用处,看你有没有这个智慧,知不知道利用,会不会利用而已!譬如原子弹爆炸,我们怎么来躲避原子尘呢?最好的方法是钻到垃圾堆里,那就是对原子尘最好的防护!可是现在的垃圾都送到内湖烧掉了。说起来也是很可惜的,万一发生了原子战争,垃圾也就变成宝贝可以救命了,只看你会不会利用它。"利用",一出一入之间,这个法则懂了,"民咸用之谓之神"。人类本身如果善于运用这些,那你这个普通的凡人,就变成神啦。所以《易经》、佛经都是智慧之学,看大家怎么来利用它,并且怎么能懂得它的变通,那就是神了。

你我的太极

> 是故易有太极,是生两仪,两仪生四象,四象生八卦,八卦定吉凶,吉凶生大业。

太极本来是《易经》的名词,后来被道家引用了,于是有些人便误以为太极是道家发明的。太极是什么呢?太极就是个圆圈。你们打太极拳的太极,在没有动以前,这个圆圈是空的,这就是太极。太极在没有动以前，什么都没有，一爻未动。这个时候佛家就叫做空，是形而上的。"寂然不动"，可以叫它太极，也可以叫它没有极。后来有一个人又创了一个名词，你打的是太极拳，我的拳比你的还高明，叫无极拳。其实也不用去创造，"太"字便包括了一切。

讲太极的历史，道家的历史称太极有五个名词：太易、太初、太始、太素、太极。"易有太极"，太极一动，就生出两个东西了。学《易经》的人都懂，万物各有一太极。这个原则大家要把握住啊！像看风水啦，就离不开这个太极。风水很难看呀，必须懂得万物各有一太极，我这里有个太极，你那里也有个太极。每一个人本身也就是一个太极，每一种自然界的物也各自有一太极。懂得太极，才能谈其他。这个太极，就像移形换步，换步移形。譬如说我坐在这里，大家看到我的像是这个样子，我朝东走一步，这个现象变啦！我再朝西走一步，像又变啦！每一步的现象都不同，自然它所产生的作用也变了。万物本身各有一太极，太极里头又有一太极，现在我们这个课室里头也有一太极。

你说这个人好好的，他的胃生病，那个太极已经出了问题。所以万物各有一太极，移形换步。没有动以前，什么都没有，还是一太极，一动便成了两仪，"阴"与"阳"。譬如我的手不动便没有事，一动就有阴有阳，有了阴阳就生四象：老阴、少阴、老阳、少阳四个现象。什么是老？就是到了极点，老啦，太老就要变。老就要再生些年轻的，因之又有了少。老阴老阳、少阴少阳，四象就生出八卦，八个现象就这么来了。我们从伏羲六十四卦次序图下面看，横图下面是白的，什么都没有，那就是太极。一动就生阴阳，就有黑白，再上面一层就生四象，四象就变八卦，八卦就变化出来六十四卦。

伏羲六十四卦次序图

这个图表面看是从下面变上来的，其实不是，是从里面变出来的，是太极一动而发生的，就是这个图案。大家要运用《易经》，必须懂得这个原理。由四象就生八卦，由八卦就定吉凶。由八卦的现象看到有好、有坏，没有第三样事——不好不坏。所以懂了《易经》以后，便知道天地间只有两件事："吉"或者"凶"，没有中间的不凶不吉。不凶不吉是没有的，如果有，那便要归到太极，"寂然不动，无思无为"。那是不阴不阳、无阴无阳，那个时候什么都没有了。

说到这里大家要知道，吉就是一定的好，凶就是一定的坏吗？不一定。吉凶就生大业，万事有好就有坏，乐极生悲，那是必然的道理。悲剧也没有一定的坏，也许会更好。所以一个人失败了，失败不一定就是痛苦。你懂了以后，也许感到失败还蛮好的，还很愿意接受这个失败，这就是所谓的"吉凶生大业"。这个道理要搞清楚，才可以谈卜卦、谈神通。由此可知天下的事没有绝对的好，也没有绝对的坏。从这里我们可以了解，老子的道理、孔子的学说，都是从中国《易经》里边出来的。老子曾说"道生一"，道就是太极，没有动以前还是太极，一动就有一；一生二，有了一就有两个；二又生三，两个就变成三个；三生万物。只讲三爻。道生一，有我就有你；一生二，两个人一结婚便生出来三；三生万物，一路生生不已，生下去便有了万物。

大富大贵　以利万民

是故法象莫大乎天地，变通莫大乎四时，县象著明莫大乎日月。

什么叫"法象"？象就是宇宙的法则，宇宙的现象。挂在那里最大的图案就是"天地"，"天地"最大的变化就是一年的春夏秋冬，万物都脱离不了大自然的影响，所以说"变通莫大乎四时"——春、夏、秋、冬。这也就是八卦所代表的现象。

"县象著明，莫大乎日月"，"县"就是"悬"，这个现象悬在太空中，不需要用仪器，肉眼都看得很清楚，那就是太阳与月亮，也就是坎离两卦。

崇高莫大乎富贵，备物致用，立成器以为天下利，莫大乎圣人。

孔子讲到人文哲学的现象、人为的社会的现象，也就是乾坤两卦的作用了。人都要求这两样东西："富与贵"。"富"，财富集中在我手里；"贵"，把我架得高高的。我们中国"富贵"这两个字用得非常之好。富了一定贵，贵却不一定富。算命的就晓得，有些人命很好，但他是"清贵"，贵是很清的，官做得很大，一毛钱没有。我们历史上有很多大官，死了连棺材都没有，要靠朋友凑钱来买棺材。像宋朝的岳飞当了大元帅，满朝文武认为岳飞家里多少会有几个钱。但是岳飞被杀抄家，除了几本破书外，什么都没有，这就是清贵。所以贵不一定富，我劝你们还是去做生意，不要忙着做官。

富了自然就可以贵。

可是五经中《尚书》里边所说的五福，就是我们过年写对子的"五福临门"的五福，里边就没有"贵"字。不过大家要注意，《易经》所谓的"崇高莫大乎富贵"，不是指我们现在所说的富贵。譬如说一个人学问好，这是他知识上的富，这不是金钱所能买得来的，你再有钱也买不到，没有办法。他的道德高，也不是用金钱买来的。所以"富贵"两个字大家要先搞清楚。这里所谓的富贵，是广义的，不是指狭义的财富和做官而言，因此说最崇高伟大的是富与贵。一个人充实到某一个程度就是大富，大富当然是贵重的、值钱的，是无价之宝了。

懂得了这个道理，所以"备物致用"。具备了万物，但这并不是说我富贵了，家里边什么东西都有，才叫做"备物"。备物是真正达到了大富贵，世界万物皆备于我，是本有的，因为我们本体里具备了万物，具备了万物而能够起用。"立成器以为天下利"，譬如科学家很富贵。我讲的科学家是指发明科学的科学家，不是现在的科学家技术家。现在的科技是真正发明科学的人发明的，但是这些人都是很可怜的。像有名的艺术家死了以后，一张画也许可以卖几千万，但是当他活着的时候，连饭都没得吃，说不定还是饿死的。你说他的富贵在哪里？他的价值是在死以后，他死了后很富贵。

这也就是说明，要能对百万人有利才是"备物"、才是"富贵"、才是"立成器以为天下利"，才算是万物皆备于我。然后建立一样有用的东西——就像科学家发明一样于万民有利的东西一样，这就是事业。它可以使天下万代后人都得到你的利益，这也就是功德。

这一种崇高的智慧谁做得到？当然"莫大乎圣人"，就是得道的人。譬如我们身上穿的衣服，就是黄帝的妃子嫘祖发明的，她发明养蚕取丝。有人说麻将也是女性发明的。据有人考察，发明麻将的高手是李清照。那个时候不叫打麻将，叫打马吊。为什么叫打马吊呢？当时北方征来的骑兵部队到南方打仗，把马上的将军吊下来，就叫打马吊。据说如此。

圣人寻宝

探赜索隐，钩深致远，以定天下之吉凶，成天下之亹亹者，莫大乎蓍龟。

这一段是讲卜卦的作用，也可以说就是我们前面所讲神通中的依通。"赜"（音 zé）是指看不见的那一面，幽深神秘叫赜。"探赜"就是探讨它，把它抓出来，"索隐"就是探索、向里边挖，挖到后边隐藏的、看不见的，让它看得见，就是"探赜索隐"。下面四个字"钩深致远"可以作它的注解，就是把那个最远大最不可知的那一面，彻底地了解了。"以定天下之吉凶"，就用这么一个小方法，而决定天下大事的好与坏。"成天下之亹亹者"（亹音 wěi，不倦的意思），"亹亹"，有很多搞不清楚的东西，摇摆不定。等于我们仰头看天，看到一个高山顶，看得久了，会看花了那个境界，那种境界叫做"亹亹"，也可以叫做伟大的伟。"成天下之亹亹者，莫大乎蓍龟"，用龟壳、蓍草来卜卦，看似是个小玩意，真研究起来，这个里头作用太大啦！下面就讲卜卦的作用。

是故天生神物，圣人则之。天地变化，圣人效之。天垂象见吉凶，圣人象之。河出图，洛出书，圣人则之。

一枝蓍草、一个龟壳，都是天生的神物。"圣人则之"，则就是效法，让我们去效法，宇宙万物都是给我们效法的。人类很多的智慧都是看了生物学来的。譬如打太极拳，是效法鸟跟蛇打架来的。蛇跟鸟的战争，在山上久了的人，也难得看到一次，尤其是大蛇跟老鹰打架！你站在那里看，如果你懂了武功，真会悟出一套武术来。那个蛇那么长，那个鸟飞下来抓它，怎么都抓不住，可是蛇要抓鸟也抓不住，那个鸟一下来，蛇那么一扭，那个尾巴就缠过来了，那个鸟就得赶紧逃，不逃被它缠住了就不得了啦。结果两个打来打去，谁也碰不到谁。太极拳就是看到蛇跟鸟打架摹仿来的。

很多人类的智慧能够对人类生活有贡献，都是受生物界的影响来的。但是人就没有办法做蚂蚁。蚂蚁可以倒着爬，我们人倒过来不能爬。可是也有人拼命练这种功夫。功夫容易练，就是观念忘不了，因为我们人有空间的观念，假设真达到没有空间的观念，身体不受空间的影响，就可以倒转来走路了。

"天地变化，圣人效之"，可见《易经》的学问并不是那么神秘、稀奇，它是观察万物来的，是科学的。天地生万物，我们人有聪明来效法万物的作用，产生我们生活的方式。天地有变化——像阴阳的变化、四季的变化……圣人就效法它，来设定人与人之间的关系等等，以和谐社会与人生。"天垂象，见吉凶"，上天有现象，如日月盈仄、刮风下雨，圣人们从这些天文上的现象，来察看人事的吉凶。所以圣人们对于上天那些寻常或不寻常的现象，那些足以影响我们人生和谐与平安的现象，加以记录、研究，教育后世的人。"圣人效之"，效法它。这里边就有卜卦的道理，用数理、算术的方法来推测人事的吉凶。

九与十的变化

"河出图，洛出书，圣人则之。"伏羲时候，河里边出来一匹龙马，背上驮了一个黑白点的图，当然不是像现在书上这么整齐。是不是这样，现在很难考据了！不过相传如此，大家就叫它河图。伏羲氏就是看了河图而画八卦。大禹的父亲因为治水不成被杀了，儿子大禹又出来治水。那时候，我们中国全国都泡在水里。古代的神话说，禹感动了天地，于是洛河（在河南洛阳）里边出现了一只大乌龟，背上驮了一个图案。大禹看了以后，便悟道了。大彻大悟，悟到了物理的自然法则，因此他有了神通，终于把全国的水患治平了。文王后天八卦就是从洛书里获得的灵感。所谓河图洛书，这个白点、黑点，一个用九，一个用十，是数理哲学最高的运用。九、十的变化，"圣人则之"，圣人效法而发明了很多宇宙物理，改善了人类的生活文明。

> 易有四象，所以示也。系辞焉，所以告也。定之以吉凶，所以断也。

"易有四象，所以示也。"四象就是老阴、老阳、少阴、少阳。做什么呢？"所以示也"，示就是上天把宇宙的自然法则告诉你，你有智慧就可以懂啦！

"系辞焉，所以告也。"《易经》本来都是图案，后来经过文王、文王的儿子周公、孔子这三位大圣人，用文字把它说出来，用文字著作《易经》，叫做《周易》。"系辞焉"，就是在卦图下面挂上这些文字；"所以告也"，明白告诉你什么原理。

"定之以吉凶，所以断也"。他说你了解了，拿这个图案及文言的道理，就可判断一切事物的吉凶，便可以断定自己的生命、前途等等，作为参考，这就是系辞的作用。

第十二章　自天佑之　吉无不利

易曰：自天佑之，吉无不利。子曰：佑者助也，天之所助者顺也；人之所助者信也，履信思乎顺，又以尚贤也。是以自天佑之，吉无不利也！

子曰：书不尽言，言不尽意。然则圣人之意，其不可见乎？

子曰：圣人立象以尽意，设卦以尽情伪，系辞焉以尽其言，变而通之以尽利，鼓之舞之以尽神。

乾坤其易之缊邪？乾坤成列，而易立乎其中矣，乾坤毁则无以见易，易不可见，则乾坤或几乎息矣！

是故形而上者谓之道，形而下者谓之器，化而裁之谓之变，推而行之谓之通，举而措之天下之民谓之事业。

是故夫象，圣人有以见天下之赜，而拟诸其形容，象其物宜，是故谓之象；圣人有以见天下之动，而观其会通，以行其典礼，系辞焉以断其吉凶，是故谓之爻。

极天下之赜者，存乎卦；鼓天下之动者，存乎辞；化而裁之存乎变；推而行之存乎通；神而明之存乎其人；默而成之不言而信，存乎德行。

孔子的宗教哲学

这一章是上传的总结论。这个总结论可以说是《易经》对宗教的总评价，也就是对大家信宗教、求神、求菩萨、卜卦、算命的总结论。《易经》不是迷信，是破除迷信，同孔子说的大同精神是一致的。

易曰：自天佑之，吉无不利。子曰：佑者助也，天之所助者顺也；人之所助者信也，履信思乎顺，又以尚贤也。是以自天佑之，吉无不利也！

孔子首先引用大有卦上九爻的爻辞说："自天佑之，吉无不利"。大有卦就是火天大有。上卦为火☲下卦为天☰，就是火天大有䷍。这一卦上九爻的爻辞讲了"自天佑之，吉无不利"。从表面上一看，是上天保佑，大吉大利的卦。"子曰：佑者助也，天之所助者顺也，人之所助者信也。"这就是孔子宗教哲学的意义！世界上多少人都想求上帝、神、菩萨的保佑。孔子说，没有那么简单，菩萨、神不是傻瓜，你给他跪一下，他就保佑你啦！没有那回事。人人都求上帝保佑，上帝太忙啦。两边打官司，都要请他保佑，上帝也不晓得保佑哪边好。尤其我们大家拜菩萨、拜神，花最少的钱，求很大的愿，所求的事情太多了。你想想，一个人花上一二十块钱的本钱，买串香蕉呀、蜡烛呀什么的，所求的就是发大财呀、升大官呀、保佑平安呀……很多很多，天下有这么便宜的事吗？

所以孔子说"佑者助也"。佑就是保佑，本省话就叫保庇，保佑就是保庇。他说"天之所助者顺也"，上天有菩萨有神灵，是顺其善道而助之，不是说你烧炷香、磕个头，菩萨就保佑你了。大家都知道，西藏都是信佛的，照说应该没有土匪了！结果一样有土匪。西藏土匪抢了人，马上到菩萨面前忏悔说："下次不再抢了"；到了下次照样抢，抢完了又去跪下忏悔："以后不抢啦"……这样子就不是顺了。"人之所助者信也"，人要想求上天的保佑，必须先自助而后人助，这绝不是迷信，不是求神拜佛就可以得到上天保佑的。所以"天之所助者，顺也；人之所助者，信也。"要有了信誉，别人才帮助你，人若没有信誉，谁肯帮助？人都如此，何况菩萨？

何况上天？

因此要"履信思乎顺，又以尚贤也"。"尚贤"，就是要能向善，便"吉无不利"了。所以要想得到上天的帮助，必须要从自己先把人做好。"履"，古文就是走路，本来是指鞋子，后来引申为走路。"履信"，自己做人要自信信人，要自强自立，自己为善。"思乎顺"，思乎上天之意，上天有好生之德，是至善的。这是天意，天意是止于至善的。所以我们中国古人讲"天心至仁"，天心是仁爱的。

"又以尚贤也"，这是注重贤德的行为，自己能够尚贤有善行，才可以得到天的帮助和保佑。现在一般性宗教，大家都是在向神明行贿，好像菩萨上帝也都在贪污一样，而且善男信女们行贿还不花本钱，只要跪到那里磕两个头，散会了哭一场，上帝就会保佑你。这个主意完全错了！一定先要懂得自助天助的道理。自助人助，这是中华文化的精华所在。所以人能够自己尚贤，才可以得到上天的保佑，这样才是大吉大利，无所不利。这是孔子解释大有卦上九爻爻辞，而对《系辞》上传所下的结论，也是孔子《易经》宗教的教义，是永远不偏向于迷信的教义。

没有声音的语言

子曰：书不尽言，言不尽意。然则圣人之意，其不可见乎？子曰：圣人立象以尽意，设卦以尽情伪，系辞焉以尽其言，变而通之以尽利，鼓之舞之以尽神。

"书不尽言，言不尽意"，这是孔子的名言。天下的书本，不管是圣人的经典（圣人的书本叫经典，普通人的叫书本），还是任何书本，都不能完全表达出来它真正要说的话。我们讲的话并不足以代表我们的意思。有时候一句很好的话会变成坏意，被对方误会了。所以我们讲话往往会有词不达意的情形。人类的文字语言，不管英文、中文，任何一种语文，到现在还很可怜，也还不能表达人类真正的意思。假使真能表达意思，人与人之间就不会有误会了。文字语言不但不能表达人类的意思，更不能表达一切生物内在的思想，它只是一个临时用的符号而已。

这个符号的使用也有很大的限制领域。人与人之间的讲话，不一定是只靠嘴来讲，还要靠表情。譬如我们看到一件惊骇的事情，会大声地惊叫"哇"；看到一件好事，也会同样发出"哇"的一声。同样是一种"哇"的声音，它所表现的意思，还要看那个人的表情，甚至他的肌肉、眉毛、眼睛、手势等。一个人讲话，全身都在讲话，可见文字、语言并不能完全表达人们的意思。

二十几年前的时候，大家主张用录音机传播的教育法。我说没有用，假使录音机或扩音器可以教育的话，世界上便不需要有人教书啦！世界上发达国家教学用录像机、电视来代替人，还是隔了一层。现场就不同了！因为教育除了言语、态度等等以外，还有一种讲不出来的感受与力量。这个道理很多古人都讲过，孔子在这里就特别提出来："书不尽言，言不尽意。"

书是由许多的文字集合而成的，文字语言既不能表达人们的真正意思，所以做学问，了解一个东西很难。根据"书不尽言，言不尽意"这两句话，我们便知道不少史书是不可靠的。历史上说的多是假话，只有人名、地点是真的，内容却不一定是真的。但是小说呢？正好相反！小说说的都是真话，可是那个人名、地点却是假的；那个事情好像也是假的，可是人类的确发生过那样的事。所以我是主张看小说的，而且我认为一个不读小说的人，恐怕也是一个永远不懂人情世故的人。我们小时候读书，一方面读很古老的古书，一方面也偷偷摸摸地读小说。像我们小时候读小说，是摆在抽屉里的，《易经》是摆在桌子上面。父亲坐在后边，两眼瞪着。

我们嘴里念的是"书不尽言，言不尽意"，眼睛看的是《红楼梦》呀，《三国演义》呀，等等。读小说的确有好处，我是极力主张看小说的。很多家庭不准小孩看小说，我的家里是小说教育，在家里功课可以马虎，小说不能不看。不过孩子还没有成人之前，要看什么小说，要先问我，我看了才告诉他可不可以看。有些小说不是不可以看，是要等你年龄到了才能看。

圣人之意

历史上有许多事情说不清的。写历史的人除了文献不全，事理难明外，还受了很多客观环境的影响。像司马迁写《史记》，要藏之名山，传之后人，就是一个例子。所以研究起来很困难。有时候研究历史也非常可笑，这个就是"书不尽言，言不尽意"的道理。那么照孔子提出来的观念来说，"圣人之意，其不可见乎？"也就是说我们读的这本书——《易经》，不是永远没有方法了解了吗？准此，那么一切古圣人、佛、上帝、耶和华等，真正的意思是什么？我们人岂不是也永远不能了解了吗？

孔子的答案是"能"，有办法了解。他特别推崇《易经》，他说这个语言文字固然不足以表达圣人的意思，但是"圣人立象以尽意，设卦以尽情伪"。卦就是图案。有时候言语文字不能完全使人懂，还必须要靠图案来了解，借图画来表达意思。这就是古人为什么要用图案来替代文字语言的道理。

现在我倒很欣赏美国人、日本人研究《易经》，都变成图案、漫画来研究，更接近事实。我曾经看过一本书叫《日文精华》，上边就有那么一幅漫画：太阳照得大地很光明，火在天上燃烧，旁边注了个卦名，就是天火同人卦，上面是天，下面是光明。这就是"设卦以尽情伪"。但是要想把这个发生的思想情绪、内外、真假统统讲清楚的话，光靠卦与图还是不行，必须还有文字。图案与文字配合，才能真正表达圣人的意思。所以说"系辞焉，以尽其言"。卦和爻下面有文字，这个文字就叫系辞。

我们古代所谓的古文辞，是用的这个辞。现在很多人评论一篇文章时，说它的文"词"如何如何，这个"词"是诗词歌赋的词，是专称、特称。词又有各种不同的调子。诗有一定的规矩，五个字一句就是五言诗，七个字一句就是七言诗。把诗的长短句联起来变成词，也叫"诗余"。诗余也是一个专用的名称，是一种独特的文字体裁。一般文章里边的文句就叫"文辞"，但是现在如果我们写成这个"辞"，年轻人看了往往会给你改成诗词的"词"。有时候看了真教人感慨万千，所谓"无可奈何花落去"。实在教人无可奈何！如果你要把它改过来，他反而说我们错了。究竟是他错还是我错？就不知道了。

说到这里，大家就可以知道，辞就是文句。卦下面挂上文句"以尽其言"，是要完全表达卦的意思。所以文字的意思，就是把我们的思想、意思，变成无声的语言，再由语言变成文字。仅仅文字也还不够，还要图案，跟我们现在讲话的图案一样。身体的动作、脸上的表情等就是讲话的图案，所以哑巴讲话，用的就是国际通用语言的手势。手势也是画，也是图案。那么这样够不够呢？还不够，还要能"变而通之以尽其利"，才能发挥它的作用。

文字、言语加上卦、图案，还不够，大家还要研究卦的意义，还要懂得变通。不是呆板地执著这个卦辞，文王怎么说的，孔子怎么说的，就此完了，那是不一定的。等于算命卜卦，某一个解释对某人有利，换一个人就不利，这个中间就要知道变通了，要能"变而通之"，才能"以尽其利"。可是"鼓之舞之以尽神"，那就难了。鼓舞当然不是打鼓跳舞，那是个形容词，很难解释。鼓是充满、升华，最高的智慧。拿现在的话来讲，就是你充满了智慧，达到最高点、升华啦！这样才懂得"神"。

神,我们前面已经解释过了,神不是菩萨,也不是上帝,宇宙间有个看不见、摸不着不可思议的东西,中国的文字就叫它神。

念佛珠与乾坤圈

下面是孔子在上传的总结论中,告诉我们研究《易经》要特别注意乾坤两卦。孔子说:

> 乾坤其易之缊邪?乾坤成列,而易立乎其中矣。乾坤毁则无以见易,易不可见,则乾坤或几乎息矣!

"乾坤其易之缊邪?"邪就是耶,不是邪(xié),古文中这两个字是通用的,不要把它当作妖邪的邪,那就错了。邪就等于我们白话文叹气的声音,"啊呀"一样。这句话的意思是说,乾坤两卦是易的根本,这两卦的内涵,蕴藏就很多了。《易经》的内蕴,特别要注意乾坤两卦的变化。过去我们发给大家很多图表,像十二辟卦、方圆图等等,都是从乾坤两卦开始。乾坤两卦研究通了,学《易经》就好办了,所以孔子说"乾坤其易之缊邪?"

"乾坤成列,而易立乎其中矣。"所谓成列,大家看下面这个图:

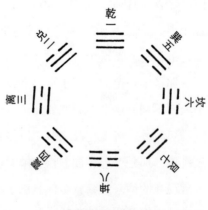

伏羲先天八卦图

这是伏羲先天八卦图,乾一、兑二、离三、震四,一个行列在左边;巽五、坎六、艮七、坤八,另一个行列在右边,合起来好像一个苹果一样。乾坤两卦分列两边,实际上不是两边,乾坤是两个圆圈,像佛教出家人用的念佛珠。道家呢?不用这个东西,用两个圈圈就是乾坤圈。乾一、兑二、离三、震四是阳面;巽五、坎六、艮七、坤八是阴面。方图圆图,各有各的行列,横图呢?太极生两仪,两仪生四象,四象生八卦,八八六十四卦,从下面一路发展上来。下面大,上面小,而且多,就像植物一样。一颗小的种子一变就变成森林,这样叫做成列。照这样看,乾坤两卦的列就很多啦!现在,我们把先天图假设成平面来看:

伏羲先天八卦平面图

乾为天,兑为泽,乾与兑配,就是天泽履,翻过来就泽天夬……依次类推,列表如下:

乾为天	兑为泽	天泽就是履卦
乾为天	离为火	天火就是同人卦
乾为天	震为雷	天雷就是无妄卦
乾为天	巽为风	天风就是姤卦
乾为天	坎为水	天水就是讼卦
乾为天	艮为山	天山就是遁卦
乾为天	坤为地	天地就是否卦

243

配就是把它组合起来，古人就叫它配卦。第一卦是乾，乾为天。第二卦为兑，兑为泽。乾与兑配就是天泽履。第三是离，离为火，乾与离配就是天火同人……依次乾与巽配就是天风姤，这是一列。如果翻过来组合呢？兑为泽，泽就是海洋，兑与乾配就是泽天夬，依次离与乾配就是火天大有……巽与乾配就是风天小畜。像这样的成列，有很多的变化跟应用，列表如下：

兑为泽	乾为天	泽天就是夬卦
离为火	乾为天	火天就是大有卦
震为雷	乾为天	雷天就是大壮卦
巽为风	乾为天	风天就是小畜卦
坎为水	乾为天	水天就是需卦
艮为山	乾为天	山天就是大畜卦
坤为地	乾为天	地天就是泰卦

乾坤就是这样的成列，大家要弄清楚，你把这些搞清楚了，将来观察一件事物，就不仅只是看一点、一面了，便会从多方面的观点、多方面的角度去了解多方面的事物。所以孔子说，"乾坤成列而易立乎其中矣！"

地球的轮回

你懂了这个道理，易的作用——天地的作用，就在这个中间起了变化。所以孔子告诉我们，要研究《易经》，乾坤两卦要搞得非常清楚，"乾坤毁则无以见易"。我们生在天地之间，上面有虚空，下面有地球。如果没有天地，就没有人跟万物，这是事实的现象。研究《易经》，乾坤两卦的重点要把握住。不懂得乾坤两卦的妙用，也不会懂《易经》。所以说，"乾坤毁则无以见易"。乾坤如果没有了，也不需要研究《易经》了，人类一切的文化也都不需要了，因为空嘛！"空"，什么都没有了。易既然不可见，《易经》的道理、学问、哲学都没有啦，人类文化便也根本没有了，那么这个宇宙又回到了冰河时期，回到了空的境界，回到了天地没有开辟以前的世界。因此说"乾坤或几乎息矣！"

不过要注意啊！孔子这段文字有一个深义，很深的道理。"或几乎息矣"！"几乎"息不是真的息灭啊！宇宙是永远不会死亡的，地球毁了，另一个世界又会出来。不能说人死了，就一切都完了。这个生命是无穷尽的，第二次还会回来，第三次也会回来。不过第二次回来不一定跟第一次来时一样了，或者女人变男人，或者男人变女人，或者变别的，都不一定！这就是轮回的道理。世界上没有真正死亡的东西，这是中国文化《易经》的哲学，所以叫作"生生不已"，以至于永远永远。我们中华文化认为，世界上永远没有死亡。

中国文化永远站在早晨，看太阳出来，是生生不息的。它是站在妇产科的门口看人出生的。一下出来一个，一下又出来一个，都很高兴。实际上生死、毁灭与成功，只是像天气一样，像早晨与晚上一样，是一天的两头。中国文化是站在没有死亡的地方，永远站在生的这一面，人生永远看的是明天，没有今天。今天的一切的成就，如果以为很满足了，那你就要下去了，快没有用了。今天的成就不算数，只有明天，永远的明天，所以《大学》上说"苟日新，又日新"。

之乎者也

所以孔子在这里也特别强调，乾坤真的会毁灭吗？孔子在这里用了两个虚字。我常常告诉同学们，写文章要懂得用虚字，不管中文外文，懂得用虚字才是好文章。这个虚字看似不相干，孔子写

《春秋》的笔法就叫做"微言大义","微言"就是虚字,在文章里看似不相干,好像可以拿掉一样的虚字,但是关系很大。譬如说孔子这里用的微言:"则乾坤或几乎息矣"!就是这样。"或几乎"?如果不懂得虚字,几乎个什么呀?

这就等于赵匡胤当年做了皇帝出来视察,看到城门上写了四个字,我们姑且说它是"台北之门"。赵匡胤骑在马上,一边走,一边考验他那个秘书长陶毂。赵匡胤本来并不想用他,但是找不到更好的秘书长。他一方面讨厌文人无耻,一方面也实在找不到一个文章好、可以用的人,就只好用他了。他说城门么,为什么四个字?只写什么门就好了,为什么还要"之门"?陶毂说:皇上,那个"之"呀就是助语词,用来帮助语言的。赵匡胤就吼道:书呆子就知道那个之乎者也,助得个屁!什么助呀!

在这个地方,那个"之"字可以拿掉,可以不拿掉,这是真的。但是像孔子这一句话:"乾坤或几乎息矣",这几个字绝不能拿掉!微言里面有大义,几乎、也许、或许、差不多。差不多是死亡,但没有死亡;差不多快成功,但还没有成功。不懂虚字,你就看不通它的真义。所以这种虚字要特别注意!虚字在孔子的文章里经常出现,孟子也善于用虚字。虚字用得不好的文章不能看。现在的白话文不用之乎者也,却用了呢吗啦呀,也是一样。有时候多用一个"的"字,或者少用一个"的"字,就差得很远,大家要懂得这个道理。

有情世界

"形而上"是个哲学名词,大家都很熟悉,最初还是孔子提出来的。什么叫形而上?再看下面的话,你就懂了。

> 是故形而上者谓之道，形而下者谓之器，化而裁之谓之变，推而行之谓之通，举而措之天下之民谓之事业。

孔子接上文说："是故形而上者谓之道"。所以形而上者，万物都有形象。上帝在没有鸡没有蛋以前，究竟是个什么东西？先有鸡呀先有蛋？不管你鸡也好、蛋也好，只要你有了蛋或者有了鸡，已经是形而下了。形而上的，你说上帝创造万物，那谁创造上帝？所以上帝是形而下的。如果说上帝是上帝外婆造的，那上帝的外婆又是谁造的？外外婆是什么？哪个是形而上呢？这就是哲学问题的形而上，称这为本体论。

"本体"也是假定的名称，孔子说的那个东西就叫做"道"，中国人思想所讲的道，就是那个看不见、摸不着的形而上。"形而下者谓之器"，形而下是有了万物以后，就叫做器，"器"就是物质世界、物理世界。所以西洋哲学家柏拉图就说，这个世界有两种世界，一是精神世界，一是物理世界。

在佛学内分的世界更多，物理世界又叫器世界，一切生命叫有情世界，国土世界也是器世界。还有一个叫圣贤世界。圣贤世界就很难得了，是得了道的人另有他们的国土，他们的世界。佛学分世界比希腊哲学分得更详细，更严重了。

中国文化的道

"形而上者谓之道"。我们中国文化里头所谓的道，是代表了本体。读古书尤其看到这个"道"字、"天"字，特别要小心，这两个字错用的地方非常多。这句话是说形而上的这个代号叫做道，在宗教方面讲就是上帝、菩萨、佛呀等等。有时候这个道是代表宇宙间的法则或原理，有时候这个道就是我们行走的道路，有时候我们讲到人文的道德规律，也叫做道……都是同一个道字，意义却有如此的不同。我们看老子的"道可道，非常道"，应该如何去解释？这就要命啦！这三个字要怎么道呢？"道可道"，有人就解释第一"道"字为形而上"道"的道，可道的"道"字就是可以说，是说话的道字。我说你错啦，他说没有错呀，我们看中国古代的书，说什么人"道"，就是什么人说，某某人讲说，就是某某人道。我说你注意啊！我们中国古书讲话，把"说"称为"道"是唐朝以后的文化。某人讲话，说某人"道"，小说上说某某人"说道"，都是唐朝以后才通用的，唐朝以前少有这种说法。春秋战国时候是"曰"，孔子曰、孟子曰，现在国语我们念曰（月），春秋战国时候不念"月"，念"呀"，就叫"呀"，闽南音广东话就对啦！用我们现在的国语，不能读中国书的！倒是真正读中国书，要用闽南话，或者广东话，比较接近古音。现在苗栗、新竹讲的话为什么要叫做客家话？就是因为过去换了朝代，那些人不奉新朝的正朔，不用新朝的年号，就一路向南方撤退，到了广东、到了福建，当地人因为他们是中原来的客人，就叫他们客家人。如果用我们客家语研究唐宋时候的文化，就有用处了。这类例子很多。

"道可道"这个道字，就是代表形而上的"道"，形而下就是指这个器世界，物理世界。根据西方现在所谓的宗教哲学来讲，认为宇宙是神所创造。这个说法是靠不住的，我们随便举例来说，不但是外国，东方也是一样，天主教说宇宙是上帝创造的，我们中国人说天地是由盘古老王开辟来的。我们小时候就常听盘古老王开天地的故事，当然我们以前也知道这是神话，所以在过去的戏词就叫"扁"古老王开天地。为什么我们叫扁古老王？这里头有个笑话。从前有个人有三个女儿，老大老二嫁的丈夫都很有学问，只有三女婿有点傻。有一次老丈人过生日，三个女儿女婿都回去拜寿，小女儿很发愁，两个姐夫学问好得很，像自己丈夫这个样子回去，恐怕会很丢人。三女儿就教他，如果岳父问你什么人开天辟地，你就讲盘古老王开天地。但是教了三天三夜还是记不住，太太没有办法，就弄个盘子给他挂在脖子上，如果岳父问起来你就摸摸盘子，就知道是盘古老王，表示很有学问的样子。到时候老丈人真的问他什么人开天辟地？他果然忘记了，便摸摸盘子，盘子是扁的，傻女婿忽然灵机一动说，"扁"古老王开天地。后来大家就叫他扁古老王了，这是一个笑话。

中国古书里边所绘的伏羲皇帝盘古老王图，头上两边像一个山峰一样，有两个角。这个是有道理的。根据人类进化学，过去人比我们聪明，脑子比我们发达。我们过去形容小孩子很聪明，说他"头角峥嵘"。过去人据说脑力特别发达，很强。我小时候听老人传说，上古时候天体跟地球是相通的，人可以随便过去玩，天神也可以过来玩。后来因为人太坏了，天体就跟地球的距离越来越远了。这种神话，东西方都有类似的说法。你把它综合研究了，会发现人类从形而上到形而下的思想，都有相通之处。因为上一个冰河时期的演变，才把东西两半球及世界上很多地区分裂开来。慢慢地文字也不同啦，语言也不同啦，其实都是一个来源。

现在孔子讲形而上道，形而下器，这个东西很难了解。于是我们中华文化里头，就有《易经》这一门学问的出现。《易经》这一门学问，对形而上与形而下的关系，以及宇宙来源的究竟，"化而裁之"。不但知道它的变化，而且更重要的是"裁之"。跟裁缝做衣服一样，你把它剪裁得好，会变成一件很好的艺术品。所以文章思想、人文文化都是"裁之"。化而裁之谓之变，这个中间你要晓得变化。变化是什么？是宇宙变化的法则。也就是说，要能确定它变的过程、动力、轨迹、趋向是什么……这个完全要靠你的智慧来研究，这就是《易经》的学问。

割舍之难

讲到这个地方,大家可以知道我们中国文字的运用是非常高明的。譬如说孔子周游列国,到了晚年没有办法在外面混啦,只好回到老家去,办个补习班打发时间。《论语》记载孔子回来的感叹说:"吾党之小子狂简,斐然成章,不知所以裁之!""吾党之小子狂简",这跟现代青年一样,现代青年就犯这个毛病。孔子说我们家乡盼我回家,教教我们齐鲁的后生小子,他们都很聪明,也很优秀,但是"狂简"。把天下事认为太容易太简单啦,这实在太狂、太不知道天地高厚了,这是不好的。

"斐然成章",也会写文章,有思想,但是这个中间,中心思想他还拿不定,不晓得仲裁。譬如民主自由与中国文化政治的关系,这个中间,东方、西方,要怎么样才能合于中国国情?就要"化而裁之"了。不晓得"裁",就不能适合我国之用。有时候一篇文章写得很好,但是不晓得裁简,便失去了铿锵有力的气概。

我还有一个经验,年轻的时候,也很自负,自己从小便名闻在外。可是我经过一次教训以后,以至到现在我还不敢写文章,一辈子都不敢写文章。在青年时候,有一次做文章,我的老师还是前清一位翰林公,他说你呀,文章才气真好,就是不晓得裁简!我说每篇文章我都经过仔细修正过。他说你犯了个错误。我说请示先生,我的文字犯了什么错误?他说"悭吝"。这使我最不服气啦,我个性里边是个最不悭吝的人。我说"先生之言疑似过乎哉?"老师你讲我这罪名太重了吧?他说你不懂,我讲你悭吝,是你在文章上不晓得舍,你不懂割舍,就是不晓得裁。他说你每次碰到好句子,自己不肯丢,怎么样也要想办法把它放在文章里头,整篇文章是好的,你这个句子也是好的,但是加到这篇文章里,便成老鼠屎了。

看来割舍很难呀!

我听了以后,惊出一身冷汗,非常感激,真的非常感激,佩服极了。这的确是我的毛病,被他指点出来,一点都没有错。我说先生我懂啦,这几句我就是舍不得。他说,你不能舍不得,你要决心丢掉,用到别的地方多好,用到这一段里边,用到这一篇里就不对了。

写文章就是这样,很多人写文章,我看了常常感觉是有好句,没得好文。有些人不仅会写古诗,白话诗也写得很好,句子也很美,但全篇连起来看,就成了抹脚布了。那真是没有味道!这就是写文章的诀窍,也是经验。有时候自己写东西,常常思想里出了好东西,好东西就舍不得丢,明明是写一篇政论性的文章,却非要把些文学性的句子加进去,那就完啦。就是这个道理。

推的哲学

所以说,"化而裁之谓之变"。这个变很难,有时候觉得这些句子不必要,但却把它保留;有时候觉得它必要,却硬把它删掉。政治的道理、做人的道理、处事的道理,同《易经》卦的道理是一样的,要化而裁之。这就是变!不过先要通,才能知变、才能处变,否则不能应付一个人生,更不能应付时代。懂得"化而裁之",懂得变以后,"推而行之谓之通",然后,要推行。我们现在只会喊口号,推行什么政策,把推行变成一个口号。要知道推之难,要把它推出去,就要懂得推行这个字。

政治上一个新的措施一拿出来,人们的心都会抗拒的,我们读历史就知道。一个新的政策要推行的时候,当时常遭人反对,反对者的说辞只有四个字:"民曰不便。"民就是老百姓,老百姓反对,不能推行。老百姓很奇怪,任何一个新办法,老百姓一开始都是反对的，不接受，就造反。所以要"推而行之"，把它推出来。要怎样才能推行而通之？这个中间怎么推法？推而行之，现在变成一个专用名词，推行什么政策，你怎么推呀？怎么行呀？现在人只在嘴巴上讲，又不推，怎么能行得通呢？每一件事情，报纸上把法令一公布，天天叫推行，推也推不出，行也行不通，弄得上下互相欺骗，结果就是一推了事。所以大家要懂得"化而裁之"、要懂得"推而行之谓之通"，这就是通才之学。

如何来"推"？这中间就要懂得中国的太极拳了。太极拳的推是圆的，不是直着硬推的，硬推是推不动的，转一个圆圈就把它推动了。一个东西如果直推硬推，要用一百斤的力量，如果换一个方法顺势而推，也许一个指头就推动了，这就是以四两拨千斤的道理。这个中间的巧妙，也就是智慧之学。

千秋万代

"举而措诸天下之民谓之事业"。上次我们谈过，你这个人有没有"事业"，不是你开公司当董事长、当老板就叫做事业。当老板、开店子那是四川人讲的"玩钱"，玩弄金钱而已，那不是事业。要能"举而措诸天下之民"的，才算事业。你的所作所为对于人类社会有贡献，因为你的贡献，能使世界人类安定下来，这才算是事业。这一句话要特别注意，这是我们中国文化对"事业"所下的定义。

所谓"措"，平时我们常说"举措之间""举措不定"，这个"措"不是指措施，是指安定。举措之间能使国家社会都安定了，这就叫事业。所谓一个事业，就是这件事情做了，起码影响五十年、一百年，乃至千秋万世。

现在人很喜欢著书。但是我常常告诉年轻人，现在著书有什么用？没有什么书是值得流传、能够流传的。你看八十年以来，一本书在书架子上放了几十年、舍不得丢的很少。再看古书，你就舍不得丢了。它永远有它的价值。现在的报纸和有些书只有五分钟寿命，甚至连五分钟还不到，人家看了就丢了，看了也不会记得。而有些文章，尤其有些广告文章，一拿到手里连溜一眼也不溜就丢了，还没有三秒钟的寿命。所以"好"就是好，大家会告诉大家，这就是好的文章。真好的东西，要有几十年、几百年，乃至千秋万代，人家还舍不得丢，那才叫做事业。古人有一句话说"但在流传不在多"，能够真流传下来的，它的价值不在数量多。你看诸葛亮的一生，有万古功业之名，文章只有两篇前后《出师表》永远流传下来。诸葛亮的一生，有这两篇文章也就够了。可知但得流传不在多，真正有流传的价值，这也就是事业的定义。

差不多先生

> 是故夫象，圣人有以见天下之赜，而拟诸其形容，象其物宜，是故谓之象；圣人有以见天下之动，而观其会通，以行其典礼，系辞焉以断其吉凶，是故谓之爻。

"是故夫象"，《易经》的卦象，为什么会有这个卦象呢？他说，上古的圣人"见天下之赜"——那个隐秘、奥秘看不见的，有时候要用图案来表示，"拟诸其形容"。一个卦象，譬如天火同人，就它的形象、容貌，把它绘成一个图案，"象其物宜"。每个象的意思，只是个大概差不多而已，象乾为天，真的就是指天吗？并不尽然，差不多而已。大家注意，"象其物宜"，差不多像那个样子，譬如我们照相，照相照出来真正是你吗？不是你。天地间没有一个百分之百准确的摄影。乃至于自己照镜子，看镜子里的自己也不是真的自己。那是镜子里头的影子。所谓"象其物宜",有一点像我而已。我的面孔究竟怎么样,自己永远没法看到,只有别人看到过。镜子里头照的是反方向的,不是自己的真面孔。因此大家算命看相,百分之百的准吗?没有,"象其物宜"!差不多而已,这就叫做卦象,"是故谓之象"。

"圣人有以见天下之动,而观其会通,以行其典礼。"孔子解释《易经》的爻,爻的意义就是交。上古圣人看到天下之大"动",宇宙万有随时都在动,"动"才有宇宙,宇宙间没有一个真正的静态,静态是个假象,大动小动而已。宇宙万有的生命也永远在动,但是动的当中有其共同沟通之处,所以"而观其会通",观察它彼此通会的地方。"以行其典礼",中间找出一个原则、法则,法则就叫典礼,古人这个典,含有"严格""确定"的意思,像摆在那里的一个形态一样。礼就是道理,原理,也是法则。

"系辞焉以断其吉凶,是故谓之爻。"因此在《易经》卦下面系上一些话,就是"系辞焉",做了一些文字来说明,把爻的意思告诉我们,"以断其吉凶"。这种法则,这种现象,就叫做爻。

说到这里,大家要知道,天下的事情是很复杂的,它的变也不是千篇一律的。譬如说,我们现在台湾社会这种情形,这个现象就是昨天、去年的现象吗?不是的,它随时在变。这个变动中间所发生的,往往是小事情大问题、大事情小问题。有时候看来是个小事情,却是天下的大问题,说不定会成为很大的漏子;有时候发生的事情很大,看起来很严重,那却是小问题。所以为政者就要懂得"观其会通,以行其典礼"。这个现象随时在变,发展的前途是好是坏,你事先就要知道。这就是卦象,不需要卜的。所以古人说"善易者不卜"。真把《易经》学通了,不要卜卦、不要算命,一看这个现象就已经知道了,可以断其吉凶了,"是故谓之爻",这就是爻。

一言兴邦

极天下之赜者存乎卦；鼓天下之动者存乎辞；化而裁之存乎变；推而行之存乎通；神而明之，存乎其人；默而成之，不言而信，存乎德行。

"极天下之赜者存乎卦"。要想极透彻、极明白，了解这个宇宙间的奥秘，就要靠这个卦。

"鼓天下之动者存乎辞"。鼓是形容词，充满了就是鼓，闽南语里边好像没有这个音，但是在四川可以随时听到。譬如一个人生气了，四川人不叫生气，他说那个人是在鼓气。河南人也有这种说法。为什么呢？生气肚子就发胀，脸上青筋就会绷起来，这就叫鼓气。四川人经常爱说：哎呀，今天我碰到某某人，一句话逗得他气鼓胀啦！四川的土话"气鼓"，就是这个鼓气，气得鼓胀了，所以鼓是充满、发挥。"鼓天下之动者存乎辞"，使天下的动被发挥、被鼓起来，那就在辞章了。鼓就是发挥、鼓吹，一个"鼓"字对天下影响很大。影响了天下的动态，可见文字很重要。

那么要想知道宇宙的奥秘，究竟靠谁呢？上帝好啊还是人好？答案还是人。就是孔子说的"神而明之，存乎其人"。一切"道"都是人文的，人的价值有如此的伟大，智慧至上！智慧到达了神明的境界。我们闽南语有人称菩萨为神明，就是这个地方来的。"神而明之"是智慧之学，通神啦、真正明白啦，还是"存乎其人"。上帝从哪里来？是人捧出来的，菩萨也是人拜出来的。假使我们都不拜他，他一点也没有办法，所以说没有人的存在，也就没有神的存在了。

"默而成之，不言而信，存乎德行。"到了神而明之的境界，自然达到目的，使老百姓受到影响，这是了不起的圣人。"不言而信"，不需要搞宣传，大家就都听你的，达到所谓万民服从的境界，天下人都归心了。那要怎么样才做得到呢？每个人要从自己做起，要"存乎德行"。最后的胜利是道德的行为，不是手段。手段没有用，用手段最后还是要吃亏的。要想真成功，"存乎德行"才是根本。这就是《系辞》上传的结论。

系辞下传

第一章　八卦成列

　　八卦成列，象在其中矣；因而重之，爻在其中矣。刚柔相推，变在其中矣。系辞焉而命之，动在其中矣。吉凶悔吝者，生乎动者也；刚柔者，立本者也；变通者，趣时者也。吉凶者，贞胜者也；天地之道，贞观者也；日月之道，贞明者也；天下之动，贞夫一者也。

　　夫乾，确然示人易矣！夫坤，隤然示人简矣！

　　爻也者，效此者也；象也者，像此者也；爻象动乎内，吉凶见乎外，功业见乎变，圣人之情见乎辞。

　　天地之大德曰生，圣人之大宝曰位；何以守位曰仁，何以聚人曰财，理财正辞、禁民为非曰义。

大家知道孔子的《系传》分上下两部，《易经》也分上经下经，上经三十卦，由乾、坤开始到坎、离止；下经三十四卦，由咸、恒两卦开始到既济、未济结束（咸，我们过去读为"喊"）。上经三十卦，像一个月三十天的现象，下经三十四卦，另有说法。《系辞》的上传，是孔子研究上经的报告；下传是研究下经的报告。现在孔子把他所看到的下经几个卦的精神抽出来，说明人生的问题。我们扩大范围来讲，也可以说它是人生的哲学，也可以说是领导的哲学，是讲一个人做人的学问。

不动心与权力欲

　　昨天一个朋友来看我，说他看到我的《孟子·尽心章》那篇文章，连着看了三遍，感慨很多。他说："你的看法我很赞成，这样来讲对极啦！从前有些人讲不动心，好像是要把心压着不让它动，那是不对的。不动心是要能做到临事不动心，才是真不动心。"事实上，到了利害关头，这个事业可做不可做？很难下决心。真正的定力，是要在这个时候能不动心，如果能够做到，那么打坐那个不动心，在佛学上讲已是小乘之道，不算什么了。要知道处世之间，危险与安乐，不动心非常难，难得很。另外一个现象，一般而言，大家看活人的文章，不如看死人的文章来得有兴趣。这也是《易经》的道理，"人情重死而轻生，重远而轻近"，远来的和尚好念经，那是必然的。曹丕在他的文章里，就提到"常人贵远而贱近，向声而背实"这两句话。譬如最近美国一个学禅的来了，他原本在美国名气就很大，但经我们把他一捧，"美国的禅宗大师来弘道啦"，中山堂便有千把人来躬逢其盛。如果要我去讲，不会有两百人来听的。要是我到外国去，那就又不同啦！所以要做事业，人情的道理大家要懂，如果这个道理不懂，就不要谈事业。

权力欲与我

前面说过，人情多半是"重远而轻近，重古而轻今"。古人总归是好的，现在我不行，死了以后我就吃香了。像拿破仑啊、楚霸王啊，死了以后就有人崇拜。所以大家要了解人情及群众的心理。人情是什么呢？除了饮食男女之外，权力欲也是很大的，不仅是想当领袖的人才有，权力欲人人都有。男的想领导女的，女的想领导男的，外边不能领导，回家关起门来当皇帝。先生回家了对太太说："倒杯茶来！"太太呢？"鞋子太乱了，老公请你摆一摆……"这就是权力欲，人都喜欢指挥人，要想人没有权力欲，那就要学佛家啦！到了佛家"无我"的境界就差不多了。

一个人只要有"我",便都想指挥人,都想控制人,只要"我"在,就要希望你听我的。这个里边自己就要称量称量你的"我"有多大?盖不盖得住?如果你的"我"像小蛋糕一样大,那趁早算啦!盖不住的!这个道理就很妙了。所以权力欲要控制,不仅当领袖的人要控制自己的权力欲,人人都要控制自己的权力欲。因为人有"我"的观念,"我"的喜恶,所以有这个潜意识的权力欲。权力欲的倾向,就是喜欢大家"听我的意见","我的衣服漂亮不漂亮?""嗳哟!你的衣服真好、真合身。"这就是权力欲,希望你恭维我一下。要想没有这一种心理,非到达佛家"无我"的境界不行。

佛家说的"欲除烦恼须无我",就是要到无我的境界,才没有烦恼;"各有前因莫羡人",那是一种出世的思想。真正想做一番治世、入世的事业,没有出世的修养,便不能产生入世的功业。我看历史上很少有真正成功的人,多数是失败的。做事业的人要真想成功,千万要有出世的精神。所以说,"欲除烦恼须无我,各有前因莫羡人"。人到了这个境界,或者可以说权力欲比较淡。为什么先要把这一段告诉大家呢?因为这是前提。

《系辞》对我们研究《易经》非常重要,在上传中我们讲过八卦成列的道理,八个卦每一卦的发展、变化,都会各自排成一个行列,每一个卦都可以变成八个卦,共成八八六十四卦。由八八六十四卦再发展下去,可以多到不可知数。我们的《易经》文化把卦排列六十四位为止,是因为六十四卦已经够用了,也因为宇宙之数,已经都在其内了。研究《易经》八卦,一定要把六十四卦背熟,每个卦都能画出来,否则学这个《易经》是没有用的。不过你背熟了八八六十四卦,还是没有用的,还要熟到随时想得出、画得出、一提就想得出来,像在你面前一样,这样才能谈到用。

> 八卦成列，象在其中矣；因而重之，爻在其中矣。

"八卦成列，象在其中矣。"这个卦象，这个图案的现象，乃至拿八八六十四卦看宇宙的一切现象，都已经了解了。

"因而重之，爻在其中矣。"先天八卦只用三爻，据说我们老祖宗画卦，画的是三爻卦，到了文王的时候，变成六爻卦。六爻卦就是把三爻卦的图案重叠起来，所以现在我们所用的卦，都是六爻，"因而重之"是把三画卦重叠起来而成的卦。重卦的方法前面我们曾经讲过，不再重复。

把三画卦重叠起来变成六画卦，下面的三爻叫做内卦，上面的三爻叫做外卦。像同一个东西分成两个部分，譬如我们有些人，内在的思想与外在的表现却完全两样。有时候我们问一个人你好不好，他说好、很好。嘴上这么说，实际上他肚子里还在生气呢！有很多事情内外都是两样的，他说好，不一定好；说不好，说不定还很好呢！这个世界上的事物，都有内在和外在的两面。

一切外在的形态，都是从内在滋生而来。譬如你说这两年运气不好，因为你心中有一个东西丢不掉、放不开。如果你心中本来无事，就四季春风，天天太平了。可见内在是很重要的。外卦也可以叫上卦，内卦也可以叫下卦。一般我们画卦是从下面画起，事实上它的意思不是"由下而上"，而是代表了由内而外的一种思想。因为一切事物的发展，都是从内发生到达外面。大家看一个水果摆在桌上，它慢慢烂了，都是由里边先烂，当然也会有因外面细菌感染而由外烂起的。但是我们中国的名言"物必自腐，而后虫生"，许多东西都是先从里边开始烂的。所以说"物必自腐，而后虫生；人必自侮，而后人侮之。"一个人不自重，侮辱了自己，然后人侮之，别人才敢欺侮你。换句话说，你内心有鬼，外面就有鬼了；如果内心没有鬼，外边也不会有鬼了。所以画卦要由内而外，就是这个道理。

由内到外，说明了"物必自腐，而后虫生；人必自侮，而后人侮"的道理。一个社会、一个国家都是这样，自己站不起来，依靠旁人永远没有办法。自己先自侮，没有独立的人格，那就没有办法。所以"因而重之，爻在其中矣"，这就是变化。为什么由先天卦三爻变成六爻呢？爻者交也，爻的变化就在于这个"交"。

善《易》者不卜

> 刚柔相推，变在其中矣。系辞焉而命之，动在其中矣。

"刚柔相推，变在其中矣。"刚就是阳的，柔就是阴的；阴阳互相推排，阳极必生阴，阴极必生阳。阳来了，阴就没有了；阴来了，阳就没有了；光明来了，黑暗跑了。所谓刚柔相推，就是这个意思。阴阳当中互相推排，这中间就有了"变"。宇宙万物随时随地都是这个现象，所以说"变在其中矣"。

"系辞焉而命之，动在其中矣。"研究《易经》的学问，"系辞焉"，指每一个吊在卦下面的文句，就叫系辞，是解释这个卦象的。"而命之"，在这个里边找到它的命题，找到它的主题。"动在其中矣"，变动的道理，就在这个里头了。

> 吉凶悔吝者，生乎动者也；刚柔者，立本者也；变通者，趣时者也。

这里有一句名言，上篇里边我们已经讲过，就是"吉凶悔吝者，生乎动者也"。《易经》告诉我们，世界上只有两个字把看相算命、做人做事都统统包括了，这两个字就是"吉、凶"。如果你一定要说我在家睡觉，就不吉也不凶了，殊不知那你已经是坏了。因为没有好，你躺在那里没有动，但是你的生理已经变了。所以《易经》只有两个字：吉与凶。为什么说吉、凶、悔、吝呢？悔与吝是小的吉凶，所以还是只有两个字，"吉"与"凶"。

悔是什么？是烦恼，心中的烦恼，很忧闷，拿不定主意。吝是什么？很困难，有阻碍，很悭吝，这事情办得很吃力。

吉的背面就是凶，凶的背面就是吉。悔吝呢？是小凶、不是大凶。所以懂了这个道理，不需要卜卦啦。一件事情一开始做就知道结果了，不是好就是坏，没有第三样。一个人去看相算命，八成都是彷徨不定的人。发财的时候，一天忙得不得了，哪有时间去看相算命，生意失败的人、没有办法的人，理发也没有钱，头发长得长长的、胡子也不刮，穿的破鞋子，每天却围着算命摊子转。

所以，我常常告诉有些同学们，我说我教你一套，包你灵，将来你如果没有办法去跑江湖，摆个卦摊子，有人来看相算命，你就说："嗯！你先生最近运气不好，气色不对！"因为他一定有了不对才来问你，所以你讲他气色不对，一定灵。然后他肯叫你算命，你就说他最近会破点小财，这句话也一定灵，因为他叫你算命，一定要花钱，不是破财是什么？所以我说包你灵，你说话本来是不着边际的，他回去想想，"哎呀！算命的话对啦！"如果不对呢？他会翻来覆去地想，担心什么时候会破财，"哎呀，可能是真的！"反正都是对，所以善易者不卜。

恩以生害

世界上的"吉、凶、悔、吝"是从哪里来的呢？"吉凶悔吝者，生乎动者也。"万事一动只有好或坏，没有中间的。你说我不想好，也不想坏，想不动。那只有打坐入定了，才能有所谓寂然不动。只有修道的人才能不动，那才是"跳出三界外，不在五行中"

了。否则一动便有吉、凶、悔、吝，这是圣人的话，孔子的名言。读《易》到这里非常令人赞叹，宇宙人生的道理，孔子统统讲完了，懂了这些也不要再研究《易经》了，"吉凶悔吝者，生乎动者也。"一动好坏就出来了，不动就没事，但是想不动可不容易啊！

"刚柔者，立本者也；变通者，趣时者也。"这两句话，包括了一切人生的大道理。政治的大道理、做人做事的精义都在这里边。刚就是硬的，柔就是软的，刚就是阳，柔就是阴。一个人有刚的一面，也有柔的一面。所以带兵的人要能恩威并济，恩是柔的、威是刚的。但是这句话也要注意，《太公阴符经》说"恩以生害"。你对他太好了，好到极点了，也会害了他。你看历史上反叛你的人，都是你对他最好的，都是你自己培养出来的，绝不是敌人。敌人推翻不了你，每一个人事业垮掉，都是由于自己最亲近的人、最心爱的人发生了问题。皇帝都是死在最亲近人的手中，一个人的事业，也往往败在自己最亲近人的手里。

所以恩里就生害，害里就生恩。譬如父母教育孩子、骂孩子很痛苦，但是等他长大了，才知道你这打、你这骂对他多有用处。用痛苦磨炼人的教育，虽然当时他恨得要命，过后他会越想越对，就是害里生恩。现在你们教育孩子用西洋化的教育方法，我绝对不赞成，处处将就孩子，统统把青年人害了。所以现在青年人没有几个有用处的，都是在温室里养的，"生于深宫之中，长于妇人女子之手"，终究很难有大用处。

二十年前我就讲过，现在我们的教育，第一流的家庭是末等的教育。夫妇都是知识分子，都去工作了，孩子托给佣人照顾，再不然请个保姆，那个保姆的知识程度，未必超过孩子的妈妈，保姆是没有办法才来做保姆嘛！结果呢？你第一等的家庭实施了末等的教育，造成了今天教育的问题、社会的问题。所以今天的教育没有什么可谈的，要谈教育，所有的妈妈都要先回到幼稚园去再教育才行。这不是我在说笑话，我们的教育的确很有问题。

所谓刚柔的问题就是这样，恩里生害，害了孩子的一生；害里生恩，所以要置之死地而后生。但是有时候太刚也不行，太柔也不行。要刚柔相济，恩威并用，才是"立本者也"。不过虽然知道刚柔相济，恩威并用，还要懂得"变通"。"趣时"是把握时代，所以"变通者，趣时者也"。"变通"是把握时代的，如果不把握时代，只认为《易经》才是文化、才是学问，其他世界的一概不管，那又完啦！所以，孔子是圣之时者也！"时者"，就是懂得把握时代。

祸福无门　惟人自召

> 吉凶者，贞胜者也；天地之道，贞观者也；日月之道，贞明者也；天下之动，贞夫一者也。

"吉凶者，贞胜者也。"这里有个原则，不需要迷信，就是中国文化哲学的道理，认为天地间没有绝对的好事，也没有绝对的坏事。好坏事都在于人为，人在于心，所谓"贞胜者也"。贞的意思就是正，心正坏事也不坏了，心不正好事也不会好。所以说"吉凶者，贞胜者也"。讲到这里，想到当年有位朋友，一表人才，相貌堂堂，才华出众，样样都好，就是太风流潇洒了。算命看相，都认为他会官至极品，命相都是第一流的，因此他也很自负。不过后来太过于风流潇洒啦，得了性病，甚至连眉毛也生疮烂掉了，变成了无眉的人。还有什么相？都破坏了，只好上山去了，最后不知所终。这就是我亲眼看到的，我们过去一般的同学谈起这个老兄，都非常怀念，也非常惋惜。他的才华真高，真好，但结果是这样。古人所说中国文化的道理，不是什么菩萨、上帝在保佑你，也不是命中规定了不能变的。我们从小必读的课外读物——道家的《太上感应篇》中就说:"祸福无门,惟人自召。"祸福没有一个是命运规定不变,就是看人自己的作为了。这个道理大家千万要注意。

"天地之道,贞观者也。"这个问题大啦!我们知道唐太宗的年号叫贞观。世界上最迷信的是知识分子,迷信不仅是乡下人,研究科学的人更迷信。我测验了很多学科学的人,跟他们坐在一起,一切都跟着他讲,听他讲完了他的见解以后,你便讲"你老兄呀!最近精神似乎差了一点,有什么问题吗?""真的吗?唉!唉!你给我看看。"他就跟着你来啦,很可笑的。生命中间有一分不可知的奥秘,人人都想知道它,你只要在这一方面指点他几句,他非上当不可。所以古代的帝王特别迷信,年号经常改,甚至有当了二十年皇帝,改了十几个年号的都有。这等于我们当年起名字,我本身就有七八个名字,年轻时很喜欢改名字,有本名,有小名,有谱名(家谱里边的名字),现在还保留好几个,然后有号、有字、有别名,有各种各样的名字,就是为了"贞胜"。但"贞胜"不是迷信,因为宇宙之道是"贞观者也"。

道家的《太公阴符经》开头就说"观天之道,执天之行",这就是根据《易经》来的,这是中国文化。《阴符经》是很古老的书啊!从姜太公手里传下来,观察宇宙天地的道理,一切的法则,重要的依据就是十二辟卦与方圆图等等。由此可以知道宇宙的法则,也就是天文的法则。说到这里,我们就很惭愧,很遗憾了。我们中国的天文学,几千年前是世界上第一位的,现在连一巴掌也够不着。《中国古天文学》这本书在国内已经没有,我们现在已把它印出来了。大家懂了中国的古天文学,就知道观天之道了,宇宙、太阳、星星……同人世间的关系与影响,这就是执天之行。把握了这个原则,就可以修道,可以修到生命的长生不老。这就是我们中国文化所特有的学问。

月球是我们中国的

"日月之道,贞明者也。"这个太阳系里的地球文化,在我们中国文化中特别重视的,就是所谓的"日月之道"。

说到日月之道,我们中国古代有个神话。古书中记载,上古之时"十日并出",十个太阳一齐出来,于是天下大旱,大地快要晒焦了。据说我们有个老祖宗叫后羿的,射下了九个太阳。后羿就是到月亮里去的那个姑奶奶嫦娥的先生。谈到嫦娥奔月,记得美国太空人第一次登陆月球那天晚上,我请一个美国朋友吃饭,同时看登陆月球的电视。当时他很客气地跟我说,他们美国已经上去了,将来太空主权不知道会不会有争执。言外之意,他们已经把国旗插上去了,月球应该是美国的领土了。

我说那不一定,我们中国有位姑奶奶,五千年前就已经去那里住了,你们把国旗插上去,说不定她一觉醒来,扫地的时候已经把它当垃圾丢掉了。他看着我大惑不解地笑,问是什么意思?我说我们中国五千年前就有嫦娥奔月的传说,他听了一阵大笑。事实上我们的远古史很难研究,因为那些似神似幻的神话,没有法子去考证。据历史的记载,后羿的射法很高明,武功第一,当时的九个太阳都是他射下来的,只剩了一个留给我们。

刚才讲十个太阳的事,中国上古史的神话太多,研究中国的上古史,把神话配合每一个宗教来研究,会得到一个结论——世界上的文化,整个的人类文化,都是同一个来源,没有西方也没有东方。因为经过上一次冰河时期以后,这个地球分裂开了,慢慢地语言变化不同,因为地区分裂的关系,文化变成不同了。其实追根究底都是一样,都是同一个来源。但是到现在世界各国你争我抢,杀来杀去,不禁令人感慨"本是同根生,相煎何太急"了。

大千世界的奇观

后来佛学进入中国,境界更广大了。佛学讲三千大千世界,过世的大画家张大千,就是以这个起名的。张大千当过和尚,他自己知道大千世界的道理,才起名大千。

佛学的宇宙观,把一个太阳系称作一个世界。一个太阳系,太阳带领了九个卫星,地球也在内,最近又发现了一个,共有十个,统称是一个世界,一千个太阳系的世界,就叫一个小千世界。我们这个太阳,在这个世界里边是面积最小、寿命最短的一个。但是由这个太阳系统来看,科学家便不得不向释迦牟尼投降了。这就是佛学的高明之处。佛在过去两千多年前曾说:在这个世界里,月亮里面的一昼夜,就是我们地球上的一个月。这句话三十年以前,大家以为是撒谎的,现在人到了月球,证明是真的。还有太阳里的一天,是我们地球的一年,所以宇宙的时间是不一定的,是相对的,人为的,每个地区都不同。就以我们这个地球来说,南半球、北半球就有不同。

各地区的生物也不相同,有些生物早上生出来,晚上就死了,它觉得这一辈子也很舒服,它这一天也是一生。我们的一生也是一生。狗活几年?马活几年?狗的生命观念跟鸟的生命观念不同,因为它们的世界是不相同的。

一千个太阳系统合起来,是一个小千世界;一千个小千世界合起来叫一个中千世界;一千个中千世界合起来叫一个大千世界。这个宇宙里边像这样的大千世界总数至少有三千个,乃至不可知、不可说、不可数、不可尽。现在太空科学非常崇拜释迦牟尼佛的宇宙观,认为完全正确,因为这个银河系统已经不算什么了。在这个宇宙太空里,已发现像我们这个银河系统一样的已有好几千个。宇宙中像我们这个太阳系里能够发亮的太阳、月亮、地球一样的星球太多了，多得不可计算。所以这个宇宙观，我们过去老祖宗只讲到"十日并出"，那已经相当大了。汉朝以后加入了佛教，使宇宙观更扩大到三千大千世界，可见宇宙之大。

不管哪一种宇宙观，都离不开这个太阳系，这就是"日月之道，贞明者也"。我们老祖宗晓得，月亮本身不会发光，月亮的光是吸收了太阳的光而发光，所以它发的光是白影，等于我们的地球一样。月亮同地球放出了另外一种光，不是我们眼睛所看见的这样的光，这在上古时古人已有了这个观念。现在我们的科学尽管发达，也没有跳出这个范围，现代的科学家并没有超越古人"日月之道，贞明者也"的观念。

但是，"贞明"不完全是我们看到的这种光明。世界上有些生物，并不喜欢我们这个光明，而喜欢我们认为是黑暗的那种光明。所以，到夜里这个世界上活动的生命，比我们白天活动的生命，起码多几十万倍。那些生命也是"贞明"啊！我们人类是喜欢太阳光的，所以太阳的光明限于人类，其他的生命大部分是喜欢另一种光明的。不过却有一个相同的原则，那就是都需要光明。所谓黑暗与白天是光色的不同，光的功能则是一个。这就是所谓"日月之道，贞明者也"。

万变不离其宗

"天下之动，贞夫一者也。"我们看《易经》的学问，孔子的心得报告说，"吉凶悔吝者，生乎动者也"，就是动辄得咎。一动四分之一的机会是吉的，四分之三是不吉的。但是这里告诉我们一个结论，动不一定坏，"天下之动，贞夫一者也"。虽然一动四分之一是好的，但是正动却永远是好的。怎么样才是正动呢？这是个大问题了。我们注意，孔子这一篇文章写得特别好。如何是正动呢？下面答复我们正动的道理。

> 夫乾，确然示人易矣！夫坤，隤然示人简矣！

"易"，就是容易的易，大家要注意！"易"有三易，简易、交易、变易。《易经》的学问不要看得那么复杂，它非常简化，"确然示人易矣"！"确然"，就是很正确地告诉你。用白话来说，《易经》的学问很正确地告诉你，就是简化，并不那么复杂。所以真懂了《易经》，那是很简单的。它简化在哪里？就是上面说的三易之道。

宇宙间的事物，都是彼此交互在变化，交互变化的法则，就叫变易。到了宋儒，额外加了一个道理，叫做不易。一般所谓三易之道，是简易、交易、变易，不谈"不易"。以不变应万变，就是根据《易经》哲学来的。一切的变化，变来变去，根本形而上那个东西没有变。没有变的东西，就是"天下之动，贞夫一者也"。这个是不变的，所以说"夫乾，确然示人易矣"。

坤卦呢？"隤然示人简矣"。懂了乾那个法则，宇宙之道非常简化，没有那么复杂。懂了坤卦那个法则，人世间、宇宙间的道理就是"隤然"，很自然，很顺畅。告诉你很简单，这就是简易、交易的道理。所谓"易简而天下之理得矣"！这是孔子写的报告。

乾坤两卦，可以代表太阳月亮，也可以代表男女，也可以代表抽象的阴阳。它是代表天地、阴阳、是非、善恶等的符号。

银河系里的妙音

> 爻也者，效此者也；象也者，像此者也；爻象动乎内，吉凶见乎外，功业见乎变，圣人之情见乎辞。

"爻也者，效此者也。"每一卦有六爻，每一个爻的动，都是效法天地的动。还记得一九四九年刚来台湾，我当时在基隆，过去那位胡适之先生写了文章，说中国文化是静态的文化。很多老先生跑来找我，说你不能不说话。那些老先生几乎要气疯啦，说胡适之胡说。他们带了很多资料给我看，我看真是胡扯，又考据虚云老和尚什么的事搞这一套。胡适之一生专门做些小气的事。我说跟一个和尚有什么过不去的？一个大学问家，应该做的学问多的是，偏偏要研究一个和尚。中国的哲学家就是搞这种事情吗？因此我写了一部书《禅海蠡测》。当然我一句骂的话也没有，就是要纠正那些错误的观念。

中国文化讲宇宙是个动态，整个的生命都是动态。你说那我打坐修道不是静吗？那是大动，不是静。静是人为的，把大动当成了静是不正确的，因为动得太大了，你反而觉得它是不动。等于老子说"大音稀声"，最大的声音，我们听不到。有些微声会使音乐发生干扰，但我们的感官听不到，可是很多生物听得到，科学仪器听得到。银河系里有些声音很美妙，也很怪异。以前我在峨眉山闭关的时候，在雪山顶上，一年总要有三分之二的时间是下雪的，半夜起来打坐，不要说人的声音听不到，鸟的声音也没有，连鬼的声音也听不到。人到了空谷之中，一点声音都没有，住久了连你自己走路的脚声都听得很清楚，所以庄子说"空谷足音，跫然而喜"。在那万籁俱寂、绝对一点声音都没有的境界里，你会害怕的。绝对没有声音，那真会吓死人。因为真正没有声音，那是实在的，那是另外一个味道。

人在孤零零的山顶上住久了，你听到了一个人走路，跫然那个脚蹬一下，啊哟！那真高兴得不得了。庄子把这种情形形容到了极点，真是那个样子。那个时候半夜你静坐下来，会听到虚空中很美妙的音，奇怪得很，那种声音美得不得了，听了连打坐都不想坐了，很想随它动起来。那可不是现在舞台上那种狗呀猫呀的唱法，不是现在的音乐，那真是好极了，就是庄子说的"天籁之音"，也不是神秘性的，我现在回想，那种声音是银河系里反射过来的声音。一个人不一定在山顶，当你打坐静到极点的时候，就可以听到，即使在都市中也会听见。

为什么会讲到这里？这就是交的道理，"爻"就是交。乾坤一动就交，这个里头音声相交、光明相交、视感相交。所以爻、卦是个整体的。譬如我们人体这个卦，身体内部的组织，神经、头颅、五脏六腑、心肝脾肺肾就是爻，爻动就是一个投影。这样一来使我们了解，有些传教士的解释是有问题的。他们说"上帝照他的形象创造了万物"，这句话并没有错。但是我们先要弄清楚所谓上帝是什么？如果说上帝就是乾卦、是个代号，那就对了。那他可以叫上帝，也可以叫其他，那没有什么关系，因为那只是个代号。

中国文化不用神，而用乾，它代表了上帝，举凡这个宇宙的生物、万有，都是它本体的投影。我们的生命是三重的、四重的投影，所以它与本体是合一的。

提到中国文化，司马迁讲学问之道，他把学问的价值提得很高，"究天人之际，通古今之变"，就是司马迁历史哲学的观点。中国历史已经变成宗教了，"究天人之际，通古今之变"，就是宗教的道理。这是第三重，"效此者也"。

"象"，一个卦就是象，"象也者，像此者也"。大家要注意啊！孔子研究的心得报告，卦也不一定用这个画法，你可以用别的符号来画。把卦画成这个样子，是"像此者也"，是差不多像那个样子。等于我们到照相馆里照的相，那个是我吗？不是我，"像此者也"，像我而已。毕竟它不是我，它只是我的投影而已。

人生成败关键

"爻象动乎内，吉凶见乎外，功业见乎变，圣人之情见乎辞。"

这就是人生的境界，也是《易经》的帝王学、领导学。大家要知道，《易经》呀、老庄呀，都是我国帝王领导学中最高的哲学。天下人事宇宙万有，皆见于爻象的动，我们思想一动，就是爻象动；一个念头，就是一个动爻；你思想动了一下，就是爻动了，爻动了就会交、会变。孔子在《礼记·经解篇》中介绍中国文化，说"洁静精微，易教也"。《易经》的学问是宗教的、哲学的。懂了这个学问的人，自己要修养到圣洁——圣人最高境界，便要清心寡欲、静到极点才可。洁静是宗教性的，哲学性的，精微是科学性的，那比电脑还要精密。如果头脑比电脑还要精密，就可以研究《易经》的卦象了。不但要精密，还要通这个"微妙"，所以洁静精微，易之教也。

现在讲到人事。人的意念一动，爻象才动，爻象在内一变，吉凶从外表就看出来了。所以一个人坐在那里，情绪一动，气色就不同了，内在的情绪一动，外面的象就表现出来了。一个团体、一个社会、一个国家，要问它的前途如何，吉凶如何，你只看它内部一动，高明的人已经看清楚了结果。这就是"爻象动乎内，吉凶见乎外"。

注意啊！"功业见乎变"，建功立业，就在你一念之间的变通。一念之动有如此重要，也许是大成功，也许是大失败，没有中庸路线。所以第一等人懂了《易经》，可以领导变；第二等人呢？是适应这个变；末等人则是变过以后，坐在那里骂变。我常常用这个比方看搭公共汽车的人，第一等人把时间看好了，第一个上车，坐在那里睡觉到终站。第二等人车子来了，排队在中间还可以弄个位置坐坐。第三等人公共汽车快要开了，他才挟个皮包在后面追，眼看着汽车放黑烟，嘟的一声开走了，他还在后面骂，为什么不等他！这种人太多了，他就不知道如何适应这个"变"。

"功业见乎变"，这就是大权变之道，佛学也叫权变。权，就是要知道方法来应变；佛学还有个名称叫"权巧"，要懂得巧妙，这就是领导学的四大原则。"爻象动乎内"，由此你也可以了解，为什么我们过去的读书人喜欢讲四书，四书是从宋朝才开始的，《大学》《中庸》原来是《礼记》的两篇，宋朝以后才把它变成经典。但是《大学》《中庸》所讲的，就是领导学的内养之学，所以"知止而后有定，定而后能静"，就是要注意到自己的念动，使自己的爻象、内爻的动，在"贞夫一"的情形下进行。

领导学的奥妙

所谓"齐家、治国、平天下"，就是外用之学，亦即所谓的"功业之变"，这也可以说是告诉我们什么叫领导学。领导学就是做人的道理。假使你把根本做人的道理把握住了，就把握住领导的道理了。什么是领导？人都做不好，还能谈什么领导？像赶公共汽车，跟在汽车后边黑烟里骂的人一样，那有什么用呀！

所以说"圣人之情见乎辞"。上古中国文化中的有道之士，他告诉我们后代的人，这些情意在哪里可以见到？"见乎辞"。你多读《易经》的《系辞》，文王、周公、孔子的《系辞》，你就可以了解了。文王、周公、孔子的情意是中国文化的一环，老子、庄子的文辞又是一环，大家要弄清楚。《易经》的文化非常简单，就在一言之中，一爻之中，这就是"隤然示人简矣"。

我们为什么要讲中华文化呢？世界上所有的宗教都是站在宇宙的悲观面，中华文化不同，它认为宇宙充沛极了。这跟佛教《华严经》看世界是一样的。华严境界看世界是"一花一世界，一叶一如来"，充满了美丽幸福，这个世界是真善美的。即使是死亡，也是一样的可爱，也很美啊！死亡不是不美啊！因为它是另一个面，生是阳的面，死是阴的面，死亡并不是完了、没有了，它还是有。所以一花一世界，一叶一如来。一个太极里头又有阴阳，一个阴阳里头又有太极，所以佛教中华严的境界同《易经》是一个境界。古人懂佛学的，必定懂《易经》，懂《易经》的人，必定懂得华严境界。

大君的统治学

天地之大德曰生，圣人之大宝曰位；何以守位曰仁，何以聚人曰财，理财正辞、禁民为非曰义。

"天地之大德曰生，圣人之大宝曰位。"这个位很难说，位并不是说一定要当皇帝啊！当然拿人事来讲，位就是权位，如果把《易经》讲成大君统治学，这一切就是大君统治的原理了。如果拿大君统治的观点来讲，这个"大宝曰位"的位是很难得的。孔子的一生中，半辈子都是找这个东西，不当其位，没得用。所以《易经》卜卦的原理，就是两个东西，一个是"爻"，一个是"辞"。"位"是什么呢？就是爻变那个机会，也就是现在人讲的机会。"辞"是什么呢？"辞"就是说明，《易经》只讲了两个东西，一个是时间问题，一个是空间问题。作用呢？在易的名称就是时位问题。当时间不属于你、运气也不属于你时，没有用。"位"这个空间不属于你时，也没有用，所以说"圣人之大宝曰位"。

"何以守位曰仁"，仁，就是仁义、仁慈、爱人，就是佛家的慈悲，基督教的博爱，墨子的爱人。"守位"，如何守位？拿近几十年的青年人来说，玩聪明、耍手段，几乎每一个人都可以得博士学位，都是一流的。但是玩玩可以，真要说成就，那一点用都没有！最后成功的人，只有一个具有最高手段的人，那就是诚恳爱人的人，也可以说仁爱、诚恳是成功的最高手段，但要能真做到才可以。

"何以聚人曰财",所以我经常开玩笑说,人是钱做出来的,没有钱不好做人。"何以聚人曰财"?我们中国的古训是"财聚则人散",这个人发了财就没有朋友啦。要人聚便要财散,这要看你走哪个路子了。

"理财正辞、禁民为非曰义"。这就是中国的政治哲学——经济政治非常重要。

孔子说"理财正辞",经济的问题固然重要,精神文明的文化更重要。所以中国《易经》的政治哲学,第一是理财,使有繁荣的经济基础;第二点要有最高的精神文明;第三点人民还要守法。所以说"禁民为非曰义",这样才能建立一个幸福的社会、理想的国家。各位学政治学的,不妨在这方面多加研究。

第二章　包羲氏之王天下

古者包羲氏之王天下也，仰则观象于天，俯则观法于地，观鸟兽之文与地之宜，近取诸身，远取诸物，于是始作八卦，以通神明之德，以类万物之情。

作结绳而为罔罟，以佃以渔，盖取诸离。

包羲氏没，神农氏作，斫木为耜，揉木为耒，耒耨之利，以教天下，盖取诸益。

日中为市，致天下之民，聚天下之货，交易而退，各得其所，盖取诸噬嗑。

神农氏没，黄帝尧舜氏作，通其变，使民不倦，神而化之，使民宜之；易，穷则变，变则通，通则久，是以自天佑之，吉无不利。黄帝尧舜垂衣裳而天下治，盖取诸乾坤。

刳木为舟，剡木为楫，舟楫之利，以济不通，致远以利天下，盖取诸涣。

服牛乘马，引重致远，以利天下，盖取诸随。

重门击柝，以待暴客，盖取诸豫。

断木为杵，掘地为臼，臼杵之利，万民以济，盖取诸小过。

弦木为弧，剡木为矢，弧矢之利，以威天下，盖取诸睽。

上古穴居而野处，后世圣人易之以宫室，上栋下宇，以待风雨，盖取诸大壮。

>   古之葬者，厚衣之以薪，葬之中野，不封不树，丧期无数。后世圣人易之以棺椁，盖取诸大过。
>
>   上古结绳而治，后世圣人易之以书契，百官以治，万民以察，盖取诸夬。

今天，我们来研究孔子的《系辞》下传第二章。在这一章里，首先一个大前提大家要了解，就是这一章与上传六章，合起来是一个大案，其中重要的副题，是讲人类的进化史。前天一位同学还跟我谈到，说中国没有历史哲学，这是笑话。在《易经》里边，谈到历史哲学的有好几个地方，《序卦传》《说卦传》里边都有。这一章里，有一个历史观点提了出来，这是研究人类学、社会学、历史哲学三方面最重要的原则。

包羲氏作八卦

>   古者包羲氏之王天下也，仰则观象于天，俯则观法于地，观鸟兽之文与地之宜，近取诸身，远取诸物，于是始作八卦，以通神明之德，以类万物之情。

"古者包羲氏之王天下也"，要注意这个"王"字，姓王的王字，右上边有个圈点。我们过去读书是以圈点来读音的，现在叫做破音字。这个王字就念成"旺"，与姓王的王一个字两个音。"古者包羲氏"，包字也要注意，包字左角下面打个圈圈，也是破音字，不念"bào"念"páo"。包羲氏是我们的老祖宗，另外大家又称为伏羲氏。在古时的王字不是当皇帝的意思，王是代表文化的兴起，文字的开始。《易经》叙述我们的文化是怎么来的呢？是"观象于天"，根据天文的法则而来。古代这个天文的"天"，包括了太空、气象等等的法则。"仰则观象于天，俯则观法于地。"仰头一看，观察天文。

观字要特别注意，由于老祖宗多少年代的观察，得到了科学的道理，使我们知道许多的科学知识，都是由天体的现象观察而来的。下面是"观法于地"，这个法字是指地球物理的法则而言。拿现在的观念来讲，就是观察地球上各种物理的法则。上观天文，观察天体的现象，下察地球物理各种不同的法则。以及"观鸟兽之文"，再看动物的世界，譬如说老虎身上的花纹，毛是怎么长的，这是对动物的研究。

"与地之宜"，上面这个地（观法于地的地），是观察地球的物理法则。下面"与地之宜"的"地"，是讲土地平面上的各种现象。"宜"包括了很多学问，从地球物理到动物与人乃至地平面上所有的植物、动物，因为生长的地方不同，便有很大的差别。如南方人与北方人绝对不同，长江南跟长江北的人也不同；过了新竹以南的壁虎会叫，新竹以北的壁虎不会叫；北部长的植物与南部长的植物统统不相同，同一种植物，也以生长地区的不同而有差异。

因此，军事家带兵，对每一个地方的人性，都要搞得非常清楚。山东的兵怎么带？广东的兵怎么带？南方的人聪明，但聪明人很滑头，聪明人跟滑头是同一个符号；北方人老实，但老实跟笨是同一个符号。弄清楚了这些，才知道如何善于运用。哪个地方人脾气大，哪个地方人脾气小……人性与生长的地区的确有关系，所以做一个领导人很不容易。

"与地之宜"，古人一句话四个字，假使对这句话作更宽广深入的研究，那就包括很多的学问了，如地缘政治、地质的关系、人性与地域的关系等。就以本省来说，我刚到台湾有很多老朋友告诉我，中南部人看不起北部的人。我问他为什么？他们说北部人很滑头，南部人老实常受欺侮，所以他们看不起新竹以北的人。但是新竹以北的人又看不起他们北部的。他说像文山区的人很凶悍，喜欢打架……这些在历史上也可以找到证明。又譬如日本人把彰化叫恶化。当年日本人统治台湾时,起来抗日的以嘉义、彰化人为最多。日本人对彰化人恨死了,所以就叫它"恶化"。"与地之宜"就是人性跟土地的关系。如果我们观察宇宙,人也是宇宙间的一种东西,跟一棵树、一头牛一样。所以中国道家称人为裸虫,人却自己吹牛,称自己是万物之灵。站在万物的立场看,人是万物里边坏蛋中的坏蛋,人什么都吃,是万物中最凶狠的。人一丝不带光光地来到这个世界,吃尽了这个世界,然后拍拍手光光地就走了。

把"近取诸身,远取诸物"的范围缩小,缩小到从人身体生命开始,再扩大观察天地万物,最后把它归纳成为文化精神的结晶。

"田"字的文化意义

"于是始作八卦,以通神明之德,以类万物之情。"所以始作八卦,开始画成八个图案,这就是中国文字的开始。

伏羲——我们这个老祖宗,究竟是什么时代的人,到现在还很难弄清楚。据考证我们的历史,已经有两百多万年了。我们常说我们有五千年的光荣历史,五千年还是客气话,两百多万年是站在我们神话史上讲的。相传伏羲皇帝是人首蛇身,有很多怪异的事迹。伏羲氏为什么要画这个八卦呢?是要我们后代子孙,可以由这个符号、文字开始,去了解、传达、保存宇宙间的神奇、奥秘。"神"是上下左右四方都通达的表示。大家看我们中国这个神字的写法,神字左边是个示字,是表示的示,这是中国字中的一个部首。我们中国人认识中国字,便要从部首开始。譬如我们查神字是属于什么部,一看就知道"神"是"示"字部。如果我们单独查这个"示"字,却又不同,示是从天字来,所谓一画分天地。宇宙本来是一个整体,人类加上横的一画,就像切西瓜一样一刀切开分成两半,我们的上面就叫天,叫虚空,在我们两只脚底下的就是地,所谓一画分天地，所以一切文字从一开始。

一字上面再加上一横"二"就是上；一字下面加一画"二"就是下，这就是许慎《说文解字》中六书中的指示。"二""二"就是我们中国过去的上下，现在这个"上""下"是演进来的。上面我们抬头一看，太空里边有四条线，太阳月亮的光芒，"示"就表示头顶上有许多神奇的东西。

"示"与右边的"申"字配合拢来就是神。申字是从田字部来的，田是代表土地，"囗"这个方块是一片土地，也就是地球这个圆圈；中间一个十字架，这个十字架就是人类文化的代表了，意思是把土地分成一块一块的。假使这个土地中间的十字架向下走，出了头就是甲，属于雷电的部分，再加两条毛毛就是鬼。如果田字中的十字架向上走，出了头就是由，代表土地上的草，长出来了一点点。

其他与田字有关的字多得很。田字上边加雨，就是下雨了，下雨会打雷，便成雷字。打了雷到土地上，雷便没有了，就消化了，变成了電（电），于是把雷字加一个尾巴就变成了電（电）。到现在为止，我们中国文字真正常用的，也只有三千多字。拿来考试，包括教国文的老师在内，当场默写，能够写出两千字的，恐怕少之又少，不可多得。所以能够认识一千多字，已经学问很好，可以运用了。我们中国文字据清朝康熙时代的统计，约有十万多字，常常运用的只有两三千字，现在《康熙字典》保留的字大概有四万七千多个字，其他字只是偶尔用到而已。

文字语言和卦

上边我们说到这个"神"字，站在这个土地上，上下左右、四面交通，这就是神。宇宙的神秘就这样来，所以叫做神。我们老祖宗画八卦就是要"以通神明之德，以类万物之情"。如果明白了宇宙的原理，四通八达，上通天文，下通地理，中通人事，就是无所不通。我平时常跟人说笑话，逢到人家过分恭维，我就说不错！不错！我上通天文，下通地理，就是中间不通人事。可惜就差那么一点，这是就我个人说的。那么真正要学《易经》，便要上通天文，下通地理，中通人事，又通物理，无所不知，无所不通，然后"神而明之，存乎其人"，就是这个意思。

台湾闽南话菩萨叫神明，这个名称就是从《易经》来的。后来把这个名称变成宗教化了。实际上神明是科学化的言辞，"以通神明之德"，德就是讲它的用，"以类万物之情"，"以类"就是比喻，由这个八卦图案，就可以了解到其他的一切。

《易经》八卦这符号逻辑，究竟代表了什么？假设有人说它是代表阴阳，或者代表人体，那都是错误。这个八卦是一个整体的符号逻辑，什么都可以代表。可以代表一个人的人体，也可以代表其他一切的事物。以人体来讲，古代易学八卦所代表的部位，头是乾卦，肚子是坤卦，眼睛是离卦，耳朵是坎卦等。可是到了内部去用，这八个卦的代表又不同了，所以它的运用是一个整体的符号逻辑，用到哪里都可以，这就叫做"以类"，比喻、比较同类性的万物的情义，比较一切万物的情形，亦即所谓的"方以类聚"。

医技、易理与鬼神

上一次我们讲到十二辟卦这个图案，其中有三段，就是后来道家经常用的医学的道理，是我们真正中医的道理。可惜现在真正的中医太少，一个真正的中医，如果不通《易经》，不通《内经》，不通道家的东西，是没有办法成为一个真正的中医的。现在学医学的人，第一个目的就错了。因为他们不是抱着救世救人的心理去学医，而是为了职业方便，以职业、以赚钱为目的，违反了中国人学医的道理。

其次，现在学医的人只学到了医技——医学的技术，并没有学习到医理，所以，今天能够精通医理的医师很少。我们在这里看到许多学医技的人，但很少看到学医理学的。医理学的医师本来不是看病的，他是为医师们当顾问的。医师碰到一个病人问题解决不了的时候，找医理学的医师。现在学医理学的人很少，多数是学医学的技术，是一个医学的匠人，医理没有办法读。要学中医，必须懂医理，所谓十二经脉所包括的问题和关系等。这个讲起来就很麻烦了，诸位也不是学医学的，我们暂时说到这里为止。

不过大家有学打坐的，经常听到打通任督二脉，学理便是从这里来的。

现在出国留学研究《易经》的很多。外国朋友研究中国文化常问：你们老祖宗是怎么样来画八卦呢？答案就在这里，中国的文化是综合的科学，是人类文明的结晶，包括天文地理、动物植物、一切科学、哲学、宗教等。譬如说"以通神明之德"，可以说是与宗教有关的。究竟天地间有没有鬼？有没有神？我的看法是：假使有上帝，便一定有鬼神，因为有了魔鬼，才有上帝，才有佛菩萨。你说存在，便都存在；你说不存在，便都不存在。《圣经》上说人死后要等到世界末日来时，再接受审判，可见灵魂是存在的了，所以中国人讲鬼神也没有错。假使说人死了没有鬼，那是唯物的。既然没有鬼，这个灵魂不存在，同样的道理，上帝和佛菩萨便也不存在了。至于是上帝好呢，还是佛菩萨好呢？那只是户口的不同，像三十六号好呢？还是七十二号好呢？其实都差不多，上帝与佛菩萨各管各的，都没关系。新年到了，每一家送条火腿，拜拜年，也都不错。所以人家问我信什么教，我说我信睡觉，这就是宗教所谓的"以通神明之德"的部分。所以说，中国文化的《易经》，是综合这许多许多东西而形成的。

人类文化的起源

下面这一段说明了人类历史的发展过程,也是由于古人画卦的作用。为什么我们老祖宗要画八卦呢?大家请看下面这一段:

> 作结绳而为罔罟,以佃以渔,盖取诸离。

"罔"就是现在的网,这一段的主题,就是讲人类社会的发展史、人类文化的起源。上古的人同动物一样,所以道家把人叫做裸虫,裸体的虫。等到我们老祖宗发明了八卦以后,人类文明才慢慢开始。上古没有文字,便结绳而为盟,这就是古人的结绳之治。我们研究人类文化史,都知道上古的时候是结绳而治,就是把绳子打一个结,现在有的少数民族还保持有这种习惯。在大陆上称之为少数民族,我们以前称边疆民族。台湾的山地同胞,三十年前也有这种习惯,他们没有文字,家中挂了很多绳子,绳子上有很多结子。像我们跟朋友有约时,便把它记在本子上,而他们与朋友做一件什么事,在什么时间,便拿条绳子打个结记住,以免忘记。不过,现在要研究这个也真麻烦,因为各地古人的绳结打得不同,高兴的事情和悲哀的事情,结子打得也不同,约会的事同交谊的结子又不同,所以很难研究。现在孩子们打的绳结,也是从这个地方慢慢演变来的。

上古的人是个裸虫,他们同动物争斗,以求生存,杀害别的生命,以维持自己的生命,这个时候的人叫茹毛饮血。说得更明白些,我们古代人跟野兽一样,抓住什么就吃什么,不管是狗或者猴子等其他的动物,只要抓到了,连毛带血都吃下去。所以我们古人的盲肠很长。过去西医有一阵子主张小孩子生下来先要把盲肠割掉,近年来进步的西医已经改变了过去的观念,不再主张随便割掉盲肠了。我们中国人却素来不主张把盲肠割掉,因为盲肠虽没有别的用处，但却专门用来消化毛。所以古人的盲肠非常长。这一点大家要知道。后来人慢慢进步，学会了用网罟打鱼、行猎。在水里边用的叫网，在陆地上抓野兽的叫罟，网是平面的张起来，罟是盖在洞上的，所以说"作结绳而为网罟，以佃以渔"。人类慢慢地知道了用网捕鱼，用罟行猎，这种现象代表了人类文明的开始，这种智慧便是从"☲"卦的启示而来，所以说"盖取诸离"。"离"是太阳，代表光明的开始，人类与其他动物不同，别的动物便没有这一套。猴子过去吃水果，现在还是吃水果，没有进步，人却不同，这就是人类的可贵之处。

从农业到商业

> 包羲氏没，神农氏作，斫木为耜，揉木为耒，耒耨之利，以教天下，盖取诸益。

后来我们老祖宗伏羲皇帝过世了。前面我们讲过，"皇帝"是我们后人叫他的，当时并不叫做皇帝，只是个君长。君字大家要注意，现在的写法是这样，古人的君字是这样的"君"，画起来是一手持拐杖，拐杖下面一个口字，"君"像一个年纪大的人拿一根拐杖一样。这就是象形文字的"君"，后来就用作皇帝了。这个意思是年龄大的人拿了拐杖，很有智慧，很有威望，是领导人的人。后人就把这种领导的人称为君，包羲氏就是古代的君长。伏羲以后的君长，我们叫他神农氏，他发明了农业。我们中国以农立国，便是从神农氏这个老祖宗开始的，他教我们"斫木为耜"。"耒""耜"，住在城市里的同学不容易知道，乡下的同学一看就知道。"耒耜"就是犁地的犁，犁的头部是尖的，叫做耜，犁尖以上弯的部分叫做耒。神农氏发明农业，以教天下，用犁来犁田，既省力又方便。神农氏把这种技术教育民众，这就是我们农业文化的开始。用一个卦来代表，便是益卦。

由农业社会慢慢演变，我们的历史进入了商业社会。慢慢地，人类的需要多了，盐也有了，布匹也有了，于是贸易开始了。

> 日中为市，致天下之民，聚天下之货，交易而退，各得其所，盖取诸噬嗑。

人类有了农业以后，为了各人的需要，于是"日中为市"。在中国大陆，至少一九四九年以前还有这个风气。西南一带叫赶场，北方叫做赶集，南方叫赶墟，西北一带叫做赶屯，这和在晚上去逛夜市，意义都是一样的。这种"日中为市"，或三天一次或五天一次，大家轮流，所谓"致天下之民，聚天下之货"，就是噬嗑。以货易货，就是交易、贸易，易就是交换过来。那个时候还没有货币。货币的开始叫做宝贝，货币是以贝壳来当代表的。我们现在朋友的朋，就是两串宝贝挂在颈上，古人与朋友出去游玩，带两串宝贝大家去吃喝，这就是朋友。这个时候，"致天下之民，聚天下之货，交易而退，各得其所，盖取诸噬嗑"。"噬嗑"就是咬食的意思。上古时候没有文明，文明的开始，是由渔猎社会发展到农业社会，其中经过了几十万年的痛苦奋斗。由农业社会进步到商业行为的开始，又经过了几十万年的阶段。这个时候，我们中华民族的文化还没有建立。上面所说的只是文明的开始而已。文明跟文化是两个观念。文明包括生活发明和生活条件的改善，文化包括文字、艺术、种族思想种种观念的综合。这一点大家要弄清楚。下面是第二个阶段。

变的开始

> 神农氏没，黄帝尧舜氏作，通其变，使民不倦，神而

化之，使民宜之；易，穷则变，变则通，通则久，是以自天佑之，吉无不利。黄帝尧舜垂衣裳而天下治，盖取诸乾坤。

"神农氏没"，过了农业社会这个阶段，"黄帝尧舜氏作"，由轩辕黄帝开始，到了唐尧、虞舜这个阶段。"通其变，使民不倦"，这个时候人口增多了，社会的结构变了，人们的生活不断地进步，领导人运用他们的聪明智慧，教导人们。"神而化之，使民宜之"，要使每一个老百姓，都能适应这种生活方式的改变，人类文化的发展，都是根据大家的需要而来，这就是"宜"。《易经》的道理告诉我们，人类的法则就是"穷则变，变则通，通则久"。天地间没有不变的事情，天地间的一切事情，随时变，随地变。跟我们一样，我们的生理、思想、情感，也是随时变，随地变，没有不变的道理，不变是不可能的。所以社会的形态到了某一个阶段，非变不可，你想保持不变是不可能的。"穷则变，变则通。"所以我经常说，历史上的伟人，第一等智慧的领导者，晓得下一步是怎么变，便领导人家跟着变，永远站在变的前头；第二等人是应变，你变我也变，跟着变；第三等人是人家变了以后，他还站在原地不动，人家走过去了他在后边骂："格老子你变得那么快，我还没有准备你就先变了！"三字经六字经都出口啦，像搭公共汽车一样，骂了半天，公共汽车已经开到中和啦，他还在骂。这一类的人到处都是，竞选落败了，做生意失败了，都是这样，一直在骂别人。所以大家都要做第一等人，知道怎么变，等它变到了，你已经在那里等着了。

所以学了《易经》的人，要懂得这个"穷则变，变则通"的原则，知道宇宙万物都有一个变，自己更要知道来适应变。要想上帝保佑你？没有这回事；菩萨保佑你？也没有这回事。自助则天助，自助则人助。自己不站起来，想靠上帝帮忙，菩萨帮忙，那是傻瓜，那是笨蛋，那是情感上没有办法的人的一种愚昧。人只有求助于自己，任何人都不可靠，世界上没有可靠的人，连你的父母、连你的儿女都不能靠，只有靠自己。真能自己站起来，所谓天人合一，自助则天助，这是中国文化自助人助的道理。愚昧的宗教徒把自己的生命交给另外的人来掌握，交给佛菩萨、交给上帝，自己不做事，靠上帝、靠佛菩萨给他弄饭吃，没有这回事。所以《易经》说"自天佑之，吉无不利"，这样才能大吉大利，所以《易经》的文化完全是人的教育。

如果自己不站起来，指望别人依赖别人，永远是没有出息的人。因此我们要效法我们的老祖宗，学学老祖宗们奋斗创造的精神！

服牛乘马　更上层楼

"黄帝尧舜垂衣裳而天下治，盖取诸乾坤。"这是我们文化的开始，我们人类这个裸虫，由于黄帝尧舜历代祖先的努力，这个裸虫竟穿上衣裳、戴上帽子，成了衣冠动物了。黄帝的妹妹发明了衣服，这就是乾坤两卦，这是另一个天地，另一种文化的开始，开始了我们中华灿烂的文化。人类文明由此慢慢地向前发展。过去我们人与人之间隔一座山一条河，便没有办法通过了，以后又发明了用木头做船，所谓：

> 刳木为舟，剡木为楫，舟楫之利，以济不通，致远以利天下，盖取诸涣。

风水涣是卦的名字，这就是说人类有了文化之后，慢慢进步，晓得把大木头中间挖空，放在水中不会沉下去，这样就发明了船这是水上交通的开始,文明又向前迈进了一步。黄河长江再不会阻碍人们的交往了,于是社会的结构更不同了,社会的形态又改变了,这就是"舟楫之利,以济不通,致远以利天下",人类的文明又向前推进了一步。

可是人类这个裸虫很麻烦,他们并不以此为满足,所以又想出点子。

> 服牛乘马,引重致远,以利天下,盖取诸随。

牛也好、马也好,都被人类降服了,牛替我们耕地,马替我们驮东西,又为我们拉车作交通工具。人类自以为越来越聪明了,可以役使万物,弄得太没有节制了,所以古人就反对这种役万物的做法,认为这种做法很不当、很残忍。他们讽刺说:河里的游鱼犯了什么罪,剐去了鳞儿还要放上葱花……人好残忍哟!人类发明了船以后,又利用车马使交通发达,这是随卦的阶段。

社会到了这个时候,文明越来越发达,但人类的问题也跟着来了,文明愈发达,人类的问题也越多。大家看我们台湾台北,越富有,犯罪的也越多,这就是政治哲学问题。人类善良与罪恶问题出在什么地方?人们当疾苦艰难的时候,容易做善事,所以穷人做善事的多,而有钱人则做坏事的时候多。到了这个时候,有强盗了,所以便要"重门击柝,以待暴客"了。

罪恶与文明并生

> 重门击柝,以待暴客,盖取诸豫。

社会愈富有,文明愈进步,坏蛋也就愈多了。这一点大家不妨回过头来看看,几十年前我们到山地,他们没有门,晚上怕牛羊跑丢，随便弄个木头一拴就行了。现在不同了，也跟我们一样，门上也要上锁，一把锁还不够，还要好几把锁。这真应了"重门击柝"这句话，虽然门里加门、锁上加锁，但银行还是照样被抢，"以待暴客"，"暴客"现在我们叫强盗，叫土匪。过去四川人对强盗土匪，还是用古老的说法叫"暴客"。社会进步，人类就需要防止别人侵害，这就是文明的讽刺。

断木为杵，掘地为臼，臼杵之利，万民以济，盖取诸小过。

人类生活的要求越来越奢侈了。开始我们老祖宗茹毛饮血，连毛带肉一齐吃下去，现在人们要把肉烧烧烤烤吃。田里打来的谷子、麦子，还要去了皮吃，把它加工制造，制成面粉、制成面包。我们今天的生活享受，便是从"断木为杵，掘地为臼"来的。"杵臼"，现在乡下人还可以看得到，用杵臼把稻子去壳。这个时候，我们的盲肠越来越短了，这就叫小过。小过与大过差不多，看来人类真是太过分了。

弦木为弧，剡木为矢，弧矢之利，以威天下，盖取诸睽。

"弦"就是弓上的弦，弧就是弓。"弦木为弧"，就是用弦把木拉曲成弧。"剡"就是削，"剡木为矢"，就是把木削尖作成矢。社会的动乱多半是生活太优裕了。社会因富裕而变乱的占三分之二，因贫穷而变乱的不过三分之一。古人说富贵生骄奢，上骄下慢，自然要有变乱发生，你们看将来我们台湾就是一个例子。

社会进步了，不但人民的生活条件改善了，连带的战争武器也跟着进步，于是开始发明了新武器"弓箭"。聪明的领袖使用弓箭来威利天下，这就叫"睽"。

"睽"是什么意思？睽就是矛盾，违背。例如夫妇反目就叫睽违之卦，以后的社会永远是睽违的了。夫妇反目是什么意思？有位同学说是夫妇吵架了，吵架为什么叫反目呢？

各位想一想，男女两个人谈恋爱的时候，你看着我，我看着你，四只眼睛对看，像磁铁吸住了一样，动都不动了。到两个人有了意见，不爱了，你看这一边，他看那一边，两个人的眼睛看的方向相反，就叫反目。反目就是睽违之卦。

人类社会的睽违，是因为文明到了极点，谈和平共存，那是政治口号、是理想的，不可能的。只有武力、只有强权、只有力量，才可以勉强做到假道德的境界，这就是人类的和平哲学。原因是政治问题固然重要，经济问题也很重要，经济好了以后，社会会更坏，道德会更堕落。所以，社会是因战争而贫穷，不是因贫穷而战争。战争是富裕强盛了以后发生的，生活贫穷的人不会发动战争。大家看优裕生活的人，他们帮忙你、救济你，他觉得是好玩的，那是生活的艺术，不是真同情呀！惟有穷人才能真正同情人，大家可以研究研究社会心理学看。由此可知进步了的社会永远是睽违的。孔子由于这样的感慨，所以倒过来说。

文物衣冠

> 上古穴居而野处，后世圣人易之以宫室，上栋下宇，以待风雨，盖取诸大壮。

"上古穴居而野处"，人类原始的生活，开始是住山洞。说到住山洞，那真是一种享受，尤其西北的山洞，西康那里的山洞，那真舒服，住在山洞里边冬暖夏凉，没有霉气，没有潮湿。如果在台湾山洞修道，一定很容易修成功，就是很快修到涅槃啦！不过是要带着棺材去修道才可以，因为不要三个月湿气就发了，就涅槃了。台湾这里的山洞是不能住的，要住，非西北高原的山洞不可，那真是好，冬天不需要暖气，夏天不需要冷气。

上古人"穴居而野处"，像野生动物一样，晚上睡觉跟猴子一样，住在树上。后来因为人类文化发达，自己骄傲起来了，人为万物之灵，"易之以宫室"，有了宫殿房子，"上栋下宇，以待风雨，盖取诸大壮"。在人类文化上，是这样的壮观、华丽。

> 古之葬者，厚衣之以薪，葬之中野，不封不树，丧期无数，后世圣人易之以棺椁，盖取诸大过。

上古的人死了以后，没有像我们现在人一样。中国文化在台北市街头上可以看得很清楚，古今中外文化都有。一个死人抬出来，又有吹鼓手，又有西乐队，又有和尚，又有道士，又有师公，脱衣舞……什么都有，吹吹打打吵"死人"。中国哪有这样的古礼？这里边根本没有文化，不晓得内政部管礼仪的管些什么？几十年来一样都没有管。一个国家，一个民族，只有四个字最为重要，就是"文物衣冠"。像我这衣冠是满洲的，三百年来都是满洲的，当然我们现在是五族共和了，勉强可以说是中国人的文物。但现在各位身上穿的，那不是中国人的衣冠，也不是中国人的发型啊！文物衣冠都不是，尤其吵"死人"的葬礼更不是。又不是佛教，又不是道教，不知道是些什么教！结婚的礼也不是。从前叫拜堂，拜天地，后来叫文明结婚。文明结婚还有傧相。现在不叫傧相啦，爸爸妈妈把女儿带来送给你，然后抱一把白花走啦！那个白花大家有没有考据？晓得它的来历吗？

白花是西方的文明。它的来历是很久以前（在欧洲，不记得是葡萄牙还是西班牙）有对男女偷情野合，父母不答应婚姻的故事。他们在野地里结合，然后女的要回家了，男的很过意不去，没有什么礼物送给女的,就把郊外的野百合花摘了一把送给她,表示爱她,让女的抱着回家了。这就是它的来历,是一本叫《也是历史》的书里边记载的,不知道大家看过没有!这一本《历史》是记载野史之考据的。现在男女结婚也抱一束白花,就表示"野合",然后还要签约,准备打官司时好作为证据。

另外呢,打上领带。领带是什么?是西方古时海盗用的。大家看欧洲人过去两三百年前的历史,海盗在海上由于风太大,吹得裤子比腰还粗,便把那些帆布割下来绑到腰里,一看蛮好看的,以后就变成领带了。我们现在这些做法,新娘抱的是代表偷情的白花,男人打的是海盗的领带,这就是中国现在的婚姻。然后法官坐下来盖个印,送给你带回去。这个没有文化的时代,真可叹为观止。《古文观止》不读啦,我们现在读的是"今文观止",这个文化看到头了!所以说是观止,到家了。

葬的异俗

"古之葬者",上古的人死了,"厚衣之以薪",很接近墨子的思想。人类的葬俗有很多种,我们中国是用土葬,印度人用火葬(现在我们也提倡火葬),还有水葬,有天葬,金木水火土都有。

世界各地的葬俗很多很多,生与死在各地的风俗,如果研究起来写一部专书,一定很畅销。这些听起来像说故事一样,但都是事实。站在中国文化立场来看,都有过与不及之弊,只有我们中国人比较中庸。我们中国古时,"厚衣之以薪",拿条树枝包得紧紧的,"葬之中野",把墓穴挖得深深的,埋在土地里。"不封不树",没有记号,埋到土里就算了。譬如我们现在造坟墓,立碑就叫做封,封就是封界限。树不是栽树的意思,树就是记号,立的标记就叫做树。"不封不树,丧期无数",这是上古时候,父母去世以后，实行三年之丧，这个风俗大约也几千年了。魏晋以后，父母之丧，一定要三年。现在我们已经复古了，"丧期无数"，这是很遗憾的。不过也还有例外，像这里有几位老朋友，父亲九十多岁死了，还是依老规矩服丧。过去父母去世第一就是报丧，报丧是你到人家店铺或家门口，不管里面的人年纪大小，跪下来磕头，大家一看就知道了，赶紧扶起来，不可以进人家大门的，磕了头就走了。现在经常有死了父母的、丈夫的、太太的……一路哭，哭到人家客厅里坐下又哭，这个是不可以的。不过我这里是姜太公在此，百无禁忌。古人报丧，是不准进门口的。守丧要三年，这三年不可以参加喜庆活动，不拜年也不算是失礼。过去还看到有些人在丧期中名片还印一个小字"制"，就知道他还在守丧期中，礼不到不怪。同时至少一百天不准理发、不准刮胡子。不过现在有些老同事要守制，不刮胡子、不理发，我就劝他，时代不同了，改一改从宽，从俗好了。那位朋友一定不改，后来经过我们一再劝他，才勉强守了四十五天。这些规矩都是有它的道理的。现在人死了，不管男女老幼，泡在药水池里，像安平港渔民缸里泡咸鱼一样。那种药水的味道，不知道大家闻过没有，真叫人吐饭三天。儿女们把父母送到殡仪馆不管了，当天晚上就去跳舞了，因为死人已经送到殡仪馆了，没有事了。然后到出殡的时候，殡仪馆用刷子把尸体刷得白白的，衣服穿好，化妆师来擦擦粉，入殓的时候还好好的。可是你不能仔细看，看了以后，还是觉得火葬干净，一把火烧了就算啦！

古人是"不封不树，后世圣人易之以棺椁"，在这个地方孔子跟墨子一样，反对厚葬，认为太过分了。"棺椁"，棺材外还套一个东西，那很贵重，太阔气了，"盖取诸大过"，所以是"大过"。

教育文化的功过

上古结绳而治,后世圣人易之以书契,百官以治,万民以察,盖取诸夬。

"上古结绳而治,后世圣人易之以书契",文字开始了。"百官以治",政治制度也建立了,应该是好景象啊!但卦名是"夬",这不是好现象,阳气快要完啦!由《易经》的道理,从这一段里,我们可以看到历史哲学,对人类文明发展的看法,并没有打很高的分数。所以,教育对人类文化究竟是罪恶还是功劳,这在哲学上是一个大问题。文化、教育对人类是否真有好处?这个问题值得我们深思。

第三章 易者象也

> 是故，易者，象也；象也者，像也。
> 象者，材也，爻也者，效天下之动者也。
> 是故吉凶生而悔吝著也。

一动生吉凶

> 是故，易者，象也；象也者，像也；象者，材也；爻也者，效天下之动者也。
> 是故吉凶生而悔吝著也。

象与像，在古时有些地方是通用的。其实"象"是代表抽象的，"像"是代表实质的。《易经》呢？每个卦代表一个现象，一个观念，是一个逻辑的符号。每个卦象——这个逻辑的符号，代表了物理的实体世界，或是人或是实体的形象，这是讲卦象。

"彖"就是孔子对卦所下的那个断语。"彖"也是动物，一种很凶猛的动物。"彖"这种动物，钢铁都可以咬断，所以就用来作断语的代号，在这里就是判断准确的意思。决断的力量像断钢铁的力量那么大。"彖者，材也"，是根据卦象的材料来判断的。

"爻也者"，什么叫爻呢？"效天下之动者也"。是效法宇宙物理都在动态的那个动态，就是交变的意思。人世间万物都有一个景象、动机，动机来了就有很多的因素。这很多的因素又构成一件事情，一个动机有很多的因素，人与人之间，人与社会之间，就发生许多的变动,许多的故事。对人事而言,事故发动以后就有好有坏,有吉有凶。一有好坏,就有烦恼,有悔吝,"悔"是烦恼,吝是困难,所以说一动就"吉凶生,而悔吝著也"。

第四章　阳卦多阴　阴卦多阳

阳卦多阴，阴卦多阳。其故何也？阳卦奇，阴卦偶。

其德行何也？阳一君而二民，君子之道也；阴二君而一民，小人之道也。

阴和阳　奇与偶

阳卦多阴，阴卦多阳。其故何也？阳卦奇，阴卦偶。

这一章，要大家特别注意认识卦，"阳卦多阴，阴卦多阳"，这两句话要记得。道理很简单，譬如乾坤两卦，阴极就阳生，阳极就阴生。所以阳以阴为用，阴以阳为用，算命的就叫它做用神。不过各位要注意，算八字用神很难拿得稳，所以算命很难。五行金木水火土，用神是什么？很难拿捏。因为用神是活的，世界上每一分每一秒钟都有人出生，那么多人都是同一个八字，用神怎么拿法，这是个大学问。能懂了这一点，就知道阳卦多阴，阴卦多阳的道理了。最明显的为坎离两卦，坎卦方位居北，属水；离卦方位居南，属火。坎卦是月亮，离卦是太阳。表面上看坎居北，又是二阴一阳，应该是阴卦。其实呢？坎卦才是真正的阳卦，阳卦多阴，坎卦☵有两个阴爻，一个阳爻。同样的，离☲卦是阴卦，阳爻两个，阴爻一个。同样的震☳卦也是阳卦，震在东方，代表太阳，阳卦多阴爻，阴卦多阳爻。

我们从乾坤六子中也可以看出，震长男，坎中男，艮少男，巽长女，离中女，兑少女，是因为物以稀为贵。假设我们全堂都是男性，或者在一个海岛上、荒山野林里边生活，而只有一个女性的话，这个女性大家一定视为珙璧。假设在一个女人国里只有我一个老头子，这个老头子也变成宝贝了，或者是个小孩子，这个小孩子将来也会是领袖。世界上的道理都是如此。所以看卦要知道阳卦多阴，阴卦就多阳。这是个原则，大家要搞清楚。

"阳卦多阴，阴卦多阳，其故何也？"理由在什么地方？"阳卦奇"（zhī），奇就是只，一只鸟，两只鸟的那个只，只就是单数。"阴卦偶"，中医讲人的气脉，奇经八脉，奇经就是阴经，那是气走的路，并不是说身体里有个神经系统。十二经脉都有神经可找，只有奇经八脉，把人解剖了也找不到神经。军事家用兵有所谓的出奇兵，奇兵就是没有规则的，可是没有规则里头却含有绝对的规则。老子也有这两句话："以正治国，以奇用兵。"其实这两句话不能分开讲，用奇的时候须先用正，不正不能奇。假使把书读偏就不对了，只根据老子的话"以奇用兵"，那就变成跛子，变成偏锋了。必须先由正后变奇，这就是阳卦是奇，单数代表奇；阴卦是偶，双的代表偶。这是解释阳卦、阴卦的作用，是孔子研究的报告。

同床异梦

其德行何也？阳一君而二民，君子之道也；阴二君而一民，小人之道也。

"其德行何也？""德"就是性质，"行"就是作用、行为。阴阳卦的性质，它的德性如何呢？它的作用如何呢？孔子比方说，"阳一君而二民"。譬如坎卦，中间一阳爻，上下两阴爻，阳爻得其位，刚好在中间，得中正之位，所以说"一君而二民"。其他事情如果有两个相对的，便一定有排斥，两个人在一起一定有意见。平常我们说夫妇同床异梦，事实本来如此，没有一对夫妇晚上是做同一个梦的。一般人都说夫妇反目为同床异梦，我说那是空话，没有两个人睡到一起就做同样的梦的。所以"阳一君而二民，君子之道也"。

阴卦呢？"二君而一民"，两个领袖，下面听你指挥的只有一个人，那就要天下大乱了。所以我们中国在帝王时代，通常大家常说的话，是"天无二日，国无二君"。其实不一定两个皇帝，纵然是一个领袖，但他政出多门，实行多头主义，大臣们观念分歧，多人领导，这个国家便非乱不可。最民主的时代，领导人还是只有一个，有一个副的，那是预备用的，不是真用。所以说"二君而一民，小人之道也"。这个道理，并不是什么政治思想，哲学思想，而是自然的道理。所以老子的思想也是根据自然来的。万事只有一，天得一以清，地得一以宁，侯王得一而天下贞。所以说"二君而一民，小人之道也"。我答一位美国哈佛的教授说，中国的历史亡国多少次都没有关系，这便是得力于文化的统一，这个统一就是思想上、观念行为上的统一。不统一就是问题，就要天下大乱。

这一章很简单，重点就是"阳卦多阴，阴卦多阳"。大家弄清楚了这一点，将来学《易经》就方便了。

第五章　憧憧往来　朋从尔思

易曰：憧憧往来，朋从尔思。子曰：天下何思何虑？天下同归而殊途，一致而百虑，天下何思何虑！日往则月来，月往则日来，日月相推而明生焉。寒往则暑来，暑往则寒来，寒暑相推而岁成焉。往者屈也，来者信也，屈信相感而利生焉。尺蠖之屈，以求信也；龙蛇之蛰，以存身也；精义入神，以致用也；利用安身，以崇德也。过此以往，未之或知也，穷神知化，德之盛也。

易曰：困于石，据于蒺藜，入于其宫，不见其妻，凶。子曰：非所困而困焉，名必辱；非所据而据焉，身必危。既辱且危，死期将至，妻其可得见邪？

易曰：公用射隼于高墉之上，获之无不利。子曰：隼者，禽也；弓矢者，器也；射之者，人也。君子藏器于身，待时而动，何不利之有？动而不括，是以出而有获，语成器而动者也。

子曰：小人不耻不仁，不畏不义，不见利不劝，不威不惩。小惩而大诫，此小人之福也。易曰：屦校灭趾，无咎。此之谓也。

善不积，不足以成名，恶不积，不足以灭身。小人以小善为无益而弗为也，以小恶为无伤而弗去也。故恶积而不可掩，罪大而不可解。易曰：何校灭耳，凶。

子曰：危者安其位者也。亡者，保其存者也。乱者，有其治者也。是故君子安而不忘危，存而不忘亡，治而不忘乱。是以身安而国家可保也。易曰：其亡！其亡！系于苞桑。

子曰：德薄而位尊，知小而谋大，力小而任重，鲜不及矣！易曰：鼎折足，覆公𫗧，其形渥，凶。言不胜其任也。

子曰：知几其神乎！君子上交不谄，下交不渎，其知几乎？几者，动之微，吉之先见者也。君子见几而作，不俟终日。

易曰：介于石，不终日。贞吉。介如石焉，宁用终日？断可识矣！君子知微知彰，知柔知刚，万夫之望。子曰：颜氏之子，其殆庶几乎？有不善未尝不知，知之未尝复行也！易曰：不远复，无只悔，元吉。

天地絪缊，万物化醇；男女构精，万物化生。易曰：三人行，则损一人，一人行，则得其友。言致一也。

子曰：君子安其身而后动，易其心而后语，定其交而后求。君子修此三者，故全也；危以动，则民不与也；惧以语，则民不应也；无交而求，则民不与也；莫之与，则伤之者至矣。易曰：莫益之，或击之，立心勿恒，凶。

孔子研究这一篇的报告虽然很简单，但含义非常深刻，懂了下经的道理，人在患难之时，才懂古人的两句话。一句是“事到万难须放胆”，事情到了万难，像做生意，今天支票不兑现，明天就要垮，这就看你的镇定功夫了。垮了怎么样？垮了以后所有的脏话，都骂到你身上来了，这个时候便要不动心，做了就做了，倒霉就倒霉，这就是事到万难须放胆。另一句是“宜于两可莫粗心”，宜于两可之间时，这样也可以，那样也可以，这个股票看来时机很好，想想又不对，可以买又不可以买，那就要看定力了。所以说“事到万难须放胆,宜于两可莫粗心",不要粗心大意。这种基本的修养要有,中国文化非常简单。

我常说中国的哲学是在文学诗词里头,有些诗词里边一句两句拿出来,就是一部大书,即所谓诗文之道。中华民族是诗的民族,诗的文化,可是现代人都不会做诗了。诗是讲情的,不能讲理,诗一讲理,便没有什么可读了。凡是讲理的诗,另成一派,有它的好处,大多都成为格言一类了。

孔夫子的道行

易曰:憧憧往来,朋从尔思。子曰:天下何思何虑?天下同归而殊涂,一致而百虑,天下何思何虑!

孔子这一篇报告,首先提出来《易经》上说的:"憧憧往来,朋从尔思",这是咸卦九四爻的爻辞,咸卦是䷞,九四爻是阳爻。假设卜卦卜到了咸卦,它的结论要看动爻,所谓吉凶悔吝者,生乎动者也。假定动爻在九四爻,它的爻辞是"憧憧往来,朋从尔思"。这两句话的意思,是它形容这个人心里很不安,主意很多,思想不定,很难下决心,想把它放下,丢掉不要管吧,又感觉事情还有希望,禁不住又在心里起了涟漪,一下来,一下去,思想不定。

"朋"是很多很多,像朋友一样,说不定有两三个,乃至七八十来个,"朋从尔思",跟着你的思想来来去去。

人为什么要看相算命?俗话说"看相算命,心思不定",卜卦也是这样。假如我们在街上摆个卦摊,有人来卜卦,你可以大胆地说:"先生,你很有心事呀!"这句话一定灵,没有心事他为什么会来卜卦呢?如果你要跑江湖卜卦的话,这就是秘诀。

我们再回头看,"憧憧往来,朋从尔思",这八个字非常简单,但在文章里边，包含了很多意思。人们的思想永远断不了，形容人们的思想，就是"憧憧往来"，这个去了，那个来了，这是第一层意思。

"朋从尔思"，你有思想，就有联想、感想、理想、幻想……我们中文就有这样的好处，一个想字，上面可以加很多形容词，成各种不同的想，究竟起来，就是一种心理状况。普通人心理状况是不一定的，随时因客观环境而变化，这是第二层意思。

这八个字就有那么多意义，从这里我们就可以知道，读古文可不那么简单，不像看一篇白话文，只要眼睛晃一晃，看几个字，全篇的意思就已经了然了。

"憧憧往来，朋从尔思"，也可以说是哲学层次的道理。我们说思想，东方哲学与西洋哲学不同。东方哲学，人就是靠思想，人如果没有思想，就没有人文世界。以前常听人说一句话"某某人思想有问题"，我说你真胡说！哪个人思想没有问题？只有一个人思想没有问题，死人、殡仪馆的人。凡是活人就有思想，每一个思想本身都是问题。思想本身有问题，问题就又产生思想。如说某人政治思想有问题，生活思想有问题，那还可以通，随便讲思想有问题，这是不通、不合逻辑、不合乎哲学思想的说法。

为什么人的思想"憧憧往来，朋从尔思"？思想达到没有问题、专一了、宁静了，就是东方哲学修养的境界。这是儒家、道家、佛家所走的路子。西方哲学只提到静思，不能说思想专一。这种修养的方法，都保存在东方的哲学里、宗教里。

世界上的宗教主没有一个是西方的，耶稣是东方人，穆罕默德是东方人。也只有东方的宗教哲学，才有思想专一的修养功夫。

孔子的解释，跟佛家、道家都一样。"子曰：天下何思何虑？"思想是空的，没有一个思想是真实的。"天下何思何虑"，就是像佛学所讲的，人的思想都是妄想。佛经称思想为妄想，就是说思想是不会停留的，早上一个念头，到了晚上想想早上想的是什么，早已忘了。人们的思想是"憧憧往来"，但能够思想的那个"能"，并未动摇。思想的现状太多了，那个能思想的，是不属于思想的，我们能思想的那个东西，它是无思无想的。所谓修道啦！打坐修定啦！你能达到"何思何虑"的境界，就走到能够思想的根本上去了。在一般人看来，孔子不是一个宗教家，也没有修道，当然更谈不上得道了。这种说法是空话，孔子当然是有成就的人，不过他不愿意表现宗教的气氛与神的意识，而是向人道方面去走，这一点大家要注意。

"天下同归而殊涂"，"涂"就是"途"，不管你是哪一派宗教，哪一派哲学思想，这个能思想的是无思无虑的，是空的。但是思想本身那个东西，判断事物的那个，是靠你的思想来的。你思想本身对不对，靠不靠得住，知识逻辑，思想的方法，东方哲学，各家跟孔子说的一样，"同归而殊涂"。殊途，道路不同，每一个人的思想习惯，各有各的想法，最后归到什么？"天下同归而殊涂，一致而百虑。"其理只有一个，没有两个。那个能够思想的，佛家叫做空，道家叫清静，中国儒家没有提出一个什么，也没有什么名称，就是这么一个东西——"一致"。其理只有一个，那个能"一致而百虑"，它起作用的时候，每一个人的见解都不一样。

所以在教育上，我们今天犯了一个很大的毛病，就是做父母的往往把自己的失败冀望在后代，希望我的儿女将来比我强，希望从孩子身上找回来。自己不懂科学，拼命让孩子去学科学，自己文章写得不好，要儿子好好给他写文章，自己倒霉也让儿子跟他倒霉，你将来要为家里争争气呀……所以孩子们的负担很重，处境很可怜，其实做得到吗？做不到！每一个人的思想各有各的路子，但是能思想的那个东西只有一个，所起的作用就是"憧憧往来，朋从尔思"了。

所以要想统一天下人的思想，这种想法错了，不可能！任何党派，任何宗教，都犯了同一个错误，都想全世界统一在一个思想之下。但宗教的教主们不是这样的，宗教的教主们是当傀儡的，他本身不希望当教主，是后人把他捧起来当教主的。宗教也可说是一个统治，懂了这个才可以做领袖。反对没有关系，"一致而百虑"，这是自然现象，"天下何思何虑"？

形而上的境界，那是没有思想的思想，能思想的那个东西是无思想的。有思想是人为的变化，那个靠不住，人思想是多途的。所以孔子的名言，我们读古书就常常遇到，"同归而殊涂"，这就是《系传》所说的，我们现在用"殊途同归"这句话，就是根据这个来的。

隐声的瀑布

孔子由这里所发挥的道理，是咸卦九四爻辞的两句话。这个卦是泽山咸，如果我们把咸卦构成一个图案，这个图案是山顶上有一个沼泽。我们中国有一个世界名山，山上有湖，就是雁荡山，山上的湖就叫雁荡湖，在浙江乐清我的家乡。可惜我没有上去过。雁荡山的隐声瀑布也是世界有名的。万丈深渊的瀑布，加上雁荡七十二奇峰，湖在山顶，蔚为奇观。

云南的洱海也是山上有海，风景也很好，是佛教的圣地。释迦牟尼佛的大弟子迦叶尊者，在洱海鸡足山那个石山里头入定，到现在还在那里。为什么讲到这里？大家看这个"咸"，泽山咸，是上面有水，下面有山的一个图案。至于为什么泽山就叫"咸"，以后讲到卦的时候再说。

九四爻的爻辞是："憧憧往来，朋从尔思"。泽山咸的图案是山上有海、海中有山。洱海就是这样，当然风景之美使你无法想象，上面是蓝天白云，气候温和。所以我常说，如果我归隐，我愿意到那里去。台湾虽然是宝岛，气候不错，但是不及云南。昆明比台湾舒服得多。昆明虽那么好，还不及洱海，那里的风景真可说是"天下妙境，人间奇观"。

这么一个情景，孔子为什么把它引用到"憧憧往来，朋从尔思"去了？我们暂时把这两句话搁下来，再看后面的文章。文字很好看，但这中间的分际便很难懂啦！我们看看孔子是怎么讲的。

上台容易下台难

日往则月来，月往则日来，日月相推而明生焉。

孔子说这个宇宙的现象是"日往则月来"，太阳下去，月亮上来。"月往则日来"，月亮下去，太阳上来，夜来了，白天跑了。拿天体的现象来说，有两个大标准，早晚、昼夜、寒暑、秋夏，孔子形容是"日月相推"。中国图谶里的《推背图》，也就是这里所说，太阳与月亮彼此相推的意思，在背上推它一掌，你出去，我来啦，这就是推。孔子没有用日月相排。排就不同了，把它排列在哪里？既不合宇宙运转自然法则的情，也不合文字之美，所以写古文一个字之差，就失之千里了。这些都要注意。现在如果把它另换一个字，改为日月相换，那就更不对啦！这个"换"字不像推字那么活，"换"是一个理念的字，这个东西换过来，相"推"是一个现象，"日月相推而明生焉"，光明在白天，黑暗在夜里。

寒往则暑来，暑往则寒来，寒暑相推而岁成焉。

冷天过去了，热天来了，"寒往暑来，暑往寒来"，实际上一年只有两个现象，"冷"跟"热"。秋天与春天是不冷不热，在冷与热的中间。拿热天来讲,春天是开始要热的,由小热慢慢到大热。秋天是开始要冷的,由小冷慢慢到大冷,所以一年四季只有两个现象,"寒往则暑来,暑往则寒来,寒暑相推而岁成焉"。日月相推是一月,寒暑相推是一年,宇宙间的物理岁月是这样来的,也就是天体的自然现象。

往者屈也,来者信也,屈信相感而利生焉。

白天太阳把月亮推下去了,晚上太阳退位,月亮当权。这个时候,看似太阳倒霉,屈服了。其实不然,它是在准备它的第二招,等待明天早上再来。

"来者信也",来的时候也许有成功,也许没有。"信"的意思就是申,伸出来。譬如我们碰到一条蛇,蛇嘴里伸出来那个舌头,就叫信。来者就叫伸,去的呢?就叫屈。收缩来放到包包里去,就是屈。抖开拿出来用,就是伸。为什么要这样呢?

"屈信相感而利生焉"。一收一放,一上一下,一个成功,一个失败,这个中间,就看你的智慧,如何善于利用它。一涨一跌之间,互相感应,互相影响,"而利生焉"。你有没有智慧,就看在这个地方能不能把握了。有白天一定有黑夜,有黑夜一定有白天,有跌价一定会涨价,有涨价一定会跌价,有上台一定有下台。所以我们年轻时出门做事,老一辈的一定告诉我们:孩子!要记住啊!"上台终有下台时""上台容易下台难"呀!上台很容易,走马上任就可以了。但是下台下得很好,也确实不容易啊!做战将打胜仗容易,败仗很难打,打败仗打得好的,千古一人,只有诸葛亮。他六出祁山都是败仗,但是六出祁山也都是胜仗,撤退的时候不损一兵一卒,没有少了一个人。这种仗最难打,善于失败的人才能成功。失败比成功还要难,所以上台容易下台难!这个道理大家要知道。

孵豆芽的学问

上面我们由天地日月的法则,讲到宇宙的法则,"往者屈也,来者信也,屈信相感,而利生焉。"孔子这一段话启发我们去了解:夜里有夜里的生命价值,白天有白天的生命价值,危险有危险的生命价值,不危险有顺途的生命价值。他认为这个物理的现象,与天地的现象都是一样的。

从大的方面看,太阳月亮,一年四季各有各的好处,也各有各的坏处,大家从这里可以体会出我们人生的道理。

尺蠖之屈,以求信也;龙蛇之蛰,以存身也;精义入神,以致用也;利用安身,以崇德也。

这是讲物理世界的现象,"尺蠖"就是蚯蚓,也有一说是桑树上的虫。当它爬行的时候,先把腰弓起来,狗也是一样,要攻击对方的时候,也是先把腰弓起来。你如果碰蚯蚓一下,它马上把身子卷曲起来,以保护自己。所以"尺蠖之屈,以求信也",它要把身子弓起来才能伸,才好发挥力量。

"龙蛇之蛰,以存身也。""蛰",十二辟卦里边有个节气叫"惊蛰",就是这个"蛰"字。动物到了冬天的时候,尤其是蛇啦、青蛙啦,嘴里含块泥巴,钻到泥土里边,不食不动,过一个冬天。有些修道人练气功,就是参照这个原理来的。只要一口气存在肚子里,便不会饿死的。动物过一个冬天,要三个月之久,这时我们一般人都叫它冬眠。现代医学也把打坐入定比做冬眠状态。这个比方是不对的,不过一般人不懂,以为就是这样。动物的冬眠好像死亡,但是它没有死,等到二月惊蛰这个节气,便又复生了!在台湾日期不很标准,大陆中原地区非常准确,每年春天的第一声春雷,就是惊蛰节来了，一切虫蛇动物马上出土，不到这个节气，它们是不出来的。这些虫蛇由于气候、地气的发动，到了这个节气，自己就会感受到地球生命的动能，它们把嘴里的泥巴吐掉，又开始了第二年春天的生命。

龙蛇到了冬眠期好像一点出息都没有，这正如几十年前上海的流行话"孵豆芽"。现在这句话很少听到了。意思就像一个人生意做垮了，欠了债躲在家中不敢出来，就叫孵豆芽。

人到了倒霉的时候，就认倒霉，先躲起来。躲起来并不就是失败，等待第二回合有机会再出来，这就是所谓"以存身也"。我们在中国旧小说里常常看到"留得青山在，不怕没柴烧"这两句话，就是这个道理。只有把自己的生命保住，才能谈第二回合的冲刺。

精义入神

《易经》告诉我们天地是这个样子，物理也是这个样子，可是，这中间要能够把握住这个机会的运用，就靠你的智慧了。这个智慧有四个字，也是我国文化的哲学精神，就是"精义入神"。你的精神，你的学问，你的行为要精益求精。义就是理，把宇宙的理，万物的理，一切的物理与人生的理，融会贯通，看清楚了自己的一切。

精义到什么境界？到了神妙的境界。孟子解释这个神字是"圣而不可知之之谓神"，佛学经常用的"不可思议"，不是你可以想象到的。所以智慧用在人生境界，物理境界，就是"精义入神"。

"精义入神，以致用也。"真正能起用，这是讲智慧的最高境界。换句话说，"天下何思何虑"？是"精义入神"了。我们就文字技巧来研究，关照上文，下面是"以致用也"，这就是八股文的作法了。八股文是要讲究起承转合，前后关照的。所以这句话就是说智慧、学问、精神，一切达到入神的境界，是为了要施用于社会人类。

"利用安身，以崇德也。"懂了天地之理，万物之理，把握这个真理的精神，自己能够晓得用的这个智慧，圣人没有办法告诉你，懂了《易经》也没有办法。决定你的命运的，是在你的智慧，不是命运。这就是"精义入神，以致用也；利用安身，以崇德也"的精神所在。

明白了这点，就晓得人生富有富的好处，穷有穷的好处。我们中国过去的名言，叫化子当了三年，连皇帝都不想干了。这是真的，那真自由，天下人的房子就是他的房子，大家煮饭都是给他吃的，虽然是吃剩下来的，没有关系，这就是"利用安身"。

大家要知道安身之难，心安已经很难了，身安也很难。修道的境界就是要自己能够"利用"，好的坏的都能用得上，都能够适应。"利用安身，以崇德也"。上古所谓的德，不是道德的德，而是得到的得，是成果的意思。

> 过此以往，未之或知也；穷神知化，德之盛也。

孔子说他研究的结果，超过了人文世界的范围，神鬼、上帝、菩萨会保佑你吗？他不知道。不但孔子不知道，任何人也没有答案。宗教哲学，我最佩服释迦牟尼佛，他是不讲迷信的。拜佛，佛就保佑你，那不是佛。佛真正的教义跟孔子一样，一切在于你。能够作主宰的是你自己，是你自身的业力，没有任何教主可以作你的主宰。这个宇宙是无主宰，非自然，一切都有它的前因后果。所谓"尺蠖之屈，以求信也；龙蛇之蛰，以存身也"，就是前因后果。因就在果中，果就在因中，未来的事，也都在因果之中。

"过此以往，未之或知也。"孔子用字很妙，超出前面所说的以外，也许我不知道，也许你们知道，佛知道不知道？我也不知道。孔子的态度，非常客观，非常谦虚，破除了一切的迷信。"穷神知化"，"穷"就是研究透彻，把神妙最高的境界弄清楚，就是"穷神"；"知化"也可以说是智慧领导了变化，也可以说是智慧到了最高层，知道适应什么环境，知道怎么变化。这个变化要能适应，便要"穷神知化"，"精义入神"的那个神，自己本身到达神妙不可思议的境界，自然能够应付一切变化，就是"德之盛也"，是最高的成果。

这是孔子以咸卦九四爻爻辞的两句话，引申了这么多的道理。可是这个智慧不是乱想来的。乱想没有用，智慧不是聪明思想的境界。智慧是宁静到极点自行透出来的，就是"憧憧往来，朋从尔思"的道理。大家常说打坐是培养智慧的一种学问，也就是"尺蠖之屈，以求信也；龙蛇之蛰，以存身也"。所以打坐为什么对身体会产生好处？会长生不老？就是因为"龙蛇之蛰"的道理。

非所困而困

　　易曰：困于石，据于蒺藜，入于其宫，不见其妻，凶。

这是孔子解释泽水困䷮六三爻的爻辞。泽水困卦的意思，就像在太平洋里弄一个养鱼池，外边还是有水包围着，这就是困。泽就是水池，水池在大水的中间，这样子就叫困。意思是外面的力量太大了，里边是小水，外面是大水，你这一点小水算什么！这就是困卦卦象的写意图。

这里讲的六三爻，六就是阴爻的代号，六三就是第三爻。就这个卦的图像看，从第二爻到第四爻像个水井一样，这就叫困。

　　困于石，据于蒺藜，入于其宫，不见其妻，凶。

这是六三爻的爻辞。卜卦卜到这一卦，糟透啦！这个人不但生意垮台，又犯了法，只有逃了！逃到哪里？逃到荒郊野外的茅草棚下，乱石堆里，地上长的都是蒺藜（蒺藜结的子有刺，能刺人），躲在这里等天黑，再偷偷回家，家里老婆也不见了。这是一幅很悲惨的图画，跟越王勾践被俘虏后卧薪尝胆一样，太太还要到吴王宫里做苦工、做佣人，越王自己睡在草上。当时的勾践就是困到了极点。

前面孔子研究的是咸卦。这里提出了困卦，这里边有着深义。

子曰：非所困而困焉，名必辱；非所据而据焉，身必危。既辱且危，死期将至，妻其可得见邪？

"非所困而困焉"，不应该倒霉而倒霉，是自己制造出来倒霉的局面，是因为自己没有智慧。本来不应该受困，就因为自己有脾气、有主见、不肯接纳别人的建议、刚愎自用，而遭到失败，这个困难是自己招来的。孔子说照这个卦的现象看，并不是没有办法处理，因为你没有智慧，碰到困卦六三爻，外面是个大池，里面是个井。等于我们今天工业社会，你要做生意，同行四面八方都是资本很雄厚的人，人家拥有国际市场，外资合作，或者跟日本人合作，或者跟美国人合作。而你同样的电子工厂，夹在人家的中间，人家欢迎你来入股，大家合作，你偏不肯，一定要自己干，看你怎么生存！

假设我们的青年朋友碰到这种状况，怎么打破这个困境呢？怎么办？你等于坐在井里，四面八方大资本家都把你包围了，而你却还陶醉在自己技术好、本事大的观念中。照理说这些都是很不错的条件，但是人家资本雄厚，待遇高，工人都被挖去了，你只有一个工人——你的太太。这样跟那些资本大的工厂来竞争，这个困境你怎么解？我们想想这个图案，处境是什么情况，便不问可知了。

解困玄机

所以孔子说，不应该困而困的时候，"名必辱"。假使是我，我干脆把井打破，使井跟海水合而为一，还有什么好困的？那不是很简单吗？如果硬要造一口井，把自己困起来，那有什么办法？事实上天下有什么困难打不破呢？"事到万难须放胆"，不能放胆，那不是活该倒霉吗？

我们看古人的历史，刘备在曹营里，有一天曹操很高兴，请刘备来煮酒谈心，而论天下英雄。曹操说："天下的英雄唯使君与操耳！"刘备听了，吓得把筷子都掉到地上了。这情形被曹操看到，刚好碰到打雷。刘备说："我胆子小，怕打雷，一声大雷把筷子都吓掉了。"这几句话把曹操骗住了。曹操认为刘备胆小，不能成大事，就把他放了。

有些人"非所困而困焉，名必辱"，必受侮辱。你要突破这个困难，不是没办法，是要用你的智慧。"非所据而据焉"，脚下站的却是有刺的蒺藜，乱石堆，站的立足点不对。立足点站不稳，外面又有石头困住，有蒺藜在刺着，如何能站得稳？立足点无所据，没有凭借，在这个情形下，"身必危"。外面遭到的是攻击侮辱，而本身没有立场，自身注定要完了。"死期将至，妻其可得见邪？"人都快要死了，哪里还能看到自己的老婆！

孔子没有再加以解释，只讲了几句，至此为止。这里边很妙的，有个玄关。孔子卖的什么关子？他以为大家也懂了，所以不再详细地解说。但是我们后代人永远不懂，那种环境，"困于石，据于蒺藜，死期将至"，并不是一定真要死了，还有救，你要突破这个困难侮辱才有办法，要用自己的智慧去想办法，不然就家破人亡了。

所以各位要注意，做一件事情，不论是做什么，如果把自己造成这么个局面，就毁了自己。我常常告诉朋友，打垮你的不是你的敌人，往往是你旁边的最亲近的人！胜也一样，一切成败在于自己，这些环境都是自己造成的。这是孔子举出来的第二个爻辞。第三个爻辞，孔子又举出一个卦象，就是解卦上六爻的爻辞，加以引申。

这里要注意！孔子为什么首先拿了咸卦这一爻的爻辞？第二次又拿出困卦这一爻？这里又拿出解卦的爻辞来？大家要注意这个问题，他一共拿出来了八个卦，还是八卦，注意孔子把人生哲学在这几卦中如何引申。所以读《易经》要跟参禅一样，要熟读，随时要"精义入神"。你要去思想它、研究它。你说你听过《易经》，但又不思想，又不研究，是没有用的。所以古人提出来《易经》的精神是"精义入神"，要精思，才能有所得。

藏器于身　待时而动

易曰：公用射隼于高墉之上，获之，无不利。子曰：隼者，禽也；弓矢者，器也；射之者，人也。君子藏器于身，待时而动，何不利之有？动而不括，是以出而有获，语成器而动者也。

这是解卦上六爻的爻辞。这个卦，我们先要把卦象弄清楚。雷水解䷧，上面打雷，下面下雨。在台湾大家都熟知的一句成语"一雷破九台"，刮台风的时候，碰到打雷，不会长久的。尤其是夏天，遇到雷，雨便慢慢小，再打，雷也小了，风也散了。这是物理作用，雷电的作用把气流排开了。为什么成语要说"一雷破九台"呢？雷雨这个气候，雷碰到冷气团，一打雷，一摩擦，气象就转变了，就是这个图案所表示的。所以雷水就解了，就是解散的意思。

这一卦的上六爻，是一幅射猎的图画，如果卜卦卜到这一卦，一定大吉大利。大家知道，一卦有一卦的图案，一爻有一爻的图案，这个图案就很妙了，可以说是一幅很美的动态画面。

"公用射隼于高墉之上，获之，无不利"。"公"在古代是代表年龄长、地位高的长者，他也是个领袖。平常所谓的王侯将相，公侯伯子男，都是古时的阶级官秩。"公用射隼"，就是领袖去打猎，看到一只鸟。"隼"在北方就是鹞子这一类的鸟，比鹰稍小，飞得很快，会吃其他的鸟。所有的鸟看到鹞子一来，就胆战心惊怕死了，无论如何都飞不开，逃不掉，被鹞子一叼就叼走了。这位领袖去打猎，看到这个"隼"要把它射下来。"射隼于高墉之上"，"墉"就是用土堆起来的，像高台一样，站在这个最高处，射程就拉近了，假使在平地上射，射程就远得多了。如果你做生意，卜到这一卦，那很好，一定赚钱，你的理想目标会达得到，这是很好的一卦。

孔子对这一卦的解释是这样的，"隼者，禽也；弓矢者，器也；射之者，人也"。有弓有箭，弓箭是要人用的，地位又站得很好，这一箭射去一定命中。现在我们就人生境界来看，一个人有目标、有计划、有准备，站的位置也很好，时机也对。但是要达到这个目标，要有工具，做生意要资本，打天下要有军队，无论做什么事，都要具备自己的条件才行。其次还要有人，有干部。如果这些人都是老弱残兵，行动不便，那也没有什么用。枪也有，子弹也有，目标也有，就是没有人来射击，或者只有一个一千度近视眼的老兵，希望他能把鸟射下来，很难！可知一件事业的成功，有目标、有本钱、又要有人才……这样你才有胜算，才有把握。

所以孔子说："君子藏器于身，待时而动，何不利之有？动而不括，是以出而有获，语成器而动者也。"

孔子以为一个人要成功一件事业，非要有自己的本事不可。有了学问，有了能力，就是所谓的"藏器于身"。绝不能靠人啊！如果你以为我有几个人帮我做事，你已经注定要失败了，就算成功也是失败的，因为这个天下不是你打来的。要注意"藏器于身"，大家要注意这个"藏"字，深藏不露，还不要表示出来。有器不用可以，但不可无器。

所以当领袖的人要样样都行才可，你不行我都会，才可以当领袖。如果你以为当领袖的人可以不必懂，反正都是别人做的，当领袖的都是无为的，那是你没有把书读通。无为是无不为，没有不能的。真的要能合拢这个世界，匡救时代的危机，不是任何人都能的。譬如说唐吴兢《贞观政要》，那是学会了当皇帝用的，不是随便读读的，《资治通鉴》也一样，那是司马光写给皇帝读的，是当皇帝的作业练习本。

所以千万要注意"藏器于身"，能藏器于身，有智慧，有本事，才能创造你的历史。唐太宗样样都行，谈书法，唐太宗书法好；论武功，唐太宗武功好；论诗，唐太宗诗也比别人高明。那真是天才儿童，样样都好。所以唐代的文化那么盛，因为唐太宗行，才有那么高明的部下，这就在于上边的领导。如果你什么都不懂，你还能当班长？那才是怪事！所以做领袖的，不是笨人能够当的。这是第一，自己要有本事。

第二，还要有机会。你有了本事，机会未到，命运未到，我看还是跟我一样，教教书算啦！跷起二郎腿，在茶馆里吃吃茶、吹个牛，还有人听听；如果说评书，还可以混两个钱吃烧饼。你说你本事很大，但这个时代不属于你，命运不属于你，那没有用的。

前天有一位八十多岁的老朋友来聊天，他说他二十多岁时就知道这个时代已不属于他啦！所以拱手拜拜再见。不属于我的，争亦无用。就像打牌一样，每一个人都有赢钱的希望，但个个也都有输钱的可能，这一张不可知的牌，究竟到了谁的手里？不知道，但是有先见之明的人就知道。这张牌既然不会到我手里了，要我付出太多的代价去碰运气，算算还是划不来，我不干。记得当年读一首唐诗："泽国江山入战图，生民何计乐樵苏。劝君莫话封侯事，一将功成万骨枯。"这是唐人的诗，想想一个人就是成功，这个成功的金字塔也是建立在千千万万个骷髅上的，放下算啦。"劝君莫话封侯事，一将功成万骨枯"就是这个道理。

做生意也是这个样子。你在股票市场赚了一千万，你可知道多少家都在哭呀！那也是一将功成万骨枯啊！所以古人说"一家饱暖千家怨，半世功名百世愆"。一家人吃饱了肚子，多少家的人都在仇视你、忌恨你。你在股票市场赚了一亿，说不定有人就因为赔钱，支票不能兑现，让太太去板桥监狱坐牢了。这是个哲学问题，所以一家饱暖，一家发财，就有千百家破财。你一家吃得特别好，别人会妒忌的，"格老子，他一家为什么会这么好、那么豪华呢？"所以说一家饱暖千家怨。

"半世功名百世愆"，半辈子的功名富贵，百世，一百代的罪过。虽然这些都是消极的人生哲学，但大家在这些地方都要留意，得意时须想到失意人。这就是我们中国持盈保泰的道理。

同时这也就是"藏器于身，待时而动"的道理。时代不属于我时，明哲保身算啦，时代属于我时，当然也不可坐而不动。如果你放弃时代而不干，同样也是罪过。你不干，别的人上来干的话，也许死的人会更多。从前历史上的人物，因一念之间的慈悲，不忍杀一个人，结果贻误天下苍生。所以孔子说"藏器于身，待时而动，何不利之有"？

"动而不括"，不动则已，一动就是全面的；"是以出而有获"，一件事情不做则已，一做就要有成果。这是孔子对上面这篇文章的结论。

"语成器而动者也"，所以你要成就一番事业，要先问问自己本身的条件够不够。首先你要"藏器于身",本身要有本事,有条件,如果你说你有个朋友很能干,有个老师会帮你,那是空的;你说你有个好太太,也靠不住啊!也许明天就跟你离婚了!这些都靠不住,甚至连你自己也靠不住。天下事就是如此,各位千万要注意。所以要"藏器于身,待时而动",这是很深刻的道理。然后"公用射隼于高墉之上"。构成了这些条件,便可以"获之无不利"了。

我们看项羽刘邦出来争天下,两个人都想当皇帝,但是成功的还是有他的条件的。朱元璋当了皇帝,下朝回宫,大腿一跷,跟他太太说:当年当和尚,讨饭都讨不到,几乎自杀,想不到今天会当皇帝。这是真话,汉光武也讲过类似的话,当年出来并没有想过当皇帝,只求自保而已。为了自保,长期地奋斗,时势造成了后来的结果,当然也因为他是"藏器于身"的人。

学问与治事

下面孔子又提出了火雷噬嗑卦初九爻的爻辞。火雷噬嗑䷔,上面是大太阳下面打雷,这种情形大家恐怕很少碰到过,如果到高山上就经常可以看到了。过去在大陆西康、四川的高山上,都常看到这种情形。有一次我从峨眉山下山,走了一半,上面是大太阳,忽然一道闪光,向下一看,下面是一层乌云,都是黑的,乌云下面那个闪电,金的、银的、红的、白的……交相闪动,那真是一种奇观。但听不到声音,晓得下边在下雨打雷,雷声在乌云的下面,看看峨眉山上界的神仙,对下界众生的情形一点也看不见,因为全被乌云遮住了。所以大家也不要求菩萨,菩萨看不见下界的事情的,下界都被乌云遮住了,求菩萨保佑没有用的,这是我的经验。你跪下来磕头,佛菩萨看不见,你已经被乌云包住了,你的业力那么重,上帝也帮不上忙。虽然佛菩萨的眼光会比我好一点,但你在层层的乌云里，佛菩萨的法力一下子也不能把那些乌云都驱散啊！上界的神仙是风和日丽，下界的众生是狂风暴雨，雷电交加，这就是火雷噬嗑的景象。

又好像台风来的情形一样。风雨交加，一个人驾条小船在海洋上漂；又像山洪暴发，人被卷入这个洪流之中，像一片树叶……这种境界就是火雷噬嗑，就卦象上看是如此。也像吃牛排一样，一块牛排送到嘴里用牙齿咬，这也是火雷噬嗑的景象。

孔子对火雷噬嗑初九爻爻辞提出了他的意见：

> 子曰：小人不耻不仁，不畏不义，不见利不劝，不威不惩。小惩而大诫，此小人之福也。易曰：屦校灭趾，无咎。此之谓也。

昨天有位山东老朋友跟我讲笑话，谈到山东的孔孟文化，他说一个人要好事坏事全懂了，才能够通达。这话不错。做人就是要通达，通达人性，通达人情，才能够谈学问，谈治事。

孔子说："小人不耻不仁"，"小人"是普通一般人，"耻"就是难堪，如果他没有碰到钉子，你没有给他难堪，他很难发现自己的缺点，也难改正自己的过错。你给了他难堪，羞辱了他或者使他见不得人，他才能够改得过来。"小人不畏不义"，你研究一般人的心理，纯用教化、用仁义之道让他学好是做不到的，那些仁义之道都是假的。一般人因为怕法律，怕社会不齿，因为有个"怕"在那里，所以才讲仁义。孔子在《论语》中也提到君子有三畏："畏天命、畏大人、畏圣人之言。"人要有个可怕的东西在心里，在背后，才可以使他上进向善。宗教也是这个作用。有个上帝，有个菩萨管着你，你就会乖一点。如果没有所畏，永远不会做好人，不会做好事。所以如要一般普通人做好事，一定要有个促使他向善的力量在后边才可以。

"不见利不劝"，普通一般人没有好处、没有利益可图，他不会干的。"劝"就是劝导他，教导他的方式。"不威不惩"，没有鞭子打下来，没有威武在他面前，没有惩戒，不把刀架在他的脖子上，他不会改过的，就是我们平常说的，不见棺材不掉泪。人很难有生而向善的，除非是菩萨，是圣人。

以上这四句话，古今中外一般人的心理都是如此。我们不要自以为自己是君子，不在其列，其实我们也包括在内。除了得道的、真正成就了的人以外，一般人的心理都是如此。所以这四句话在后世的老庄、《易经》中，大家都认为是帝王之学，统治的道理。一个社会承平久了，不用严刑重法那就不得了。所以今天所谓的民主自由，是不是对人民有利益，这个制度是不是对，到现在还很难下定论。历史进入这个阶段，到处都在叫自由、民主，这个名词叫得声音很大，浪头也高得很，将来是不是走得通，会不会毛病更大，还做不了结论。

所以《易经》、老庄被人用得偏的时候，就是法治的思想；用得宽大的时候，就是儒家的仁治思想。教育的原理也是这样。我经常说，我是主张用体罚的。体罚有什么不对？差不多该用的时候就用。有一次亚历山大问他的老师亚里士多德说：当皇帝真正的办法在哪里？这个大哲学家就告诉他说：你不是看到前面田里的麦子长得很好吗？你看那几棵长得特别高的，把它砍平就好啦！这句话一点都不错。一片田地，稻子麦子都长得一般高，有几棵很特别突出的，长得特别高，那很讨厌，把那几棵砍掉就平啦。这个道理很对，不过亚里士多德嘴巴里讲出来的，没有我们东方的说法高明。

孔子这四句话的道理说得更清楚。换句话说，这句话就是群众心理学，用人之道也是这样。小人不耻就不仁，不畏就不义，不见利就驱策不动，不惩就不诫，所以他说有时候是"小惩而大诫"。譬如教育，有时候打两下手心，罚个站，打几下没有什么了不起。"小惩而大诫"，受一点小小的惩罚，他一辈子都记得要去做好人。

所以人生的道理，太得意的时候，碰到一点倒霉挫折，如果你懂得《易经》，反而应该是好运气。假设一个人永远在好运中，这个人就完了，他永远没有大的出息。所以小小地惩罚他，便不会做大的坏事，这反而是小人的福气。一个人没有倒过楣，便永远没有出息。

一个领导人，像有些帝王，把自己最心爱的大臣一下子革去，不让他干了，或者把宰相一下子派去当县长，或者乡镇长，就是这个道理。这些都是高明的帝王，希望这部下将来能有更大的担待。这就是"小惩而大诫，小人之福也"的道理。

孔子怎么悟到了这个道理呢？断了脚趾学个乖，是孔夫子的因果观。他看到了噬嗑卦初九爻的爻辞，这个爻辞是"屦校灭趾，无咎"，孔子说"此之谓也"，这一爻就是这个道理。

"屦校"就是我们台湾过去穿的木拖板。我们中国古人不穿鞋子，是穿木屐的。木屐外面加个边就叫"屦校"，"灭趾"是穿着木屐走路，脚歪了一下，把脚指头碰伤、碰断的意思。卜到这一卦，要去做生意会倒霉，会赔本。不过没有关系，伤一个小脚指头而已。虽然有些不顺，但还是小灾。噬嗑卦一路都是凶卦。初九爻是无咎，没有毛病，但人已经伤了，脚指头也断了，怎么还说是无咎呢？无咎不算是很坏的运气，还算是不错的。由此，孔子悟到了人生的道理，虽然指头伤啦，这是小伤呀！不然这个人走路永远不注意，不小心。如果跌倒，或者中风了，变成半身不遂，那麻烦就大啦，就更糟啦！所以说"小人不耻不仁，不畏不义，不见利不劝，不威不惩"，就是这个道理。这是孔子解释这一卦初九爻的爻辞，所引申出来的人生哲理。

因果报应

说到这里我们要插一句话。很多人以为因果报应是佛家的话，其实中国文化从我们老祖宗开始，第一就是讲因果报应。早晨吃饭我们还谈到，每一个朝代怎么开始便怎么结束！清朝孤儿寡妇带四万人入关，统治了四万万人的中国，最后结束的时候，也是孤儿寡妇挟一个小包袱回去了。朱元璋是当和尚的，结果当了皇帝，最后明朝结束了，连个女儿也出家当尼姑。当他在世的时候，孙子也被逼着去当了和尚，可见他是欠了和尚的，子孙还要当和尚尼姑去还。天地间的事，怎么来就怎么去。这是历史上的一个定律。赵匡胤这个皇帝嘛，不算坏，很淳厚，冥冥中也给他留了一个后代。传说元朝最后一个皇帝，不是蒙古人，而是赵匡胤的子孙，这也是因果报应。元朝的末代皇帝反而是中国人，它的出处在哪里？有一本书叫《庚申外史》，记载了元朝的本身就是汉人，而且是赵家的后代。所以明朝的大元帅徐达把蒙古人赶出北京后，便不再向前打了。当时朱元璋很生气，他那副元帅是搞情报的，秘密向朱元璋报告说徐达拥兵不进，朱元璋就调徐达回京，军事会审。徐达心里有数，便带着自己的卫队，从天津坐船到南京，船停在江心里，请皇帝上船上来谈话。朱元璋没有办法，只好上船来。徐达摆的阵仗非常威严，皇帝上了船，徐达行过军礼，请皇帝上座。皇帝说：你为什么不到南京来？徐达说：我如进了南京，脑袋就要搬家了，所以我请你到船上来，咱们谈清楚。你现在对我还不放心，怕我造反，其实我要想做皇帝早就可以做了。那个时候不做，现在也不会做，你安心当你的皇帝吧！当然他们是好朋友，也是换帖兄弟，这就是徐达大将军的高明处。如果徐达一进南京上朝求见，一个卫士也不能带，武器也没有，那一进朝不就完了吗！请皇帝上船，皇帝想怎么也奈何不了他，不然便"伏尸二人，流血五步"，连皇帝也完蛋了。所以朱元璋说：你怎么会这样想，我决无此意。这样一说，两个人什么事情都没有了。

于是朱元璋问徐达：你既然把蒙古人赶出北京，为什么不向蒙古进兵呢？徐达说：他们好歹也统治中国七八十年，他们也是汉人，你知道的，何必要赶尽杀绝呢？让他一个汉人在蒙古当当皇帝也不错嘛！朱元璋说：对，就这么办，赶快回去。当初赵匡胤不太欺侮周家孤儿寡妇，所以也就保全了他的后代。这是历史的因果，尤其是中国的历史，几乎都是因果，谁也无法改变。

但是中国文化讲因果是三世的，这一代，上一代，后一代，是直线的。印度文化讲因果是横线的，是讲个人的，前一生，这一生，下一生。所以印度的文化进来之后，就和中国的文化结合，构成了中国文化的十字架，成了中国因果报应的学说基础。

天将厚其福而报之

孔子在这里提出来噬嗑卦这一爻来解说，这是孔子的名言，是中国文化的中心，非常重要，大家一定要记得。孔子说：

> 善不积，不足以成名，恶不积，不足以灭身。小人以小善为无益而弗为也，以小恶为无伤而弗去也。故恶积而不可掩，罪大而不可解。易曰：何校灭耳，凶。

这几句话大家千万要背得来。我们看《三国演义》，后来刘备在白帝城托孤给诸葛亮的故事，那不是小说，是事实，正史、小说都有记载。刘备告诉自己的儿子阿斗刘禅说："莫以善小而不为。"不要以为善小而不肯做，小的善事也要做。有的人以为这是小善，我何必干呢？没有什么意思。不知道小善也是善。他又说："莫以恶小而为之。"不要以为一件小事情，马马虎虎可以原谅。你要知道，积小恶就成大恶，到那个时候就可怕了。刘备快死了，为什么对儿子讲这两句话呢？要知道刘备书也读得不错啊！他也是卢植的学生。与他同时的荆州刘表，还是《易经》大家，有著作传世。三国时代的这些人,都读过书,都很了不起。曹操的诗文更好。不要认为他们都是只会打仗的老粗啊!刘备告诉他儿子这句话的精神,就是从《系传》这里来的。

我们中国人骂人时,说这个人很坏,快要完了,就说他"恶贯满盈"。贯就是跟铜钱一样地串起来,满盈就是像电脑资料库装满了,装不下了。到了这时候就开始报应了。所以我们中国老百姓的俗话说:"善有善报,恶有恶报,不是不报,时候未到。"不过中国也有人怀疑这善恶报应的问题,司马迁就说过,中国人讲报应是真的吗?他在《史记·伯夷列传》里就讲到,我看社会上成功的都是坏蛋,好人都没有好报,天道说福善祸淫,是真的吗?司马迁讲这话,当然是很愤慨的。其实这个中间也有个道理。中国又有句话说:"天将厚其福而报之。"譬如一个坏人,他坏事做得很多,不但没有遭到报应,反而更春风得意。因为他更得意,他便更造孽,更作恶,做坏事的本钱更雄厚,力量也更大,使他快一点把坏事做满,做绝,好接受报应。也就是西洋人说的"上帝要他灭亡,必先使他疯狂"的道理是一样的。有时候你感觉用心机很得意,那就太可怕了,上帝必厚其福而报之。你的福气好,上帝还要再加一点给你,因为加一点以后,你就快一点把福报消耗完了,好快一点接受报应。

孔子作《春秋》,《春秋》的大义在什么地方?就是说明一部历史的因果。春秋两百七十年,杀了几十个国君,亡国几十个。孔子在坤卦《文言》中也讲过"臣弑其君,子弑其父,非一朝一夕之故,其所由来者渐矣,由辨之不早辨也"。部下杀长官,儿子杀父亲,这都不是一朝一夕造成的。等于我们看到台湾社会上的问题,很感叹,这个社会这么糜烂,这么奢侈,也是"非一朝一夕之故"所形成的。我看到大家这几十年来过分的享受,心中也非常感慨。初到台湾来的时候,大家都穿木拖板。我们由基隆上岸一看,啊!

台湾的女孩子真漂亮，就是满口金牙、两条烂腿不敢领教。因为不用蚊帐，女孩子的腿被蚊子咬了！这么漂亮的腿，变得一个疤一个疤的，真叫人可惜。可是这二十年来了一个突变，大家都忘了过去二十年的痛苦，太过分了，真怕"天将厚其福而报之"。静观越想越觉得可怕，在座的诸位要注意呀！

小恶小善

所以佛家常常教人要惜福，珍惜自己的福气，不要享受得太过分了。这也就是孔子说的："善不积不足以成名"。成名就是成功，一个人想成功要做好事，但不是说做了一件好事你就可以成功了。你今天跟人家打架，报纸登出来，你成名了，这个名靠不住啊！善要慢慢地累积起来，才有真正的幸福。做坏事也一样，坏要累积起来，不累积还不至于灭身，上天还不会马上报应你。所以说，"恶不积不足以灭身"。

这个原理一般人不清楚，有些人以小善没有多大意义而不为。路上见到一块石头，应该马上捡起来放在路边，以免后来的人碰到了跌倒，这是我们小时候的教育。现在我们经常看到马路上的香蕉皮，尤其基隆、高雄在过去几年，那真是司空见惯。如果把石头、香蕉皮捡起来，避免人家跌跤，就是勿以小善而不为，积小善可以为大善。所以不要"以小恶为无伤而弗去"，小毛病就要改，不能不改，不改累积起来就成大恶大患，就要吃大亏。

"故恶积而不可掩，罪大而不可解。"自己不要以为有点小毛病没有关系，累积起来就是大毛病。"故恶积而不可掩"，掩饰不了，到了罪大恶极的时候，永远也无法解决了。

孔子为什么讲出这个道理？这是他读了噬嗑卦上九爻的爻辞"何校灭耳，凶"的感想而来。平常我们以为《易经》很难读，什么叫"何校"?"何"字加一个草字头就是荷花的荷,荷也作"负"讲,如王维的诗:"田夫荷锄至,相见语依依。""校"就是刑械,初爻是"屦校",上爻是"何校","何校"是负着枷锁,负担太重把耳朵都磨掉了。脚指头少了一个没有关系,所以说是"无咎"。但是耳朵少了一个就不好看了,所以说是"何校灭耳,凶!"

第二个解释,就是说肩上背了两块大木头,负担太重了,就倒下来了。"灭耳"!死掉了!"耳"不作耳朵讲,作虚字讲。罪恶太大,负担太重,怎么办?死而已矣!所以说是"灭耳"!死了不能再活了,这是孔子用噬嗑卦说明中国文化的精神。

其亡　其亡　系于苞桑

下面讲否卦九五爻的爻辞。

　　其亡!其亡!系于苞桑。

否卦与泰卦相对,地天就是泰卦,倒过来天地就是否卦。大家仔细研究我们的《易经》,非常奇妙,地在上面,天在下面,反而太平,是好事;倒过来地在下面,天在上面,就糟糕,就不对了。年轻时我们对这个道理弄不清楚,后来一想天地混沌的时候反而没有事,一有了天地麻烦就来了。有天地而后有男女,有男女而后有夫妇,有夫妇便有是非、烦恼,这样天地间的问题就无穷无尽了。所以上帝创造的这个世界,叫天地否卦,上帝创造了万物,却给人类带来了烦恼与痛苦,这是笑话。我们常常引用否极就泰来,所以懂了《易经》的人,没有什么叫好运坏运的。换句话说,坏里边有好,好里边有坏,好的过去坏的就来,坏的过去好的就来!

孔子解释这一段政治哲学说:

子曰：危者，安其位者也；亡者，保其存者也；乱者，有其治者也。安而不忘危，存而不忘亡，治而不忘乱，是以身安而国家可保也。易曰：其亡！其亡！系于苞桑。

　　我们今天台湾的社会，大家都忘了这句名言，这是很危险的。否卦的九五爻就说："其亡！其亡！系于苞桑。""其亡！其亡！"快要掉下来啦！快要掉下来啦！"系于苞桑"，好像很重的东西，吊在很细的桑树枝上，风一吹摇摇晃晃的，那根细枝一断便完了。所以孔子说："危者，安其位者也。"

　　人的危险在哪里？很多朋友出门坐飞机怕飞机出事，走在马路上怕被汽车撞上。其实最危险的地方是在你自己家里床上。过去不是发生过这种事情吗？一家人都在家里，飞机掉下来把一家人统统都压死了。所以我们应该知道，危险随时都有。什么叫危险呢？"安其位者也。"自己今天的位置，今天的成就，自己觉得很满足，便会大意，以为自己没有问题，这才是最危险的。危险在不危险里头，平安里头就有危险，走马路不一定危险，坐飞机也不一定危险。

　　"亡者，保其存者也。"乡下老太婆有几千块钱，一定用袋子装起来，放在她最秘密的地方，小偷一来，一下就找到了。天地间的东西想永远保存，希望永远属于你，那是不可能的。"亡者"，一个国家的灭亡，就在他强盛的时候已种下灭亡的种子了。一个人的失败，就在他成功的时候就种下失败的种子了。所以说，"亡者，保其存者也"。

　　社会为什么会乱呢？"乱者，有其治者也。"乱出在太平，我们看历史就知道，时代坏了，出来革命，打下天下，争得统治。时代好了，太平了，又种下了乱因，因果就在这里。要把这个政治哲学道理搞清楚，就要反过来，"是故君子安而不忘危"。人生没有太平的，生命随时有麻烦，随时要小心。"存而不忘亡"，当我们现在存在的时候，就要想到有一天不属于我的时候。"治而不忘乱"，社会安定太平的时候，便要想到随时会有乱的发生。

所以大政治家们就是善于堵老鼠洞的人。老房子，一有老鼠洞就把它堵起来，一部机器，一个小螺丝钉掉了，马上把它补起来，这部机器就不会坏了。不然今天掉一个螺丝钉，明天又掉一个螺丝帽，不要好久，这部机器就报销了。大政治家们对国家的任何一个角落，任何一个小地方的问题，都已经知道了，一个政策下去，已经把那老鼠洞堵好了。《易经》的道理告诉我们这个"治而不忘乱"，懂了这个道理，懂了否卦九五爻的爻辞，我们这个生命，以及宇宙间一切的事情，就像这个卦里说的一样，"其亡！其亡！系于苞桑"。

"苞"也叫苞萝，也叫鸟萝，江浙一带叫鸟萝。鸟萝并不是鸟巢，而是一大团的草窠，上边只有一点点小藤吊着，风一吹，摇摇摆摆，非常危险。生命的道理就像这个草苞子吊在那里，象征着生命的朝不保夕。任何的成功也是这样。所以《易经》的哲学看通了，跟佛家的哲学一样，看人的生命也同样的是朝不保夕。

张公百忍

下面的一段是鼎卦的九四爻。火风鼎䷱，鼎就是饭锅，是上面一个锅子，下面用火烧的意思。

　　子曰：德薄而位尊，知小而谋大，力小而任重，鲜不及矣！易曰：鼎折足，覆公𫗧，其形渥，凶。言不胜其任也。

"鼎折足，覆公𫗧，其形渥，凶！"这是鼎卦九四爻的爻辞。鼎折足是断了一只脚的鼎。鼎字原来是个图案，现在写成方块鼎字了。古代的鼎是家庭用的饭锅，唐代以前的大家族就是用鼎来煮饭的，《滕王阁序》中便有"钟鸣鼎食之家"的话。中国人讲大家族是五代同堂，一个家庭有一两百口人，比一个社会复杂得多啦！三个媳妇，又有八个孙媳妇，又有十几个曾孙媳妇……再加上三个女人一个菜市场，你看一个家庭有多少个菜市场啊！那个社会复杂得不得了。所以唐朝有个张功艺，五代同堂，一百多口人家，钟鸣鼎食，大锅菜拿上来，大家添一碗就走，绝不能用小厨房，以示公平。皇帝唐高宗召见他，很感慨地问他，用什么方法能够把家庭事情处理得这样好？张功艺写了一百个忍字，后世就叫他"张公百忍"。作为一个领袖，一个家长，就是这样。这个忍，不光是忍气啊！忍的意义很多，气要忍，什么事情都要忍，当一个大家长也只有"忍"才能应万变，处众纷。张公百忍是一个很有名的故事，皇帝看了只顾点头，对！对！对！做皇帝有时也很苦。当领袖的人，每天下面那些正反不同的意见，乱七八糟的报告，直言的，拍马屁的……我们知道的他都知道……所以当了领袖也只有忍。忍！很难啊！

这一爻的意思是说这个鼎断了一只脚，一锅热饭翻出来了，一翻翻到脸上，"其形渥"，难看极了，饭也倒在地上，吃不成啦……如果你卜卦卜到这一爻，做生意，做事，可以说是一塌糊涂。虽然不致坐牢，但可能会变成过街老鼠！

德薄位尊

"德薄而位尊"这句话的意思是，自己的道德与学问不够，但位置很高。等于我们做生意，找个笨蛋来当总经理，尤其现在人做生意，叫自己的太太当董事长，支票由太太出名，出了事太太去坐牢。太太们又不懂"德薄而位尊"的道理，自己分明是在家里做饭的人，现在挂上了董事长名衔，当然非倒霉不可。

"智小而谋大"，自己又没有智慧，做官想越大越好，生意赚钱越多越好，或者想买个小岛当国王，自己智慧又不够，计划倒是大得很，人小鬼大。"力小而任重"，五斤放在肩膀上还背不动，坐飞机连手提行李还要用轮子拖，却自以为千斤大力士，那不是吹牛吗？

有一次跟何敬公和一些教授们去日本，偏偏碰到日本的火车出轨，大家只好下火车步行了。距离住宿处比台北后火车站经过天桥到前站还要远一倍。大家说怎么办？我说走呀，但找不到红帽子提行李，我说自己拿嘛！大家都发愁怎么拿得动，我说我有两个皮箱，再给我一个，三个。你们两个人抬一个总可以吧？他们说看你穿着长袍，个子那么小，怎么能拿动三个大皮箱？我说试试看，我好多年已经没有练过啦。于是肩上扛一个，两手提两个，走了一段，我心里有数，外面看似若无其事，里边已经满身大汗了。大家看了说："原来你真有武功呀！"我说我也没有那么大的力气。他们说，那是怎么回事？你还那么从容！我说你们说我是学佛的嘛！如果我不表示一点从容，那佛学到哪里去了？其实我都累得快没命了，里边衣服也都湿透了，只是他们不知道而已。走到半路，我已经快顶不住了，两个人抬一个箱子的，还在半路歇了两三次，我早就到了目的地了。他们说"你一定有功夫"，我说什么功夫也没有，我要是跟你们一样，歇歇走走，一个也拿不起来了。这是真话，那时候我就是"力小任重"，差点没有出了洋相，所以人不要不自量力，"力小任重"。自己力量不够，偏要挑一个大责任，等于太太们当了董事长一样，以为生意好做，最后当了代罪的羔羊。

由此我们知道，有三个基本的错误是不能犯的：

一是"德薄而位尊"，道德学问都不行，大家来恭维你，尤是出家人，小小的年纪出了家，人家看到你便拜，那真可怕得很！你以为头发刮了就得道了吗？不是那么回事。另外两项是"智小而谋大，力小而任重"。如果犯了这三大戒，"鲜不及矣"，一定倒大楣，很少有例外的。所以孔子说"覆公餗"，一锅饭倒了吃不成了，还把自己弄得满身起泡。

这个现象就是"不胜其任也"。自己要有自知之明，我能不能挑动这副担子，负不负得起这个责任，自己先要称量一下自己。

袁世凯的二儿子劝袁世凯不要当皇帝，他有两句诗说：

"山泉绕屋知深浅，微念沧波感不平。"

这是中国文人的诗，"山泉绕屋知深浅"，他并没有劝他父亲不要如何，只用山泉绕屋来比方。"微念"，只要有一个小念头在心里，便会像大海波浪一样不平了。他劝父亲劝得那么好，可惜袁世凯不能听，使后人徒叹袁世凯有这么一个好儿子，可惜！可惜！

几与神

下面是讲豫卦六二爻的爻辞，豫卦是雷地豫☷。这一爻的重点是讲"几"，就是机会的机。古人的"机"字不用木字旁，只用"几"。木字旁的"机"是机器的机，那是有形的，这个"几"是无形的，将动未动之间的谓之"几"。等于我们站在门的中间，你说我是进来还是出去？请你猜猜看，你说我进来，我出去啦；你说我出去，那不然，我进来啦。那个进出未定之间的就叫"几"。

子曰：知几其神乎！君子上交不谄，下交不渎，其知几乎？几者，动之微，吉之先见者也。君子见几而作，不俟终日。

易曰：介于石，不终日。贞吉。介如石焉，宁用终日？断可识矣！君子知微知彰，知柔知刚，万夫之望。

孔子说:"知几其神乎!"一个人自己智慧能够"知几",就是达到神通的境界,一件事情一发动,就知道结果了。所以真正的神通是由智慧而来,不是什么头上放光,知道过去未来之类。真正的大智慧才是真神通,孔子引申这个道理,认为政治也好,做事也好,要能做到"上交不谄,下交不渎",就可以达到"知几",达到"介如石"的境界。不要因为上司提携就逢迎拍马,今天发表你升官,对长官也不拍马屁或谄媚;对部下或不如你的人,也不要轻慢他,仍要尊重他。平常做人就要如此。换句话说,平常的时候态度如此,飞黄腾达的时候也是这样。对有钱的人、没有钱的人都是这样,这是中国文化的精神,后来变成为一句名言,就是"君子之交淡如水"。

"淡如水"就是没有味道,大家平平淡淡的,老一辈的人自小都会懂。这句话是出自《增广昔时贤文》一书里,过去这是一本很重要的书,我们十来岁都已经会背了,原文是"君子之交淡如水,小人之交甜如蜜"。这个道理,诸葛亮的文章里也曾提到。诸葛亮除了功业以外,千古名文只有两篇,就是前后《出师表》,另外留下来的有几封家书。诸葛亮的书信都很短,可见他公事很忙,没有时间说很多话,可是意思都很深远。譬如给他儿子讲交友的信中说,君子之交"温不增华,寒不改叶"。"温不增华",是说春天到了,花已经开了,不要再加一朵花,锦上添花的事不要来。这也就是"上交不谄,下交不渎"的意思。朋友得意时,不去锦上添花,朋友倒霉时,也不要看不起他,还是跟平常一样。朋友之间的感情不能像是天气一样冷热变化,要永远长青,四季常青,这才是交朋友之道。下面还说患难中如何交朋友等等,大家翻翻《诸葛亮传》就知道了。

为什么君子要"上交不谄,下交不渎"呢?做人永远要留一步路让别人走,也让自己走。从人世间看宇宙是很大的,实际上却是很小，冤家到处都会碰到的，这也是"知几"。

所以什么叫"知几"呢？"几"就是"动之微，吉之先见者也"。这其中很微妙，这时还没有动，开始要动，也可以说是将动未动，这个时候就是"几"。你要能"知几"，知道"知几"的道理，就是大吉大利。君子能够"知几"，便永远大吉大利。因为"知几"，所以见到不好的自然不动；看到好的，知道能好到什么程度，动而一定利。所以"几"就是先见之明，因此孔子说，"君子见几而作，不俟终日"。如果认为是一个机会，应该是你的，机会要来以前自己便已经知道了，所以才能把握机会，"不俟终日"。不要说我等明天再来干吧，如果等到明天，机会便已经过去了！

介如石

孔子这一段的言论，是他研究豫卦六二爻爻辞的心得与引申。这个卦的爻辞是："易曰：介于石，不终日，贞吉。""介"字是人字下面两竖，"个"字是人字下面一竖，"个"字是"個"的简体字。人字下面两竖的意思，就像一个人站在那里，顶天立地的样子，像块大石卓然独立一样的安稳，一样的清白，干干净净，天压下来也不怕。

"不终日"，就是不到一天，意思是说人要昼夜把握自己，随时顶天立地，四面凌空都要看清楚。不要说白天如此，夜晚也如此，连睡觉也要如此。这就是平常我们所谓的特立独行，这也是《易经》上的话。孔子在讲乾卦时说过，人要"特立独行"，有自己的个性，自己的做法，并且要表示得很清楚。"贞吉"，这个样子当然好，大吉大利就是"贞吉"。

贞吉当然很好，自己要真能站得正、行得正、坐得正、做得正，就什么都不怕了。可是你不要吹啊！你是不是真的正，"贞吉"

两个字连起来用,"贞"就是干净,像块美玉一样,当然大吉大利。"介如石焉!"一个人顶天立地站在那里,像玉石一样,凌空独立。"宁用终日!"意思就是"哪里还要"!"这里何必还需要说"!"终日"是"不只在一天两天,而要永远如此"。一个人能永远这样,所谓顶天立地,真正的独立而不倚,就可以知道他的结果,所以说"断可知矣"!

所以人要有超然独立的认识,有介然独立的见解,像孙悟空一样能够眼观四面、耳听八方,这个样子就可以"知微知彰,知柔知刚,万夫之望"。

君子知微,要做到了像"介如石"这个样子,才能"知微"。"知微"就是智慧到了微末,别人看不到,你却有先见之明。"知彰"是大家看到的,你看得更清楚。

"知柔知刚",该柔的时候柔,该刚的时候刚,该退的时候退,该进的时候进。人的智慧达到这个境界就可以做统帅,可以当领袖。如果还没有机会,关起门来在家里当家长也是当领袖呀!也是"全家之望"啊!

孔子引用了十个卦中的十一个爻辞,是连起来讲的。它们前后都有连贯性,合起来是一篇文章,大家要留意研究。他用这几卦的爻辞集拢来,告诉我们做事、做人的道理,以及做一个领袖的领导学。

良马见鞭影而驰

下面讲复卦初九爻的爻辞。复,是地雷复☷,就是复兴的复,光复的复。

子曰:颜氏之子,其殆庶几乎?有不善未尝不知,知之,未尝复行也!易曰:不远复,无只悔,元吉。

这几句话怎么讲法呢?复卦的初九爻说"不远复,无只悔,元吉"。"不远"就是不很远,"复"就是回来,意思是说"不要很远就回来"。这样说像什么?所以过去我答应商务印书馆把《易经》翻成白话,现在想想真是未经思考胡乱答应。《易经》怎么翻白话?根本无法翻。就像这里,"不要太远,回来"。这像什么话?完全不对。翻译成"不要很远又回来",也不对,倒是比第一句话好一点,不过翻成白话,便不知道它讲的是什么了,一点意思都没有。

"无只悔"是没有一点可以后悔的,"元吉"是根本大吉大利⋯⋯照这样翻成白话,实在没有味道。

在这里,孔子非常捧他的学生颜回能够不迁怒、不二过。为什么孔子再三强调这两点?因为这两点很难做到。所以颜回不迁怒、不二过,孔子特别强调。至于能够受得了穷,那还是小事。人做到不迁怒很难,历史上很多的人物都会迁怒。譬如两夫妻吵架,小孩子一定倒霉,没有办法便拿孩子出气,打孩子;再不然兄弟姊妹吵架,爸爸妈妈倒霉,这个样子就是迁怒。当心情不好的时候,别人来问事情,就要挨骂,这就是迁怒。做官的要去晋见长官,先见要问问"今天上司的气象如何"?今天的心情好不好?不好改天再见。同学们也会打听我的气象。为什么?因为我的气象不好他会挨骂。有时候长官对某一个单位主管不满意,便连带把这一个单位的事情也全破坏了,这个道理就是迁怒。只有颜回不迁怒。不迁怒是十二万分困难的。

不二过更难,自己的错误犯一次,下一次不会再犯。这一点我们都做不到,这就是佛家说的习气。人永远犯自己常犯的错误。但是孔子这位得意门生,不幸短命的颜回,他却能做得到。所以孔子在这里提到"不远复",意思就是不二过。有些人也不错,也时常检点自己不要犯错,错了不可再犯。但是我们一般人也只能做到两三天以内很小心,不会再犯,过了半年三个月便忘记了,又犯啦!

孔子说:"颜氏之子,其殆庶几乎?"他说不迁怒、不二过,只有一个人做得到,就是颜回。《论语》记载有一次孔子问他的得意学生子贡,你跟颜回两个人比比看,你们两个哪个好?子贡说"回也闻一知十"。跟学禅宗一样,学禅宗的人要能"良马见鞭影而驰",骑在一匹好马上,马鞭子一扬起来,它就跑了。那匹笨马呢?马屁股打烂了,它不但不跑,还倒退呢!"良马见鞭影而驰",这是学禅宗的条件。所以找不到良马,宁可不讲禅。

颜回闻一而知十,告诉他一样,他知道十样。"赐也,闻一而知二",子贡说我呢?老师告诉了我一点,我能懂得了两点。加起来闻一知二懂了三面。当然《易经》的卦,第四面他还没有懂,而颜回已经懂了全卦,闻一而知十了。所以孔子说:"弗如也,吾与汝,弗如也!"你实在不如他,连我都不如他。孔子对颜回推崇到这种程度,不但子贡不如他,连自己也不如他。孔子对两个心爱的学生这样说,也是真话。

孔子说,这种道德修养,颜回做到了。他说颜回做到了什么程度呢?这方面孔子对颜回非常赞叹,在《论语》上固然可见,但在这里我们可以看得更清楚。

孔子说:颜回呀!"有不善未尝不知",他的思想修养,行为修养,有一点错误,自己都能知道,这就是颜回的自知之明,一般人很难做到。

"知之未尝复行",自己一知道错误,便不会再发生错误。就像学佛的修到了"空念头"后,起心动念,无论是善念、恶念,自己清清楚楚。善念保留,恶念不起,恶念一萌,立即把它空掉,这就是"知之未尝复行",知道了便不会再来。

"不远复"也可以解释为一起心动念立刻就知道了,就马上平息了的意思。

"无只悔",因此做人做事永远没有后悔,这样就大吉大利了。

男女构精　阴阳怪气

下面这一卦是损卦的六三爻,损是山泽损☲。这个卦解释得很有意思,"损"就是损害,孔子因而引申说:

> 天地絪缊,万物化醇;男女构精,万物化生。易曰:
> 三人行,则损一人,一人行,则得其友。言致一也。

在中国文化上,"天地絪缊,万物化醇,男女构精,万物化生。"这四句话非常重要,大家要特别注意,尤其学道家神仙之道的、学打坐的、练习长生不老、想修长生不死的,所谓丹道神仙的原理,乃至男女双修,个人单修,本身的阴阳调和原理等等。我们看中国道家的丹经、道书乃至西藏的密宗等,我认为还是从中国文化逐渐发扬起来的。当然也有人认为是从印度来的。观点不同,所见有异而已。

"天地絪缊,万物化醇",什么叫"絪缊"呢?"絪缊"就是"阴阳怪气"四个字。贾宝玉在《红楼梦》中说,林黛玉是得天地灵秀之气而生。我们小时候喜欢看《红楼梦》,骂同学都说:你呀!得天地阴阳怪气而生!但是,得天地灵气而生的人,多半都会出世修道,入世做人则没有用。普通人发财要看他的相,所谓"清贫、浊富"。人的相貌太清秀,一定是穷的。要发财,看他是不是有浊气,浊就富,清秀就贫,这是注定的。

阴阳怪气就会生长万物,为什么呢?现在的天气就是阴阳怪气,五月黄梅天,难过极了。但是温度高,万物生长得也快,像木耳、香菇,都是生长在很霉烂的地方。"絪缊"的意思很难解释,阴阳怪气一大堆，总而言之就是一塌糊涂，糊涂一塌，如此而已。你要翻译白话，翻译英文，那就要命啦！绞丝边一个因，就像丝绞来绞去一样。现在是四月五月梅雨天，各位到乡下去看看，那些老房子的墙根上都长满了硝，墙壁上都是发霉的。刚来台湾我在基隆住，书架上的书抽出来都是湿的，要小心翻，一不小心，纸都扯破了。不要看这种天气，细菌这时候最易繁殖，生命就在这种情形下开始。所以说"天地絪缊，万物化醇"，就是发酵。人怎么能发酵呢？细菌的繁殖过程就是"化醇"。平常我们说醇酒美人，不是烈性的酒就叫醇酒，像绍兴的女儿红，就是属于醇酒之列的，喝到嘴里很香，不太烈，不在乎，这种酒最容易喝醉，所以说醇酒美人是相连的。这也就是所谓的"天地絪缊，万物化醇"。

"男女构精，万物化生。"民国初年，大陆上有一个写黄色小说的张竞生，非常大胆，可以说是开风气之先。他早年留学日本，著作《性史》，黄到极点，大家挖苦他叫他性学博士。他在日本是学农业的，修到农学博士，回来无聊开玩笑，就写起小说了，有时他讲得也蛮有道理。孔子在这里说"男女构精，万物化生"，构者交也，因为男女之交，所以才生男生女。道家修长生不老，就是根据这四句话的原理来的。

修道必须要修到本身内部的阴阳交构，就是佛家修禅定所讲的得喜、得乐，不需要靠男女关系，自己可以生出另外一个生命，因为每个人都有阴阳。要长生不老，祛病延年，必须修定修到"絪缊""构精"的境界。外界的状况都不知道，身体坐在那里入定，这个定是另外一种定，叫做"絪缊"定。庄子称"絪缊"叫混沌，跟我们说的混蛋差不多，什么都没有，糊里糊涂。可是糊里糊涂的情形，好像睡着了，又像没有睡，这种情形酝酿久了，新的生命才会起来，气脉才会发动。

所以孔子所说的"天地絪缊，万物化醇；男女构精，万物化生"这四句话，道经的书有几千部著作，还有密宗、道家所谓的气脉，都是要先达到这个境界，气脉才能通。孔子为什么扯到这里来呢？妙不可言，这一卦是损卦。"损"是损害，六三爻的爻辞说：

"三人行则损一人，一人行则得其友，言致一也。"这是孔子的结论。

"致一"也可以解释为统一、合一，但也不一定这样解释。矛盾的统一，双方意见对立，对立之中产生了另外一个意见。正反相对的两派意见，闹来闹去，哪一个人得利益呢？两派都失败，只有另外一派得利。等于男女构精，父亲跟母亲谈情说爱，爱到了极点时，并不一定是利，有损，男女本身就有损，可是另外一个生命产生了，就是这个道理。

这一段道理很麻烦，研究起来是个大科学、大哲学。老子也讲这个道理，"道生一、一生二、二生三、三生万物"就是从这里来的。所以懂了这个生命的最新道理，科学的道理，就知道中国的医学，修道的哲学，都是从这里出来的。短短的十几个字就有这么多的问题，我们也是简略地带过而已，不能多说。现在回头看孔子对损卦六三爻爻辞的解释。

损卦六三爻的爻辞说："三人行，则损一人，一人行，则得其友"，这是什么意思？三个人一起走，一定会产生两派意见，会损害一个人。我常说孔子的话不究竟，如果孔子生在现在，他的说法一定会要修正。现在两个中国人在一起，有三派意见，尤其是华侨社会里边。我经常嘱咐出国的年轻人要小心注意。在外国，中国人专门攻击自己中国人，两个中国人在一起，就会有三派的意见。在国内大家搞惯了不觉得，习惯了还不会太害怕，到国外就很害怕了，那可怕得很啊！

人为什么会有这么多意见？这个道理是什么？人性很可怕，有些同学说外国人不会，那是因为你没有看透彻。外国人也一样会，人都是会那样的，你拿动物来做试验也是一样，三个东西养在一起，问题就来了。"三人行，则损一人。"只有阴阳相合才行，最好是一个人做事情，发起后别人就会来投资啦！差不多就是这个原理。所以孔子的结论是"言致一也"。大意是说：只能一个找一个，并不一定说是统一。一个找一个好办。譬如说三角恋爱，一定有一个是失败的。一个找一个很好，这是个很简单的道理。

其实不要看着简单，但也不一定。人与人之间有很多问题，把这些问题搞清楚了，可以领导政治。历代所谓的枭雄、英雄，懂得领导的人，都懂这个道理。真正的领导是矛盾的统一，把大家制造成两派，他在这中间才好控制，清一色的反而不好办。

这个中间道理很多，用得好，是大好事，是"天地纲缊，万物化醇"，用得不好，那是大奸大恶。这个话只能讲到这里。关于修道、人生、政治的，自己回去参究。这是禅宗，"良马见鞭影而驰"，自己要能闻一知十，大家回去参参看。

全始全终

现在讲孔子对益卦初九爻爻辞的看法：

子曰：君子安其身而后动，易其心而后语，定其交而后求。君子修此三者，故全也；危以动，则民不与也；惧以语，则民不应也；无交而求，则民不与也；莫之与，则伤之者至矣。易曰：莫益之，或击之，立心勿恒，凶。

孔子说："君子安其身而后动，易其心而后语，定其交而后求，君子修此三者，故全也。""全"字的意思是做事、交朋友要能全始全终，这很难。要一辈子都是朋友很难，很难！有好的结果，不如有好的开始，也就是说，慎终不如慎始。好的结果是一开始就要注意的，是由慎始来的，这是交友之道，也是处世之道。

如何全始全终？那是十分的难。人的一生，不管你当皇帝也好，做宰相也好，或者是做一个默默无闻的老百姓也好，都很难做到全始全终。大家看历史或现实社会，有几个人能全始全终的？所以"全始全终"这四个字，看起来简单，做起来非常之难。要有好的全，先要有好的始，之后才能谈全终。从理论上讲，与其求结果好，还不如求开始好更好。所以佛家有"菩萨畏因，凡夫畏果"的名言。菩萨是菩提萨埵的简称，是从梵文翻译过来的名称。正确的翻译，菩提就是"觉者""觉悟"；萨埵就是"有情"，有情也可以翻译为入世。所以菩萨是大乘道，是入世的，不是出世的。就等于中国的圣人，得道者，他们所做的任何事情，都注意到"因"，也就是开始就是好的因，好的结果自然就在好的开始里了。所以说"菩萨畏因"，也就是说动机是起心动念之因。"因"一种下去就可怕啦！凡夫是普通人，为什么说凡夫畏果？因为凡夫"不威不惩"，犯了法不到枪毙、不到临死不会反悔，这就是果来了才害怕。所以与其等到果报来了才后悔，何不于种因的时候加以检查呢？智者畏因，一开始就怕，就重视、注意，后果就不会有问题了。一般人是到了结果时才怕，所以说全始全终是非常困难的。

安其身

孔子引用益卦上九爻的爻辞，提出他的意见。益就是利益，现在人做生意要讲利益，交朋友也要讲利益，做民意代表更是为了利益。真正的利益是什么？没有利益可言的才是真利益。依孔子的道理，真正的利益只有在自己，没有办法去求人。所以他说明人生之道是："君子安其身而后动"。要做一番事业，做一件事情，必须先求身安，身安而后动，换句话说，就是人要有所立。

今天有位老朋友回国外去，向我辞行，很想跟我谈些什么。我告诉他，我从十二岁看他到现在，我对他的看法是"无所立"，没有站起来。人的一生要有所立，自己能站得起来，这个很难。我说你也在做生意，也在做学问，什么都会，表面上看来是多才多艺，可是你的人生无所立。他听了也非常感慨。人只要"安其身"而后"始有所立"。我们大家仔细研究研究看，一个人如何才能"安其身"？像做生意或做一个公务员，一个月拿三四万元或十来万的待遇，当然首先要有你的本事。但是你空有本事、学历，如果没有老板雇用你、信任你，也是很难。前几天，一个老朋友说他要提前退休，大家劝他不要退。他问为什么？我说你是做官的，从大学毕业，做了一辈子公务员，可以说除了做官以外，社会上的事样样不懂，退休以后你会感到很无聊，无所凭依的。后来他来看我说：你对了，现在后悔也来不及了。我们现在人退休以后，如果没有哲学修养，没有宗教修养，退休后一两年就死掉了。为什么？就是因为心里头没有安顿。古人不同，古人退下来，就算他不搞哲学，不搞宗教，也有他忙不完的事，像读书、写字、著作等等，忙不完的。现在人无所安身的道理，是心无所安，也就是无所立。所以一退休，放下了工作，便无所事事，苦就苦在这里。

其次是如果已经退了下来，无论做什么，棺材本要留着，也就是退休金绝不能动。一位朋友退休，我就劝他出家，他很高兴。他有几十万退休金，我劝他留着不要动，这样等你去世后，还有不相干的表兄表弟，八竿子打不着的亲戚来给你办丧事。不然就没人管啦！这也就是"安其身"的道理。

人生要能做到"安其身"才是根本，但这还不算安其心，安其心就更难了，此心永远不能安！所以一个人要做事业，要有所作为，先要自己"安其身"，要"安其身而后动"，不能打烂仗，不能乱来。

易其心

　　交朋友之道,要"易其心而后语",要彼此知心。但是知心很难,《昔时贤文》说:"相识满天下,知心有几人?"所以古人说"人生得一知己,死而无憾!"我们也可以说,世界上没有一个人能真有一个知己的,尽管我们都有家人、父子。但夫妇为夫妇,不一定是知己;兄弟是兄弟,父母是父母,也不一定是知己。所以知己只有友道,友道就是社会之道,有人把五伦之外加一伦,那是不通的。朋友一伦就是社会,过去家庭一伦也是社会。我们中国文化标榜的知心朋友,从古到今只有一对,就是管仲与鲍叔牙两个人。以后的历史虽不敢说没有,但的确很少。如果大家懂得他们两人全始全终的历史,就可以知道知心不容易了。所以孔子在这里提到"易其心而后语",这个"易"就是交易的易,不是容易的易。"易其心"是彼此换了心,就像古人一首非常有感情的词:"换我心,为你心,始知相忆深!"

　　我们为什么讲到这里?就是拿这首词来说明什么叫做"易其心",也就是朋友与朋友之间要能交心,才算知心。大家可以想一想,人与人之间可以谈知心话的多难找!孔子的看法,要能"易其心",才能讲朋友之道。

定其交

　　"定其交而后求",我们在社会上交朋友,人与人之间要"定其交",要有交情。记得我们年轻时把朋友分类,一种是一般的朋友,见面之交的都是朋友;一种是政治上的朋友,就是有利害关系的朋友,除了利害关系,政治上没有朋友;另有一种是经济上的朋友,所谓通财之谊，能做到通财之谊就很难了；最难得的是道义之交，那是更难了。我们一生能不能交到一个没有一点利害关系的朋友，都是大问题，包括了政治、经济、普通等等一切的朋友在内，能够全始全终的有几个？如果有，这个就是可以相交的朋友。朋友的交情能够"定其交"，才可对他有所要求。

譬如我们前面讲过的管鲍之交，管子开始跟鲍叔牙做生意，结账的时候，鲍叔牙也不问赚了多少，管仲就自己装了起来。人家告诉鲍叔牙，管仲太不够意思，两个人做生意赚了一千万，才给你鲍叔牙一百万！鲍叔牙不但不以为意，还说："他因为穷！他需要钱，我不需要。"这多么难？管仲那个做法是乱来的，拿了就拿了，用了就用了，管仲的心情鲍叔牙了解。最后管仲要死的时候，齐桓公对他说：你死了以后，我想把这个宰相交给鲍叔牙来做如何？管仲说：千万不可交给鲍叔牙，他绝不能当宰相。他就这么爱护鲍叔牙，也只有鲍叔牙懂得，管仲不要他接位，是为了顾全齐桓公，也为了顾全鲍叔牙。这种胸怀多好，多高超，也只有知己才懂。如果像现在的人，你不做国防部长，应该交给我，却交给别人，那还够朋友吗？当年你当部长还是我建议的，要我当部长你却还要反对！不骂你祖宗八代才怪！所以只有知己才能爱人以德。过去我们念到"定其交而后求"，很滑头地加了一个小批说："有酒有肉皆朋友，患难何曾见一人！"真有患难的时候，何曾有一人来帮助你啊！

"君子修此三者，故全也！"这就是修道，修正人生的行为，人生的大道，能够修正这三个要点，自己才能够"全"。全字的道理，就是孟子"君子有不虞之誉、有求全之毁"的"全"。人生境界常有求全之毁，谁也不是一个完人，每一个人都有缺点被人家挑剔。攻击人批评人的文章，都是求全之毁。诽谤人家容易，要求人家都是圣人，自己却是混蛋。写文章的人当然绝不是圣人，可是他要求人家都是圣人。所以我们人随时都有求全之毁。不虞之誉呢？

有时候人家恭维我们，我们自己还没有想到有这个长处，甚至被人过度地恭维了，会使自己得意忘形。恭维来了，就是不虞之誉。所以我说孟子到底还是圣人。

懂得了求全之毁，人生才能求全，人生才可能全始全终。

立心勿恒

"危以动，则民不与也。""危"并不是讲危险，是计划不够周衍，还没有成熟，只顾及自己的理想，没有顾到环境的需要，就把计划推出来了。"则民不与也！"老百姓不会服从的，也不会与你合作了，因为没有人支持你的计划。

"惧以语，则民不应也。"用威胁的话来对人，平常所谓威胁利诱的话，"则民不应也"，民心不会顺应的。这也是第二句话的发挥。

"无交而求，则民不与也。"平常没有交情，政治上没有根基，换句话说，你上台对人家没有给予，人家对你没有信仰，"则民不与也！"人家不会诚恳拥护你的，也不会听你的。

"莫之与，则伤之者至矣！""与"就是拥护的群众，跟随你、同情你、拥护你、支持你的，都是"与"。所以在做人做事方面如果是"莫之与"，就没有人听你的，没有人同情你。做事业没有伙伴，没有真正的知己，"则伤之"！要想成功很难很难。要成功就要靠朋友。我们中国讲朋友之道有两个原则：

一、朋友有通财之谊。朋友就是社会，社会上彼此有困难要互相帮助，就是通财之谊。这个我们在前面已经讲过。

二、朋友要劝善规过。我有过错，你能指出来，忠告我。所以孔子谈朋友之道说："益者三友，损者三友。"

什么是益者三友？对你有益的朋友有三种：友直，对你讲实话的人；友谅，能够包容你、包涵你的人；友多闻，学问见识比你广的人。这三种是好朋友。

这是我们讲益卦所引申到的。大家试想，一个人如果没有通财之谊的朋友，没有劝善规过的朋友，也没有群众，那么你人生便很艰难了。

我们中国朋友之道还包括了老师。在中国文化中，往往师友并称，所以说师友同道，古人称弟子为师友之间。友道就是社会关系，比五伦还重要。人有许多上不可对父母讲的话，下不可对妻子儿女讲的话，只能对朋友讲。这就是朋友之道，也可见友道的重要。

友爱仁慈

益卦的道理包括了这么多，孔子这一段是发挥，下面是引证益卦上九爻的爻辞说：

"莫益之，或击之，立心勿恒，凶。"这点是现在朋友之道的写实，不但不能帮助他，背过来还要打击他。尤其是利害关系的朋友，政治上的朋友，像这一类作风的人特别的多，都是"莫益之，或击之"，就是这个样子。

"立心勿恒"，"立心"就是动机，"勿恒"就是没有恒久的，这就不是朋友了，最后当然是"凶"。譬如男女问题，有位学生问我，男女之间，难道没有纯粹的友谊存在吗？我说：几乎没有。但并不是完全没有，不过很难有。因为男女之间就是我爱你，如果我爱你，你不爱我，你就会"莫益之，或击之"了。很多女生要我讲恋爱哲学，我说我不懂，因为恋爱哲学就是：我爱你时就爱你，我不爱你时就不爱你，完全以"我"为中心。每个人都是为"我"，为"自己"，不会真正去爱人；有时即使做到爱人，也是为了"我"的需要而爱。所以说，这个爱的逻辑都是以"我"为中心，由"我"而来。假使真做到了无"我"，那个爱不叫爱，就是仁，是慈悲。这种爱社会很少见，或者有两个人能做到，一个人已经死了，一个还没有出生。

世界上的交情不是"莫益之"，就是"或击之"。无益于自己的，便打击。由这一方面看这个社会人生，也是很痛苦的。我们过去说过用人的故事，最初是感激你，后来变成你应该，最后变成了仇人，就恨你了。所以道家的《阴符经》就说，"恩里生害"，恩太多，对他太爱了，就会成冤家。教育孩子，教育人，都是一样。现在实施所谓爱的教育，只有"恩里生害"，因为这个社会已经不对了。社会上恩爱、利害、善恶、是非本来都是相对的，但今天的人只想抓住恩爱、利益，忽略了利害相对、相生的道理。

所以益卦说："莫益之，或击之！立心勿恒，凶。"这就是不知所立。如果这个样子，无论做人做事都不会全始全终的，所以结果是"凶"。

第六章　乾坤其易之门邪

子曰：乾坤其易之门邪？

乾，阳物也；坤，阴物也。阴阳合德，而刚柔有体。以体天地之撰，以通神明之德；其称名也，杂而不越，于稽其类，其衰世之意邪？

夫易！彰往而察来，而微显阐幽，开而当名辨物，正言断辞，则备矣！

其称名也小，其取类也大；其旨远，其辞文，其言曲而中；其事肆而隐；因贰以济民行，以明失得之报。

《易》之门

子曰：乾坤其易之门邪？

乾，阳物也；坤，阴物也。阴阳合德，而刚柔有体。以体天地之撰，以通神明之德；其称名也，杂而不越，于稽其类，其衰世之意邪？

这七八十年来，许多学者研究《易经》，常提出来说，《易经》是我们老祖宗们的性心理学。他们的理由认为阳卦是代表男性的性器官，阴卦是代表女性的性器官。像顾颉刚、章太炎等多主张这个说法，甚至我的一位老朋友也写了一篇有关《易经》的文章来给我看。我很不客气地痛骂了他一顿。实际上他的年龄比我大，但我毫不留情地说他，为什么跟章太炎学？他胡说你也胡说？他说章太炎有根据呀！根据就是"乾坤其易之门邪"！"乾，阳物也；坤，阴物也。"这是孔子讲的嘛！实际上我那位朋友是章太炎的女婿，也是章太炎的得意门生，年纪比我大不少。当时他写了那篇《易经》文章来给我看，被我摔在地上，他就拿孔子这里的话跟我辩。其实大家都几十岁了，他也不生气，问我说哪里不对。我说你一开始就不对。不错，孔子是那么说的，但你研究中华文化，哪一本秦汉以前的书上把男人性器叫"阳物"的？你找出来，或者你把你老丈人从棺材里拉出来，让我跟他谈一谈！你能找出来我就投降。孔子说的"阳物""阴物"，等于老子所讲到的物，不是我们现在唯物的物，而是现在我们所说的"东西"。"乾，阳物也"，就是说乾卦代表了阳性的东西。后来在宋朝以后的医书上，才出现把男性的性器叫阳物，女性的叫阴户的说法。这是宋朝的医书上说的，汉朝以前连医书都没有，哪个地方把男性性器叫阳物啊？这是你根本上搞错了，所以才这样说。

也有人以为《易经》是性史，还有人以为《易经》是情报学，卦是秘密通讯的号码……这类说法的书，在台湾都有出版。所以研究《易经》非常有意思，各方面的著作很多。但自己若没有主见，很容易走上歧路。尤其是近八十年大学问家的著作，像梁启超、章太炎等一讲出来，大家都不敢反对，一般人都是先入为主的。所以我们现在研究学问，往往会碰到刚才所说的这种差误，所以说治学问很难。前辈名人的话不一定是对的，大家必须留意。

这里孔子说，学《易经》必须先要把乾坤两卦研究透彻，乾坤两卦研究透彻了，然后再研究《易经》，这样，这一门学问的中心就可以抓住了。所以，"乾坤其易之门邪"！是研究《易经》的入门，是一把钥匙。

"乾，阳物也"，是说乾代表阳性的东西，换句话说，阳性的东西就叫"乾"；《说卦传》最后的一章说："乾为天、为圆"。天是乾；乾代表皇帝为君，也代表了父亲，玉也是乾，天气冷也是乾，冰块也是乾，赤色也是乾，好马是乾，老马是乾，瘦马是乾，花马也是乾，木瓜也是乾，木上的果，不只是木瓜，树上的果也是乾……

坤代表阴性的东西，代表地，代表妈妈，代表布，代表饭锅，代表吝啬，以及古代可以用的大车等……

龚定盦的影响

所以"乾"这个符号代表阳性的东西，"坤"代表阴性的东西。这是物理的法则、人事的法则、阴阳的法则，"阴阳合德，而刚柔有体"。所以，"以体天地之撰，以通神明之德"，《易经》的道理就在这里。宇宙万物相对的组合，相对的矛盾组合，也可以说矛盾就是中和。矛盾并不一定是不好的，或者是不对的，譬如男人与女人两者绝对是矛盾的，但他们组合在一起，便是一个很好的家庭，还会生出小孩来。人与人之间就是这样，头跟脚也是矛盾，脑子会想，脚会走路，这就是矛盾组合。从文字表面看，好像矛盾就是不对的，可是矛盾并不是不好，矛盾也并不是非要反对不可！

大家研究近代史，近代的思想家康有为、梁启超，包括孙中山先生，一路下来，没有不受龚定盦思想影响的。龚定盦学问大，读书多。他的儿子叫龚半伦，五伦之中他只有半伦，连父亲他都不大理。龚半伦读他父亲的文章、诗词的时候，供一个父亲的牌位在那里，手中拿一挂鞭子，读到不对时，一鞭子打到牌位上说你又错了！龚半伦除了母亲这半伦外，其他都不承认。他是个狂人，但他学问也真好。龚半伦真是半吊子，八国联军瓦德西是他带进宫来的，后来沦落在上海，很惨。这是题外的话。总之，龚定盦的思想影响了我们中国一百多年。

刚才为什么又扯到别处去了？就是在说明"阴阳合德"的道理，矛盾不一定是坏，也不一定是相反，矛盾有时候是中和，所以要"阴阳合德"，因为这个宇宙都是相对的。阴阳不和便孤阳不生，孤阴不长，那是没有用的。所以在宇宙间一切都是相对的组合，无论物理世界及人事，都离不开中和，儒家的中庸之道就是从这个道理产生的。

"阴阳合德，而刚柔有体。"有体才有用，"以体天地之撰"，"体"就是体会，有这个矛盾中间的组合，才可以体会。体会什么？体会"天地之撰"，"撰"就是造就。谁在造就？没有人在造就！也没有人能造就！只有阴阳两个力量。"阴阳合德、刚柔有体"，这样才能"以通神明之德"。"神明"是不可知的，最高明的，上帝也好，鬼也好。上帝是阳的，鬼是阴的。

大家读古书，对这个"德"字要特别注意，这个"德"在古书里边所代表的意义，并不完全是我们后人观念中道德的"德"。"德"就是成果，所以古人的解释说"德者，得也"，"德"就是得到，"以通神明之德"，就是这个意思。

《春秋》言三世

"其称名也杂而不越，于稽其类，其衰世之意邪？"这一段开始，是讲写文章的方法。我以前常告诉新闻界的朋友，写社论就要"杂而不越"，尤其是写大文章的道理，取材的角度，下笔的方法都有很大的学问。

"其称名也，杂而不越"。"名"的意思，在这时可以说是"用字遣辞"。一个名词、一个小掌故、或者讲道理、理论，引证得很准确。"杂"是很广泛，包罗很广，能照顾全面；"不越"是不会过分，没有超过范围，没有不得体、不离谱，等等。

"于稽其类",引用资料的正确性,说话要有根据,不能乱讲,在写同类的东西时,似是而非的关键之处,要能辨别,能剖析。

这是孔子研究《易经》,及研究文王周公著作的心得。

"其衰世之意邪?"孔子的《春秋》言三世,就是太平世、升平世、衰世。衰世就是乱世,就像是我们所处的这个时代。如果按孔子所定三世的标准,大同世界就是太平盛世,但是很难做到。西洋哲学家柏拉图的理想国与孔子的太平盛世,恐怕永远是人类挂在那里的一个目标。所以我经常比它为驴子的红萝卜。一个赶驴车的乡下人,因为驴子不肯走,他便在前面吊一个红萝卜,驴子为了吃那个红萝卜,就只好拼命向前走。但是,这个红萝卜目标很难追求得到。

普通历史上的小升平,如果十年二十年没有战争,人民的生活就能获得安定。但是在历史上几乎没有三十年不变乱的,要想安定很难。十二年是一纪,三十年是一世,这是古代的观念。现在把一百年叫一个世纪,这是西方人的观念翻译过来的。

讲到衰世,钱穆先生曾说庄子、老子、《易经》的"三玄之学"是衰世之学。我就讲笑话说:如果三玄之学是衰世之学,那四书五经也可以称为忧患之书了,因为四书五经的学问都是从忧患中来的。钱先生这么讲也有他的根据,这就是孔子所说的"其衰世之意邪"的道理!

太平逍遥的日子

但是大家要注意,伟大的哲学家、宗教家都出在乱世。越是乱世,人才越多。乱世的人都是痛苦的,因为痛苦,便要用思想来解决问题。太平时候都是文学家,因为生活优裕,就把精神用到悠闲娱乐方面去了。《红楼梦》的那个时代,就是太平时代的反映。由康熙下半期开始,算是太平了二百多年,那个时候公子少爷、文学家特别多。像袁子才这一班人，都出生在那个时候。所以当时就流行不做无益之事——一天到晚不去跳舞、打麻将、喝酒，如何排遣有涯之生命？人的生命有限啊！如果不做些有意义的事，那个日子怎么打发？活几十年太长啦！实在受不了，人会要发疯的。

　　这种话大家恐怕很难会听见了。我现在想想，那个日子真的很舒服啊！要放暑假了，担心这两个月的暑假，回到家怎么"玩"？怎么过啊？回到家以后，竹床一铺，当着风口睡倒，看看唐人的诗词，翻翻书，很快地下午两三点了！妈妈的下午点心还没有出来，已经对妈妈很不舒服了！妈妈把点心拿来，一尝不对胃口，便不吃啦！妈妈再劝，反正不好吃，一副撒娇的样子。妈妈说：好，我再去做别的……现在想想古人所说的"日长如岁闲方觉，事大如天醉已休"，过一天好像过一年一样，这种生活情形，几十年来台湾青年差不多感觉到了。大家生长在温室里边，我很担心将来大家怎么办？不做无益之事，何以遣此有涯之生？所以大家飙车、签大家乐，舞厅"嘭嚓"到天亮……

　　可见历史上永远不会出现太平，所以真正领导这个世界的大政治家是很痛苦的。大政治家要在这个世界将乱未乱的时候就导正它、预防它，但还得不到大家的支持。一个社会、一个国家跟一个家庭一样。我半夜三四点钟起床，看到对面卖豆浆的夫妇，已经起来磨豆浆了。夫妇俩辛辛苦苦，省吃俭用买了房子，银行里存了钱，到了儿子长大，便不会再这么辛苦了，到了孙子便要"不做无益之事，何以败此辛苦之家"了。一个家庭不会超过三代，那是真的。这个社会上的家庭，是不是如此呢？

知往而察来

　　　　夫易！彰往而察来，而微显阐幽，开而当名辨物，正言断辞，则备矣！

其称名也小，其取类也大；其旨远，其辞文；其言曲而中；其事肆而隐；因贰以济民行，以明失得之报。

《易经》告诉了我们过去，懂了历史，懂了过去，就懂了未来，但也会忽略了一些明显的、大家习知的平常事，所以要"微显阐幽"。因为我们往往把明显的、轻易的，认为了解清楚了，实际上却还没有看清楚。越是明亮的地方，也越有黑暗，可能你找不出来。做情报工作的就要"微显阐幽"，看看有没有问题，因为问题就出在那个没有问题的里头，所以要"微显阐幽"。因为看不见的、黑暗的里头都有东西。

"开而当名辨物"，你懂了《易经》以后，每一个卦象都是人生、宇宙、物理，就是生活经验。"当名"，每个卦名都是恰妥的、合理的。我们随便举例如风雷益这一卦。台风来了一打雷，台风停了，不是很有益吗？"辨物"则是辨别物理的道理。

"正言断辞，则备矣。"告诉我们人生的经验，"正言"是很正确的说法，要真懂了《易经》就可以了。所以我说做社论文章，能做到"正言断辞"，就可以了，"则备矣"，这就是一篇大文章。

《易经》的取象，都是我们生活周遭所常知常见的，如龙啊、虎啊、象啊、狐啊、风霜雨露啊等等。"其称名也小"，使你懂得这个道理，因小而知大。"其取类也大"，这是智慧之学，知道一点就知道其他的。常常有些同学怪我，觉得我很多的道理都不肯讲。我说我讲了那么多你都不懂，我还要怎么讲？要我把茶叶蛋、马虎蛋都拿来跟你讲，那还叫做学问吗？学问之道，"其称名也小，其取类也大。"所以有人问什么人可以学禅？释迦牟尼佛说"良马见鞭影而驰"。一匹良马，见马鞭子一扬就跑了，不要说举一反三，挂一漏万是很难做学问的。

成功失败两相依

"其旨远，其辞文。"我们写文章，真正能写到这样，才算大文章，就成功了。这一点很不容易，我们都做不到。"其旨远"，一篇文章能够留得千古，它的主论没有时代的限制。像宗教的圣典，它没有时间的限制，永远有它的精义。"其辞文"，它的文采，更充满了文学性。

"其言曲而中"，它所讲的话是圆的，但也是真正的、实在的。"中"就是很恰当。"其事肆而隐"，"肆"就是放肆，中间包括得很广，有很多层的道理，你慢慢去看、去读，加上你的人生经验，你会体会得更多。当年一位朋友说我，你十年读书，十年做人，然后才懂得我的话。真的！这位老友并不是瞎说的，我现在还很怀念他，他的话很有道理。那个时候自己年轻，读书不多，阅历不够，很多事情都不懂，自己还以为很了不起的样子，其实很幼稚，所以那位朋友拍拍我肩膀，说了这几句话。学《易经》是要学一辈子的，有些地方要很久才会懂得。

"因贰以济民行，以明失得之报。"这是结论，"贰"就是相对的，指阴阳两面，《易经》就是阴阳的两面。"因贰以济民行"这句话里边学问很大、很多，一个大政治家、大军事家，有一个大的计划，就会有一个辅助的计划。参谋总长下达一个打胜仗的计划，地区作战指挥官便要有一个打败仗的计划。两个计划分开来做，做好了，再把两个相反的意见合起来，变成一个计划。任何一件事情都是"因贰"。一个计划下来，万一出了毛病，第二个救急的办法就来了。我看现在的人做事都很主观，认为他的计划绝对百分之百成功。百分之百就糟啦！所以我常常提醒他们要多想想啊！生个孩子要有屁眼的。虽然这个话讲得很难听，但却是实在的。等于我去区公所办事，第一次他说要身份证，带着身份证去了，又说要户口簿，第三次又说要私章……为什么不一次告诉人家呢？他们多一句话也不肯讲，办的都是些绝后的绝事，你看多可怕。每个人做事都像大街上女孩子穿的鞋子——空前、绝后的样子。你看我们的社会怎么得了！

所以大家将来无论做什么事情，做了成功的计划后，还要做一个最坏的辅助计划，懂了这个，就可以懂政治哲学，可以懂领导哲学，也可以懂得写文章了。

"因贰以济民行"，"民"就是人们。什么道理呢？有阴必有阳，这也是因果关系，跟宇宙的道理一样。"以明失得之报"，万事有因必有果，有失必有得，得与失，成功与失败，这个里边有"还报"的道理，就是回转来的道理，也就是老子说的"天道好还"。什么叫好还？你付出了些什么，就回转来些什么；你怎么对人，回来的是什么就知道了。你说这个人对自己不好，大概自己付出的也就是这个样子吧！天道好还，本来就是如此。所以一切应该求之于己，反求诸己而已！

第七章　易之兴也　其于中古乎

易之兴也,其于中古乎!作易者,其有忧患乎!

是故履,德之基也;谦,德之柄也;复,德之本也;恒,德之固也;损,德之修也;益,德之裕也;困,德之辨也;井,德之地也;巽,德之制也。

履,和而至;谦,尊而光;复,小而辨于物;恒,杂而不厌;损,先难而后易;益,长裕而不设;困,穷而通;井,居其所而迁;巽,称而隐。

履以和行,谦以制礼,复以自知,恒以一德,损以远害,益以兴利,困以寡怨,井以辨义,巽以行权。

忧患意识

易之兴也,其于中古乎!作易者,其有忧患乎!

最近大家常常谈到忧患意识的问题,很多人都写文章。我说忧患意识用不着写文章,不必因为方东美先生一提,大家便跟着来喊忧患意识。中国文化对忧患意识的看法,就是"人无远虑,必有近忧",两句话讲完啦!这就是忧患的道理。中国文化的人生哲学就是这两句话。若没有长远深入的思考,便会有不虞之事发生,所以人生永远都在忧患之中。谈到忧患,我在《失落的一代》一篇文章中早就讲过,为我们大家算八字,我们都是生于忧患,死于忧患。我们要能把自己埋在泥巴里,像打地基一样,要有把自己作基础的精神，后一代才有希望，大楼才能盖得起来。所以我们这一代是奠基础的，是"生于忧患，死于忧患"的八字。因此，忧患意识还有什么好讲的？不过，孔子在这里讲到了这个问题：

"易之兴也，其于中古乎！"有人考据，认为《易经》不是伏羲啊、黄帝啊作的，而是殷代以后的人作的，所以是夏商的文化，不是远古文化。他们引以为据的，就是这里孔子所讲的"易之兴也，其于中古乎"这句话，大家看是不是？孔子说的没有错呀！我说你们真笨，孔子说的"易之兴也"，并不是说易之作也，《易经》这个文化本来有，哪一个时代很流行、很兴盛呢？"兴"就是很流行、很兴盛。在孔子那个时候来说，中古时代就是殷商革命这个时代，是衰世时代。一般人把这个"兴"字当成了开始，这是很错误的。

孔子又说："作易者，其有忧患乎！""作易"并不是开始画八卦啊！是指作《易经·系辞》这个文章的。我们手边拿的这本《易经》是文王作的，文王当然是在忧患中作《易经》的，是他坐在牢里作的。文王坐牢并不是普通的坐牢啊！纣王随时都准备杀他。纣王把文王学问最好、道德最高、能力最强、最心爱的大儿子腌成肉酱，做成肉包子送给文王吃，看他学《易经》知不知道那是自己儿子的肉。文王明明知道，但也只有吃，因为不吃纣王便会杀了他。他内心的痛苦，当然是可以想象的。所以孔子在这里说，"作易者其有忧患乎"！是说人生在痛苦中懂得《易经》的道理。于是孔子便提出了履、谦、复、恒、损、益、困、井、巽这九个卦来加以解说。

成功的妈妈叫失败

是故履，德之基也；谦，德之柄也；复，德之本也；恒，德之固也；损，德之修也；益，德之裕也；困，德之辨也；井，德之地也；巽，德之制也。

"是故履☲，德之基也"，"履"就是走路。刚才我讲到一位同学几十年来没有站起来，没有立脚点，一个人活了一辈子，你问他的人生观是什么，他没有人生观。一个人应该知道自己要做个什么样的人。如果你想做个大少爷，学那"如果不做无益之事，何以遣此有涯之生"，也是个人生观。做个无聊的人也不错啊！如果你说你要做小偷，也是一个人生观，如果你想做武侠小说里的济贫神偷，也不错啊！你说你要做个郎中，做个赌城高手，你也总算有个人生观嘛！但是很多人没有人生观，一辈子没有站起来过。所以文学上形容这一类人是"浮沉于世间"，水高了就浮上来，水低了就沉下去，一般人就是这样，在人海中浮沉，没有立脚点。

所以孔子说"履，德之基也"，是德的基础。

"谦"☷，高山在平地下面，"谦"是一切要谦虚，所以"谦"是"德之柄也"，"柄"是把柄。

"复"☷，就是恢复，回来，"德之本也"，事情要回复到本来来讲。

"恒"☴，做事情要有恒，"恒"是"德之固也"，所以我们讲有恒为成功之本。

"损"☶，碰到挫折，碰到损害，碰到失败并没有什么可怕，失败了你就要更求道德的进步，所以是"德之修也"。

"益"☴，碰到好的自然是益了，益是很宽裕的意思，所以说"德之裕也"。

"困"☱，碰到困难才会深思，才会用思考，才能激励上进，所以说是"德之辨也"。

"井"☴，四面不通啦，自己要给自己一个范围。我们常说某个人没有人格。什么叫人格？人有个规格，你要做个什么样的人，你就要依那个规格去做。任何人都有个标准,如果没有一个风范,没有风格,这个人就完啦。所以"井,德之地也"。

"巽"☴,"巽"就是顺,顺着这个路走,就是"德之制"也,有制度。

这是孔子提出九个卦的忧患意识。无论时代是治世也好、乱世也好,人生必须具备这九个条件。忘记了立足点,不晓得谦退,碰到困难就灰心失望,在损益之间不知道利用。人人都怕失败,不知道失败是成功之母啊!所以失败的真正名字是成功,成功的妈妈就是失败。

"益",是我们追求的目标,但你光求利益是不行的啊!人生随时要给自己些困苦的,知道创业维艰,也知道守成不易。自己要时常检点,策励自己,约束自己,把自己捆绑起来,范围起来,这就是忧患的道理。所谓"困,德之辨也;井,德之地也"。做一件事情也是一样,一开始是"履",下面便是"谦""恒",以至于"巽"……孔子又解释道:

困穷而通

"履,和而至,谦尊而光",大家会常常看到人家"谦尊而光"的匾额,墓碑上也常看到的这四个字,意思是说这家的主人年龄很大,很有学问,也很谦虚,大家都很尊敬,他便是很有光辉。这就是从《易经》套用来的。

"履,和而至","履"就是人生开始的和第一步,"履"就要做到"和",能够和平,跟大家处得来,才能站起来。人与人之间不能做到和睦,不能与人相处就完了。

"谦,尊而光",你认为少拿一块钱就损掉自己的利益了吗?不知道今天少拿一块,说不定一年以后你会多拿一百万,这是很难讲的。越是谦退,越是尊贵。

"复,小而辨于物","复"就是回转来,一切回转来要求自己,也就是曾子的反求诸己。怎么回转来?譬如我们抽了这一支烟,这烟还有没有用?它会产生另一个作用,所以说"复,小而辨于物"。

"恒,杂而不厌",在一切最杂乱的时候,自己不受影响,不起厌恶之心,不中断,不放弃努力,这就是有"恒"。最困苦的时候,也还是一样地继续下去,不变初衷,那就一定会成功了。

"损,先难而后易",如果碰到困难,有了损害,就认为对自己不利,那是不一定的,因为祸福是相依的。

"益,长裕而不设",如果碰到益卦就是长久的好,但好得太久了,反而就会有问题出来。

"困,穷而通",困卦虽然代表了艰困,但这种艰困的环境反而可以砥砺我们上进,走出另外一条通路。

"井,居其所而迁",井就是范围,但范围并不是死的,要晓得变通,变迁,那就是进步。

"巽,称而隐","巽"者顺也,顺在哪里?在你不知不觉中。那是看不见的,你能做到前面所列举的这些,在你还没有看得见的时候,已经大成功了。这是第二种说明。

不择手段

前面第一节是讲整个卦用于做人做事,也包括了领导的学问,自修的学问。第二节是分析成功的因素,下面最后是说明九个卦的特性。

> 履以和行,谦以制礼,复以自知,恒以一德,损以远害,益以兴利,困以寡怨,井以辨义,巽以行权。

"履以和行","履"是走路,如何走路?"履以和行",做人要能与他人合得来。如果到处与人家合不来,一个人古里古怪的,那可以说没有路子好走了。你跟谁都合不来,你高你去高吧!古怪你去古怪吧!最后吃亏的还是你自己。所以一切要能与人相亲相合,"履"就是与人相合相处之道,所以说"履以和行"。

"谦以制礼",谦卦的道理是处处讲理,懂得礼貌就是"谦"。

"复以自知",复卦的道理,就是要回转来,研究自己,要有自知之明。失败了不能责备人家,自己要知道失败的原因。

"恒以一德",恒卦就是一,一心不乱,专一而不变的意思。

"损以远害",损本来是很坏的意思,怎么还远害呢?通常说吃亏就是占便宜,多做一点没有关系,因为受了损害之后,就没有事了。

"益以兴利",已经赚了钱,也要付出些。想把握"永远属于我的"这个想法,便非失败不可。

"困以寡怨",自己把自己画一个范围。人都是同情失败者的,你困难了以后,人家以为你已经倒霉了,也不骂你了,算啦!所以怨就少了。

"井以辨义",井是自己先有个范围,有个做人的规范,那就可以辨别义利了。义就是道理。

"巽以行权",懂了这些以后,道德基础有了,便可以懂得权变。我们平常讲的那个马丁·路德所说的"不择任何手段,完成最高道德",一般人只讲前一句"不择手段",没有注意到后一句"完成最高道德"。这一篇,就是讲人生最高道德的完成。

在我们《易经》文化里边,马丁·路德的这句话需要修正。根据《易经》这里所讲,应该是"选择手段,完成最高道德"。

上边这九个道理就是这个意思。何必不择手段呢?选择手段不是更高明一点吗?现在人都是讲西方文化,认为西方文化很有学问。谁家的孩子坐在门口读英文,哪怕他拿本英文书来玩,人家也认为这家孩子很有出息。如果谁家孩子坐在门口读《易经》的话,那一切就完啦!

第八章　易之为书也不可远

　　易之为书也！不可远；为道也屡迁，变动不居，周流六虚；上下无常，刚柔相易；不可为典要，唯变所适。

　　其出入以度，外内使知惧。又明于忧患与故。无有师保，如临父母。初率其辞而揆其方，既有典常。苟非其人，道不虚行。

万变不离其宗

　　易之为书也！不可远；为道也屡迁，变动不居，周流六虚；上下无常，刚柔相易；不可为典要，唯变所适。

孔子说："易之为书也，不可远"，《易经》这本书的学问，告诉我们些什么呢？"不可远"。它无论在任何情形下都会适合我们的人生，也就是说我们随时随地都离不开它的范围。换言之，它都在你的旁边，像宗教家讲的，上帝与你同在，这就是"不可远"。

同时这个意思也是说，《易经》这本书的学问是很浅近、很平凡的，是跟我们日常生活最切近、最有关系的学问，不是远在天边、高不可攀的。所以我们不可向很深远的方面去想，去求。换句话说，也就是禅宗所说的不可以"高推圣境"，不可以把圣人的境界高捧得太过了。因为圣人的境界也是很平易、很通达的。天地间越是了不起的学问，越是平易、平凡，这就是不可"高推圣境"的道理。

"为道也屡迁",你如用呆板的法则学《易经》,那就错了。《易经》这一门学问是活的学问,不是死的学问,也就是宇宙的法则。宇宙的法则没有永恒不变的。所以懂了《易经》的道理,也就懂了宇宙的法则随时在变。这也就是佛学所讲的"无常"。宇宙间的事不可能有一刻不变的,变就形成了我们平常说的"时与运"的问题。"时与运"在卦里很重要,看一个卦象,变要看时空两者的关系,时空是相对的,随时都在变动。

其实也不仅《易经》如此,一切学问都是一样。尤其我们做人做事,要懂得"变动不居",因为宇宙万物随时间空间而变化,一切现象都在变化。你要识变、适变,因此学《易经》、卜卦、算命,同样没有一个呆板的法则。如果有个呆板的法则,你要求的答案就不对了,你的判断一定不会准确的。

"周流六虚","六虚"就是上古文化中的六合,也就是上下四方。东南西北上下就代表了宇宙间的空间。这个道理就是无处不充满,也就是宗教家所讲的神、上帝无所在,无所不在。宗教家把它穿上宗教的外衣,便成了神。事实上无所在,无所不在充满法界,就是《易经》的"变动不居,周流六虚"。周是圆的,表示圆满充实。

"上下无常,刚柔相易",上下、下上是不一定的。比如说山地☷是剥卦,反过来地雷☷就是复卦了。站的位置不同,看的角度不同,观点就两样,现象就变啦。"上下无常,刚柔相易","刚柔"是阴阳,"相易"是变化,阴极阳生,刚极变柔。变来变去,就是:"不可为典要,唯变所适。"

所以学《易经》要特别注意,卜卦算命的方法不是死的。孔子告诉我们说"唯变所适",我们后人把孔子的像画得像个死人的样子,尤其宋朝以后的儒家把孔子讲得令人生厌。其实孔子非常活泼,《孔子家语》上讲的,孔子是"无可无不可"的。"无可无不可"

多滑头呀！他的道就是"不可为典要"，没有一个确定的事，时间有变化，空间也有变化。所以学《易经》的要记住下面"唯变所适"这一句话。看向哪个方面变。懂了这个道理，如果你当个领导人，领导一个团体，第一天到职一看，就知道这个单位哪些地方非变不可。"唯变所适"，只有变才能使它进步。

这几句话是这篇的结论。

> 其出入以度，外内使知惧。又明于忧患与故。无有师保，如临父母。初率其辞而揆其方，既有典常。苟非其人，道不虚行。

"其出入以度，外内使知惧"，一进一出有一定的法则。你懂了这个就知道宇宙万物随时在变，随地在变。但是变有一定的法则，不是乱变的。譬如我们坐在这里要想到外面去，一定先要站起来，一步一步地走出去，这就是变中一定的法则。所以在变的中间，外卦、内卦、外在、内在都要知道。做人做事当知天地宇宙随时在变，随时都要戒慎恐惧。譬如说危险，危险就在不危险的里头，但反过来，你看到并不危险，却随时会有问题。所以要"外内使知惧"，知道危险。

"又明于忧患与故"，同时要明白《易经》学问的精神，人随时都要注意到忧患。人没有一天是不生病的，如果有一天觉得很健康，便是生病的开始。大意一点就出毛病，人随时都在忧患之中，所以要"明于忧患与故"，明白它的原因，它发生在哪里。

"无有师保，如临父母"，《易经》这一门学问，并不是宗教，也不是科学，也不是哲学。但它又是宗教，又是哲学，又是科学，同佛学的最高处有相通之处。"无有师保"，没有人随时随地可以保护你，也没有人可以指导你，人一切只有靠自己，时时刻刻知道恐惧"忧患"。如临父母，就像随时随地都在父母的身边一样，那样的恭敬,那样的戒慎。实际上我们中华文化的人生哲学,就是这两句话,但不是宗教性的。《易经》的道理没有这些宗教外衣。当然,我们做一个人随时都在忧患中,没有人可以依赖,只有靠自己,"无有师保,如临父母",这是一个总结。

同时也是说明,当一个卦辞用之于卜卦的时候,只有靠自己的智慧来判断这个卦,不需要求菩萨、求神,要靠自己的智慧。

"初率其辞而揆其方,既有典常",关于《易经》的判断事务,不一定用卜卦,而是告诉大家平常做人做事的道理,所以叫做"不可远"。不要以为一定在卜卦的时候才能用到这个法则,我们现在本身就在卦中,乃至一举一动都在卦中。开始这卦一动,"率其辞而揆其方"。研究《易经》对《周易》这本书,一看它的卦辞、象辞、爻辞就可以知方,可以猜测研究它的方向。乍看它是不定的,但它有典常,"既有典常"。千古以来学《易经》的人很多,能不能达到最高的程度、最高的境界?这个不是靠菩萨、求上帝的,就是在你自己。"苟非其人,道不虚行",这个是在于"人道"、人的力量,你有这个智慧,就搞通了。你如果不是这个人,你学了死板的《易经》也没有用,这道就虚行了,是假的、空搞一场、白搞一场。

这是《易经·系辞》下传第八章的大概内容。后面大部分是判断《易经》,当然大部分是用之于人生哲学的。

第九章　原始要终　以为质也

易之为书也，原始要终，以为质也；六爻相杂，唯其时物也；其初难知，其上易知，本末也；初辞拟之，卒成之终。

若夫杂物撰德，辨是与非，则非其中爻不备。噫！亦要存亡吉凶，则居可知矣！知者观其彖辞，则思过半矣！

二与四同功而异位，其善不同。二多誉、四多惧，近也。

柔之为道，不利远者，其要无咎，其用柔中也。

三与五同功而异位，三多凶、五多功，贵贱之等也；其柔危，其刚胜邪。

原始要终

易之为书也，原始要终，以为质也；六爻相杂，唯其时物也，其初难知，其上易知，本末也；初辞拟之，卒成之终。

孔子说："易之为书也，原始要终"，《易经》这一部书，讲的什么卦呀、爻呀、变呀等等，看起来似乎是非常复杂的样子，实际上很简单。所以孔子认为《周易》这一部书所告诉我们的，从开始到最后，就是一个因果。任何事情都有它的因果，有开始就有结果。"以为质也"，质就是不虚假，上一章讲"道不虚行"，不是假的。它所指的是人生,是宇宙,可以摸得到,是可以求证,可以研究的。

如何来研究?研究的方法是什么呢?"六爻相杂,惟其时物也",我们如果研究《易经》的一个卦,就要看六爻的变动。六爻的变动是错综复杂的,六爻随时相杂,阴极则阳,阳极则阴,下面与上面,上面与下面,随时有关联,随时在错综复杂中起变化。

那么它的要点呢?"唯其时物也",是要我们把握时间空间,去应付倒霉的时候。时空把握得好,倒霉不一定是倒霉,把握得不好,幸福也不一定是幸福,"唯其时物也"!要如何把握这个时间空间,才能转祸为福,转败为功,立于长治久安之地,才是要紧的。

"其初难知,其上易知,本末也。"卜卦的时候,开始卜出来一个爻,很难断定这一个卦的发展如何。等到这个卦的六爻完成了,这个卦象也就全部明白了。这也就是说,天下任何事物都是始于微而后至于著。事物的始微是难知的,殆其已著,人人知之,所以说"其初难知,其上易知",这是本与末的关系。

"初辞拟之,卒成之终。"因此《周易》这一部书,文王作卦辞,周公作爻辞,孔子作象辞等等,"初辞拟之","拟"就是比量,是差不多,没有确定的,讲它是龙啊,讲它是象啊,讲它要发财啊。发财不一定是要赚一千万,少吃亏一点也是发财。这就是比拟之,"初辞拟之,卒成之终",最后是断它的结果。这是讲卜卦、用卦、断卦的法则。

杂物撰德

若夫杂物撰德,辨是与非,则非其中爻不备。噫!亦要存亡吉凶,则居可知矣!知者观其彖辞,则思过半矣!

我们卜卦问运气，问疾病，问出行……就是"杂物"。"撰德"就是结果如何？能不能得到等等。"辨是与非"，何谓是？何谓非？一个卦卜下来，如何判断卦的吉凶？这要看内在的变化，不是看外面，中间的四爻很重要。这四爻代表的意义，不仅仅是这四爻的吉凶，也是与全卦都有关联的。这是一个原则，也就是"非其中爻不备"的意思。

我们刚才讲过，拿六爻来讲，中间四爻最为重要。开始的第一爻是开始，最后的第六爻是结果，初爻开始是"其初难知"，最后的结果是人人皆知。不过我们要知道，乾永远是天，坤永远是地，所以乾坤两卦的变化不大。其他各卦中爻的变化就多了。

譬如我们随便举一个卦来看。我们看睽卦☲，下面是兑，兑为泽，上面是离卦，离为火，就是火泽睽。睽是睽违，如果夫妻两人来问情感，卜到此卦，那恐怕不很妙，说不定会闹婚变。纵不睽离，亦将反目，就是这个道理。

为什么会有这种情形出现呢？变化就在中间的四爻，乾卦☰的第三爻变，内卦便为兑卦☱，第五爻变☲，外卦便为离，成为火泽睽。乾为什么变成睽？就是因为中爻变了。所以说"杂物撰德"，"则非其中爻不备"。我们说错综复杂、交互卦，就是杂卦的道理，它的变化就在于中四爻的变化。什么叫交？什么叫互？我们过去已经讲得很多了，这里不再重复。

我们再看睽卦的交互卦。睽卦的第二爻到第四爻互为离卦，三爻到五爻互为坎卦，睽卦的交互卦便成了另一个与原卦截然不同的水火既济卦☲了。如果是朋友或夫妇卜到了火泽睽，当然是很不吉利的，今后是吉是凶，就要看它内部的变化了。如果内部变成了水火既济☲，夫妻过了一夜，第二天雨过天晴，就没有事了，因为它是水火既济，不会离开了。这个道理就告诉我们，任何一件事情，就要看中爻的变化。如果一个公司，一到火泽睽，那当然有问题；如果变成水火既济，那就变成二人同心，其利断金，再好也不过了。

同为中爻，内卦中爻与外卦中爻，其变化的影响力也不相同。内卦的影响力量大，外卦的影响力量小。同样地，我们做一个人，你不要问外边客观环境的影响如何，只问你内在身心两方面的变化，就可以知道其余的了。因为自己内心的变化，影响你身心的情绪，当然也影响你今后的遭遇。

所以做人也好，做事也好，"非其中爻不备"，要看中间的变化。就卦来说，就是中爻的变化，这是讲中爻交互变化的大概。如果卜卦呢？就要看动爻了，看中爻的变动会怎么样，所以下面孔子说：

"噫！亦要存亡吉凶，则居可知矣！""噫"，就是白话文中的感叹词。"亦要"是大概的意思，是一件事情重要之处。"则居可知矣！"懂了这个原理，可以不要卜卦了，你自己就已经可以知道了。这也就是我们过去常讲的善易者不卜。真把《易经》读通了，自己不卜卦，因为天地间的道理你全懂了。这在儒家叫"神而明之"。佛家呢？是"神而通之"。真正的神通是最高的智慧，是自己一开始就知道结果。孔子在这里加重语气说，明白了"存亡吉凶"，就不需要卜卦了，"则居可知矣"。

"知者观其彖辞，则思过半矣！"真正有智慧的人，读完了孔子《易经》的彖辞，"则思过半矣"，全部《易经》的道理、学问就搞清楚了。

未济的人生

二与四同功而异位，其善不同。二多誉、四多惧，近也。

我们仍看这个水火既济䷾卦。前面说过，火泽睽可以交互为水火既济，如果把水火既济颠倒过来，就变成火水未济了。《周易》这部书由乾坤两卦开始，最后是以未济作结束。其实，八八六十四卦全部都是未济啊！所以我经常告诉大家说，如果懂了未济，《易经》的全部道理你就懂了。《易经》这一部书是没有结论的。六十四卦最后是未济卦，什么道理呢？因为这个宇宙是做不了结论的，人生也没有结论的，历史也永远没有结论。宇宙永远发展下去，没有停止，所以是未济。很多年纪大的朋友常说，还有一年两年，等把这些事了啦就是去也安心啦！我也就跟他开玩笑说，老兄呀，你看看这个世界上，哪一个人是把事情办完了才走的？有没有？大家有没有看见过？永远没有，永远都是"未了"。二十多年前有一位忧时忧世的老兄跳楼自杀了。他自己写了一副挽联。上联说："国事如是，家事如是，如是是矣"；下联是："生也不了，死也不了，不了了之"。所以这世界的一切，都是不了了之。《易经》也是这样讲，政治呀，人生呀，都是没有结论的事。

如果我们以中爻来说呢？第二爻与第四爻，它们的功能相同，地位却两样。如果我们拿这个卦来看一件事情，先把火水未济上下卦分开，内卦就是坎卦。在坎卦的三个爻卦里，第二爻是居中位，又是阳爻，上面一阴爻，下面一阴爻，阳爻居中间，这是很好的现象。假使一个男的像鲁宾逊漂流到一个孤岛上，有两个小姐也漂到这个孤岛上来，这个男的一定非常吃香。相反地如果是离卦䷝，这个岛上有一个女人，两个男人，这两个男人就成为这个女人的仆人了，非做她的臣子不可。为什么呢？物以稀为贵，因为她得其中爻，得其中位。

现在如果拿六爻来讲呢？火水未济䷿第四爻是三五爻的中间，也是中爻卦。但是它与二爻不同。什么地方不同呢？位不同，空间不同，时间也不同。所以孔子在这里告诉我们，"二与四同功而异位"。将来断卦的时候,大家都要注意,二与四功能相同而异位。比方我们拿军阶来讲,一位上将,可以发表他当总司令,另一位上将从总司令调战略顾问。官阶都是上将,位置却不相同,这就是"同功而异位"。两个人官阶相同,但他们的待遇、地位却截然不同了,这就是"其善不同",遭遇完全不同,所以他们的结果也不一样了。同样是一位公司里的小职员,一位很获上级的赏识,经常派他出国考察;一位却默默无闻,在公司里埋头苦干。这也是"同功异位"的道理。

二与四

"二多誉、四多惧。"以中爻来讲,第二爻机会好。我们看乾卦的第二爻是见龙在田,利见大人,阳能从地上刚刚出来,那种情形多好,所以说"二多誉"。乾卦的第四爻是或跃在渊,等于一条鱼,是要跳上去呢?或是不跳上去呢?比方历史小说描写刘备三顾茅庐,诸葛亮出山不出山呢?不知道。等于你向一个小姐求婚,她点头不点头?不一定。这个时候恐怕你晚上都睡不着觉了,不像结婚后夫妇吵架那样威风。要知道求人的时候,也不晓得人家肯不肯点头,这就是"或跃在渊"!不一定,大家看看乾卦就可以懂了。

"二多誉",非常好。"四多惧",这一步要不要踏出来?如果踏出来,后面很好,可以锦上添花,更上一层楼;如果这一步走错了,后面便很不好,所谓一步错,全盘输,所以说"四多惧",很为难。

"二多誉、四多惧"下面,孔子说"近也"。近什么呢?这有很多种说法。有说二爻在一三爻之间,过去是靠近第一爻,未来则靠近最高的第三爻,前后都很相近。四爻也是这样,后退接近三爻,前进接近五爻,到了五爻,差不多已到了顶点,因为到了第六爻,整个卦都要变了。所以说"二多誉、四多惧，近也"。

另有说法认为，"近"是指内卦来说的，二爻在内卦之中，所以"近"；四爻在外卦，离内卦很远，不同意近五为惧的说法。

第三种说法，也是多数学者一致认同的，就是"近五"为惧。

不过我们可以确认的是：二之所以多誉，是因为它得中位，在内卦之中得时又得位，所以多誉；四爻便不同了，虽然四爻与二爻同在六爻的正位上（按六爻正位是初、三、五爻为乾位，二、四、六爻为坤位），也得三五爻之中，但就内外卦来说，四爻是属于外卦之初，所以说"同功而异位，其善不同"了。

柔与中

> 柔之为道，不利远者，其要无咎，其用柔中也。

读了《易经》的人，最高明的是孔子，孔子的老师老子也很高明。老子之道是重于用柔、阴柔，阴者柔也，就是柔道，这与后世所谓的阴阳家是不同的。在拳术里边，最高明的是好像没有打你，结果却把你打倒了，那就是柔道。"柔之为道，不利远者"，二、四这两爻是阴的，不像阳刚可以攻击很远。但是我们中国以阴柔之道相处，就永远不会有毛病。为什么呢？"其用柔中也"。用柔要得其中，柔是温的，冷是阳刚的，以柔取中位，没有不成功的。最近台湾学者非常推崇日本德川幕府，都认为它非常成功，德川幕府始终是用柔成功的。如果是打仗，那又不同了，用柔用中，装窝囊，再以大吃小，然后成功了。这就是"其用柔中也"的道理。

不过用柔要有耐心，要能等待，如果德川不活到七八十岁，他也看不到成功的，这也是天命。如果丰臣秀吉活到七十岁，那德川的成功连影子也没有。看来一切都有定数，"其用柔中也"是原理、原则。这里我要告诉大家，用阴柔如果没有学对，就会变成阴险了，这点要特别注意。

三与五

> 三与五，同功而异位，三多凶，五多功，贵贱之等也；其柔危，其刚胜邪。

"三与五，同功而异位。"第三爻、第五爻，上下交互卦。"三多凶"，因为三爻是内卦的最上爻。五爻呢？以六爻卦而论，它仍然在中位，所以"五多功"，是成功的阶段。各位学《易经》要懂得，最重要的是时空的关系，时间不同，空间不同，位置不同，结果也不同。像大家交朋友，你的中学同学，你们是好朋友，尽管打打闹闹没有关系。可是现在他已经当了总司令，你还是少校中校一个，或者他已经当了部长，你还是两毛二的小警官。你不要认为他是你的好朋友，你还过去拍拍他的肩膀，那你就完字下面加一个"蛋"，就完蛋啦！那个肩膀绝不能拍的，这个时候你看到他要鞠躬敬礼了。为什么？"贵贱之等也。"

所以历史上做皇帝的杀功臣，那是必然的。一般人没有当过皇帝，不会懂，人到了某一个位置就不同了。像朱元璋当了皇帝，想起他种田的朋友，把他们都找来，文武百官都三跪九叩，群呼万岁。那些老朋友们，如果心中还认为：朱元璋算什么！那时候我还不是踢过他的屁股！现在你再踢踢看，小心你的脑袋会搬家。这就是"贵贱之等也"。不要以为你们曾经是朋友，时位不同了，朋友也不一样了，位置不同，你就不能当朋友看了。所以学了《易经》，也是蛮滑头的。

"其柔危，其刚胜邪。"二用阴柔，三五是用阳刚，不能用阴柔。所以《易经》不是绝对用阴柔的，也用阳刚，"变动不居，其为道也屡迁"。那是不一定的，我们刚才说德川幕府用阴柔，它完全用阴柔吗？不一定的，它也用阳刚。用处不同，贵贱不等的原故。所以《易经》搞通了，用得好时，它是帝王之学、领袖之书，用得不好时那也很可怕。这是第九章，重点在研究《易经》各爻的作用及精神。

第十章 广大悉备

易之为书也,广大悉备:有天道焉,有人道焉,有地道焉。兼三才而两之,故六。六者非它也,三才之道也。

道有变动,故曰爻。爻有等,故曰物。物相杂,故曰文。文不当,故吉凶生焉!

三才之道

各位知道伏羲画的八卦只有三爻,后来为什么变成六爻?孔子在《系传》里讲过:"因而重之",因为三画卦不够用,所以把它重叠起来以便运用。从这个六便可以看出我们祖宗文化的伟大了。到现在为止,世界科学的发展,一切的应用,不管物理化学等等,还没有超过六位的。老子讲的"道生一,一生二,二生三,三生万物",只讲到先天的三画为止,也是从《易经》出来的。

到了文王手里,为了后天的用,所以才"因而重之",变成了六爻。我们看宇宙的构成,也是三个位数,宇宙构成以后有了万物,它的运用仍然不出六位。

易之为书也,广大悉备:有天道焉,有人道焉,有地道焉。兼三才而两之,故六。六者非它也,三才之道也。

天地人谓之三才,这是我们中国文化几千年来的根本。后世的皇帝称天子,皇帝虽然有无上的权威,但他不敢超于天。站在人道的立场,他仍然是人,还是一样要跪下来参拜天地,称为天子,自己当了上天的孩子。这就是三才之道。

天地人是宇宙的三才,三样最重要的材料。假使有天地,没有了这个"人",宇宙便不会热闹得这么有趣味了,也不会有"总统府"、中山楼、世界大战了。这都是人闹出来的,在中华文化中,人的价值与天地并存,可见中华文化把人的地位提得很高。我们过去的文化、教育都从这里来,大家要了解它。

"兼三才而两之,故六。"天地人三才为何兼而两之?因为三才是阴阳相对的,三二得六,所以"兼三才而两之"。

"六者非它也,三才之道也。"宇宙间一切都是相对的,同理,天地人三才,因为有阴有阳,有体有用,所以"因而重之",就变成了六爻。《易经》的卦一定要画六爻,就是这个道理。

> 道有变动,故曰爻。爻有等,故曰物。物相杂,故曰文。文不当,故吉凶生焉!

宇宙的法则,天地人随时在变,随地而变,永无停止地在变。不但如此,而且还交互地变,错综地变,因为交互变,所以就有了交,交就是爻,所以古人说,爻者交也。

"爻有等,故曰物。"变动中间就分出了等级,有了等级等第,就有个东西在,那就叫做物。物包括物质的、物理的等等的一切。

"物相杂,故曰文。"万物因为变动不居,故都有相杂,金木水火土,随处相杂。譬如水跟火相杂,水多火就熄了,火多水就干了,水与火相杂,产生了人类的文明与文化。

"文不当,故吉凶生焉!"人类的文明与文化要永远掌握在人的手中,才是正途。拿《易经》的道理来讲,无论科学发展到什么程度,运用科学的还是我们"人",也就是科学被人类所用。但是现在很可怕了,也很不幸,人已被科学所利用了,这就是《易经》说的"文不当"。"文不当故吉凶生焉!"科学的发展,对人类而言,不是大好,就是大坏。就今天的发展来看,人类的浩劫恐怕快要来了。为什么我们敢这样说?是根据《易经》的道理看到的。

第十章是研究《易经》理论的。后世有一派学者,专门用《易经》来研究历史的变化。宋朝邵康节的《皇极经世》这部书,就是专门研究历史哲学的。现在市面流行的《推背图》《烧饼歌》之类的书很多,过去帝制时代都封锁在皇宫大内,八国联军到北京,这些书才流传到外边。因为这些主要是预言历史变化的,过去是禁止一般民众阅读与研究的。

第十一章　易之兴也

易之兴也，其当殷之末世。周之盛德邪！当文王与纣之事耶？

是故其辞危。危者使平，易者使倾，其道甚大，百物不废，惧以终始，其要无咎，此之谓易之道也。

医世的学问

易之兴也，其当殷之末世。周之盛德邪！当文王与纣之事耶？

第七章谈到"易之兴也，其于中古乎？作易者其有忧患乎"？这里说"易之兴也，其当殷之末世，周之盛德邪"！孔子研究《易经》认为，《易经》的学问最发达的时候，也就是殷朝末年、周朝革命的时候。最为兴盛是文王坐牢时候的著作，因此才叫《周易》。

是故其辞危。危者使平，易者使倾，其道甚大，百物不废，惧以始终。其要无咎，此之谓易之道也。

"是故其辞危"，所以它用的辞句都是真话，实实在在的直言。危是直言不阿的意思，当然也含有危险的意思在内，在这里不完全作危险讲。

"危者使平"，正面的道理是要求天下太平。

"易者使倾"，易就是变动，变动中容易倒下来。不希望他倒下来，便要把它扶持起来。

"其道甚大"，所以就历史来讲，这里边包藏的学问非常的大。

"百物不废，惧以终始"，文王研究《易经》所得的结论，也就是这八个字。所谓"百物不废"，就是一切万物之间互相都有一种关系存在。但是有一点很重要的是：人与天地万物之间时时都要谨慎小心，这就叫做戒慎恐惧。宗教家所讲的"戒"，并不是条文，随时小心就是戒，做人要随时在戒慎恐惧中。儒家的学说就在发挥这四个字的道理。

"其要无咎，此之谓易之道也。"戒、慎、恐、惧，并不是要我们终日生活在恐怖害怕中。如果那样，这个日子便活不下去了。事实上，也用不着这样。"其要无咎"，自己心中寂然不动，永远是太平的，"此之谓易之道也"《易经》所告诉我们《易经》的道理，就是这样。

这一章的文字很容易懂，很浅易明白。换言之，就是帝王领导学的中心。其中最重要的只有两句话，就是"危者使平，易者使倾"，这就是最高的帝王领导学，使不平的能够平，使要倒的国家社会不要倒。这个中间的道理、学问、方法，"其道甚大"，大太多了。

"百物不废，惧以终始，其要无咎。"这就是处处做到没有毛病，能够做到没有毛病，"其道甚大"，这个中间的学问太大了。所以后人称《易经》的学问是医世之学，道理就在这个地方。

第十二章　夫乾天下之至健也

夫乾！天下之至健也，德行恒易以知险。夫坤！天下之至顺也，德行恒简以知阻。能说诸心，能研诸侯之虑，定天下之吉凶，成天下之亹亹者。

是故变化云为，吉事有祥，象事知器，占事知来。天地设位，圣人成能，人谋鬼谋，百姓与能。

八卦以象告，爻彖以情言，刚柔杂居，而吉凶可见矣！

变动以利言，吉凶以情迁，是故爱恶相攻而吉凶生，远近相取而悔吝生，情伪相感而利害生。

凡易之情，近而不相得，则凶，或害之，悔且吝。

将叛者其辞惭，中心疑者其辞枝，吉人之辞寡，躁人之辞多，诬善之人其辞游，失其守者其辞屈。

乾健　坤顺

夫乾！天下之至健也，德行恒易以知险。夫坤！天下之至顺也，德行恒简以知阻。

"夫乾！天下之至健也。"乾代表天，也就是宇宙的功能。宇宙能够生出万物，是其本来的功能，是无声无相的。给它一个代号，《易经》叫它做"乾"，这就是"天下之至健"，大家都叫它神，或者如来。我们中国《易经》文化不用宗教名词，只用一个逻辑的代号,这个代号叫做"乾"。

孔子认为乾卦的德行是"恒易以知险"。什么叫做"德行"呢?"德行"就是道德行为的功能。乾卦的性质,代表了宇宙万物最初的功能,是很平常、很容易的,像是饿了就知道吃,男女结婚就会生出小生命来,一粒种子埋在土里就会发芽、开花、结果……这些都很平常。可是如果你要仔细地去研究,那就太复杂了。乾卦代表的道理,是非常平易的,但是平易之中也有不易的,看似与人无忤,平平常常、了无风波,却不知四面八方已经危机重重了。譬如一颗种子埋在土里,不一定会抽芽,不一定会开花,也不一定会结果,它随时会有意外,会有变化。一旦遭遇变化,有了变故,便一切都完蛋了!这些我们都要知道。因此孔子提示我们,乾卦的道理是"恒易"的,但也是"至险"的。

坤卦代表了大地,代表了女性,也代表了柔顺,是"天下之至顺者"。它的性能德行是"恒简"的,说明了宇宙间的道理是很简单的,并不是那么高深幽远,而是人人易知易行的。虽说非常简单,但我们不要忘了,天地的道理越是最简单的,越是难懂,简单到了极致,虽然圣人亦有所不知了。就像研究科学的,或东西方人类的一切学问,包括宗教、哲学、科学的等等,都是围着一个目标在转,就是解决人类身心性命的问题。可是人类的文化到现在为止,无论宗教也好、科学也好,对人类的生命来源问题,始终解决不了。虽然科学家、宗教家都有自己的说法,但都是自说自话,并不能获得大家的公认。又如吃饱饭肚子不饿,这个大家都知道,但是米、麦子是哪里来的?谁也不知道。

可见宗教哲学、科学都有无法解开的难题,都有不知道或搞不清楚的一面,这是第一层的道理。

第二层的道理,是乾坤两卦在领导上的原则问题。

乾卦是"天下之至健也",当老板、当领袖的人,他的性能是

"恒易以知险"。譬如我们有本钱,开个公司非常容易,但是随时都有危险,这些在今天国际经济瞬息万变中,更是看得很明白。

乾卦代表老板,坤卦代表干部。坤卦是"天下之至顺也",所以当部下的,是听命行事。听命也不容易。"恒简以知阻",看着很简单,但是你要知道,由于公司业务开展,老板的心情,同仁的想法,以及个人在工作中的想法与做法,随时会有险阻艰难摆在面前。《易经》要我们随时注意,所以后世有人讲,《易经》与老庄合起来,是最高的帝王学、领导学,也是最高的谋略学。这个说法不无道理。

人心天心

> 能说诸心,能研诸侯之虑,定天下之吉凶,成天下之亹亹者。

懂了《易经》,才懂得领导,才可以做领袖。当领袖并不一定当皇帝,诸凡单位主管、家长、父母,都是领袖。做领袖的第一个条件,就是"能说诸心",要能使人心服口服,那不是"命令"就可以办到的,要先从自己内心做起。你的一切措施、作为,不能只为自己着想。所以孔子要求领导者要"能研诸侯之虑",要能知道别人想的是什么。除了天下的诸侯外,还有其他的部属,他下面各级的领导人……都各有思想,各有需要。能够把这些都研判清楚了,然后再综合起来做出决定,那就很妥当、很完善、很简单,就可以"定天下之吉凶,成天下之亹亹者",就能完成你伟大的功业。

这是孔子赞叹《易经》的伟大与重要,我们必须要懂。当然真懂了《易经》也很倒霉,一个人会永远陷在忧患中,痛苦中,没有什么好处。但是一个真正的领导人,必然是永远在忧虑中的。前面我提到，最近报纸上拼命发表文章，谈忧患意识这一类问题，我说忧患意识是少数人的事，你要一般老百姓都来同忧患是不可能的。像舞厅里，灯光一暗，音乐一响，闭上眼睛婆娑起舞的人，要他们这个时候有忧患意识是办不到的。跳舞喝酒就是寻求欢乐，怎么能要他们去忧患？忧患是舞厅老板们的事，这个月生意好不好，赚钱够不够开支？老板才有忧患意识。老百姓有什么忧患意识？只要活得快乐就行啦！要天下人同一忧患，很难！

是故，变化云为，吉事有祥，象事知器，占事知来。

所以你懂了《易经》的领导原理，知道人事、万物随时随地都在变化，"云"就是说话，"为"就是动作，"变化云为"，事实上是四个阶段："变"是变，"化"是化，"变"是原则，"化"是影响，"云"是说话，"为"是进行。思想领导行为，所以"变化云为，吉事有祥"，一个真正好的领导人，懂了《易经》"变化云为"的原则，就到处有吉祥，万事顺利。"吉事有祥"，好事就有吉祥、有感应。感应是由哪里来的？是上天做主吗？菩萨做主吗？都不是。是由我们人为来的。我们学过《易经》，就知道是"寂然不动，感而遂通"，是由心物交感而来的。中国的政治哲学，人心就是天心。所以《书经》上说："天视自我民视，天听自我民听。"上帝在哪里？菩萨在哪里？就在人们的心里，大家看得到的，就是天心；大家心里的意见，就是上帝的意见，这就是中国文化。菩萨、上帝就在你的思想里，没有你就没有菩萨、没有上帝。这就是"吉事有祥"的道理。

识人的才能

"象事知器，占事知来"，《易经》这一门学问，就像一个卦，这个卦有卦理、有卦象，象就是卦的现象，"象事"的意思就是现象，是人事同物理世界的事。过去中国所用的东西，雕一块玉也好，做一个古董也好，都是根据《易经》来的。那些工业设计的哲学，"象事知器"，与制器尚象都是同一道理。抗战时期在重庆住过的人，都知道北碚，那里有个铜盆叫做鸣器，像个洗脸盆一样。这个铜盆放在水里头，倒进去水以后，用手轻轻的一摸，便会发出一种美妙的音乐，非常好听，这就是根据《易经》的原理制作的。当时外国人、本国人去参观的很多，至于什么道理？谁也不知道。这一类奇奇怪怪的东西，在中国《神仙传》里多得很。再如过去的建筑设计，房屋上安装一个兽，那个兽不是现在房子上的这些，现在的都是乱搞。过去要按规矩，放在屋顶的跟放在屋檐的都不一样。这就是"象事知器"，跟古埃及的文明一样，中国这一类的事情非常之多。

"占事知来"，算命卜卦就是占事，懂了《易经》，遇到事情一占就看到了未来。平常我们说兆头，兆头就是占事。换句话说，占也是一种领导学，帝王要懂得领导学，便一定要懂得《易经》，然后所讲的话，所做的事，才能"吉事有祥"。做领导的人，一切行为都要战战兢兢，不能做一点坏事。所以做领导的人很麻烦，被领导最好，就像平常所讲的一个人被爱才是最幸福的，爱人是痛苦的，所以要永远被爱。人生最幸福的就是一辈子做儿女、做学生的人，当老师并不舒服。

所谓"变化云为，吉事有祥"，就是尽做好事，不能做一点坏事。这就是领导哲学。"象事知器"就是说能认识人，会看相等等。最近谈到一个朋友，他一辈子做事，从不马虎一点，就是写一张便条纸，也没有一笔是马虎的。从这个地方就可以看出来他是一个什么样的人，他的器具如何了，这就是"象事知器"。

清朝的李鸿章，有一次介绍了三位青年给曾国藩。当时曾正在吃饭,理也没有理,吃了饭便出去散步啦。他的左右问他,什么时候可以召见这几个人?曾国藩说:这三个人,我已经看过啦,其中一个姓刘的要好好培养,将来是国家的栋梁之才(那个人就是刘铭传);一位很拘谨的可以做军需;另外一位最好请他回家,等他父母百年以后再用,因为他会当烈士的。后来果然如曾国藩所说,这就是"象事知器"。看一个人处理一件事情,就可以知道他的前途,看出他的一生了。所以常常有些人,不必看他办事,只听他讲话,就已经知道他的一生了。

"占事知来",就是知道事情的未来结果。有些人坐立不安,有些人很安详,很从容,这些都是观察一个人要注意的事项。

人人都是诸葛亮

> 天地设位,圣人成能,人谋鬼谋,百姓与能。

这是《易经》最高的哲学境界,也同帝王领导学有关。天地宇宙的定位,天总归是天,地永远是地,改变不了的,所以说"天地设位"。天地也有缺陷,天地的缺陷由谁来弥补呢?由人来补。天地人谓之三才。得道的圣人,能够以他的智慧和能力,来弥补天地的缺陷,所以说"圣人成能"。换句话说,得道的圣人也善于用"天地"。乾坤两卦的用九用六,就是这个意思。

"人谋鬼谋,百姓与能",人的智慧是看得见的,鬼的智慧是看不见、不可知的。不可知的一面永远是不可知吗?也不一定,"百姓与能",任何一个平凡的人都会知道。所以一个做领导的人,不管你有多么高的才能,头脑好得跟诸葛亮一样,用尽了心思,所打的主意,正如古人所说的司马昭之心,路人皆知,因为天下没有一个笨人。人的聪明都差不多,智慧最高的,最聪明人的反应,最快的只有几秒钟，次一点的几分钟，笨的人到死了他还不知道，那是很笨的啦！一种谋略不管骗人的也好，救人的也好，聪明人当下知道，笨的人也许过一会才知道。后人研究曹操跟诸葛亮的聪明相等，只差几分钟而已。可是"人谋鬼谋"呢？并没有什么了不起，个个都可以知道，就是"百姓与能"。普通人也可以懂得宇宙，也可以未卜先知。懂了这个道理，就知道我们普通人为什么要研究《易经》了。

八卦以象告，爻彖以情言，刚柔杂居，而吉凶可见矣！

"人谋鬼谋"，因为宇宙有不可知的一面，所以求之于八卦。八卦就是八个大的现象，"八卦以象告"，从卦的现象（例如坎代表水，离代表火等），可以找出你的答案。"爻彖以情言"，彖辞与爻辞是用文字来表达吉凶之情的。因为有了爻辞、彖辞，所以"百姓"才能"与能"，一般人才能懂得卦里的情况与未来的发展。

"刚柔杂居，而吉凶可见矣！"每一卦爻辞与彖辞的内容也都阴阳毕具、刚柔杂陈，加以复杂的变化，在这个中间"吉凶可见矣"！就可以知道吉凶了。

爱恶相攻

变动以利言，吉凶以情迁，是故爱恶相攻而吉凶生，远近相取而悔吝生，情伪相感而利害生。

凡易之情，近而不相得，则凶，或害之，悔且吝。

人类为什么会信仰宗教？为什么要卜卦去求不可知的一面？为什么八卦每一卦都谈变动？这都是就人类自身利害与需要有关者而讲的，也就是"变动以利言"。而吉凶呢？则是根据人类心理的需要而定。同是一卦，在你看起来是大吉，在我看起来说不定是大凶；在别人看起来是大凶的，在我用起来说不定却是大吉的。所以说吉凶是因个人的需要而定，人们对变动的看法是着眼于利害关系的，"吉凶以情迁"，是看个人心理情绪的需要来讲的。

《易经》最后还是回到人文文化上来。什么情况才叫吉与凶呢？"爱恶相攻而吉凶生"。你不喜欢，给我好了，对你是大凶，因为你不喜欢嘛！你厌恶它，而我喜欢它，我们两个爱恶相反，爱恶因矛盾而相攻，吉凶由爱恶心理而来。孔子研究《易经》到这里，所得的结论是：世界上没有绝对的吉凶，没有绝对的善恶，没有绝对的是非，也没有绝对的好坏……一切都是跟着人文文化，跟着人们的需要来的。所以"爱恶相攻而吉凶生，远近相取而悔吝生"。肚子饿的时候面包摆在面前就很喜欢，不饿的时候摆在面前便很讨厌；需要的时候，一伸手就拿得到就很高兴，需要而得不到会很痛苦，所以"远近相取而悔吝生"。其道理就是如此。

"情伪相感而利害生"，"情"就是真实的，"伪"是虚情假意的。一个人不要只听一句话"我爱你"便高兴起来，有时候这句话是真的，有时候是假的。"情伪"互相有感应，其实都不能骗人，也骗不了人的。"情伪"互相感应而发生利害关系，这是孔子研究《易经》的最后的报告，非常重要。

> 凡易之情，近而不相得，则凶。或害之，悔且吝。

我们研究《易经》以后，了解了人情世故，《易经》所谓的人生，"近而不相得则凶"。譬如夫妇两人刚结婚好得不得了，那当然是大吉大利了，最怕是"近而不相得"，那便是凶了。所以我也经常告诉大家，打垮自己的人，不是敌人而是你自己或最亲近的人。如果"近而不相得"，就是说越亲近越不能合作，这是最坏的最危险的。因而变成大害，即使不至于大害，但至少也是悔吝，那就很糟糕了。这些都要注意。

下边孔子讲看相的道理。

相由心生

将叛者其辞惭,中心疑者其辞枝,吉人之辞寡,躁人之辞多,诬善之人其辞游,失其守者其辞屈。

一个人将要背叛你的时候,听他讲话的声音就知道了。他的话尽管讲得好听,但语气里头一定有许多歉然,随时都有惭愧之意流露出来。古人说:"心不负人,面无惭色。"他要想背叛你的时候,言行都有亏欠之意,无论如何都掩饰不了的。

"中心疑者其辞枝"。这个叫心相,不是面相,不是看鼻子眼睛的,由心而发的,便叫心相。中心有疑惑的人,他讲的话是"枝",就是不谈正题,说了半天,讲了很多理由,事情结果如何?没有说,永远不作正面回答,这就是"中心疑者其辞枝"。

"吉人之辞寡"。凡是大英雄大豪杰,成大功的人都不会乱说话的,一个共同的特点,都是"沉默寡言"四个字。话多的人,叽叽喳喳的人,不管他的命多好,也已经被他叽喳完啦!所以成功的人一定是沉默寡言的,很少讲话,要讲话一定简单明了,就是"吉人之辞寡"。

"躁人之辞多"。粗躁的人话就多啦!经常听他叽叽喳喳半天,不晓得他到底说的是什么,永远没有中心思想。

"诬善之人其辞游"。诬陷人家时,他讲的话游移不定,多在两可之间。你问他是真的吗?他会说我听人家这么说的,你说靠不住,他又说不过、但是、恐怕、说不定……一大堆。总之,似是而非,似非而是,欲加人罪而不负责的游移其辞。

"失其守者其辞屈"。"失其守者"，就是离开了他的本位，放弃了他的立场，放弃了他的职守。你问他话时，他总是支支吾吾的。"其辞屈"，理不直、气不壮，唯唯诺诺的样子。

孔子讲完了《系传》，为什么来一段看相的道理？这几句话同《易经》没有关系，把很多不相干的话夹在一起，所以才使后世对《系传》乃至《十翼》有很多不同的看法。有说是孔子作的，有说是孔子学生记录的，也有人说是后世伪造的……不一而足。我们看了这一段，就可以知道后人为什么有这么多的疑惑了，这一段到底与《系传》有没有关系呢？恕我卖个关子，大家不妨推敲推敲看。

这就是我到今天为止对《系传》讲解的观点，不可以为典要。

南怀瑾先生著述目录

1. 禅海蠡测　（一九五五）
2. 楞严大义今释　（一九六〇）
3. 楞伽大义今释　（一九六五）
4. 禅与道概论　（一九六八）
5. 维摩精舍丛书　（一九七〇）
6. 静坐修道与长生不老　（一九七三）
7. 禅话　（一九七三）
8. 习禅录影　（一九七六）
9. 论语别裁（上）　（一九七六）
10. 论语别裁（下）　（一九七六）
11. 新旧的一代　（一九七七）
12. 定慧初修　（一九八三）
13. 金粟轩诗词楹联诗话合编　（一九八四）
14. 孟子旁通　（一九八四）
15. 历史的经验　（一九八五）
16. 道家密宗与东方神秘学　（一九八五）
17. 习禅散记　（一九八六）
18. 中国文化泛言（原名"序集"）　（一九八六）
19. 一个学佛者的基本信念　（一九八六）
20. 禅观正脉研究　（一九八六）

21. 老子他说 （一九八七）

22. 易经杂说 （一九八七）

23. 中国佛教发展史略述 （一九八七）

24. 中国道教发展史略述 （一九八七）

25. 金粟轩纪年诗初集 （一九八七）

26. 如何修证佛法 （一九八九）

27. 易经系传别讲（上传） （一九九一）

28. 易经系传别讲（下传） （一九九一）

29. 圆觉经略说 （一九九二）

30. 金刚经说什么 （一九九二）

31. 药师经的济世观 （一九九五）

32. 原本大学微言（上） （一九九八）

33. 原本大学微言（下） （一九九八）

34. 现代学佛者修证对话（上） （二〇〇三）

35. 现代学佛者修证对话（下） （二〇〇四）

36. 花雨满天　维摩说法（上下册） （二〇〇五）

37. 庄子諵譁（上下册） （二〇〇六）

38. 南怀瑾与彼得·圣吉 （二〇〇六）

39. 南怀瑾讲演录二〇〇四—二〇〇六 （二〇〇七）

40. 与国际跨领域领导人谈话 （二〇〇七）

41. 人生的起点和终站 （二〇〇七）

42. 答问青壮年参禅者 （二〇〇七）

43. 小言黄帝内经与生命科学 （二〇〇八）

44. 禅与生命的认知初讲 （二〇〇八）

45. 漫谈中国文化 （二〇〇八）

46. 我说参同契（上册） （二〇〇九）

47. 我说参同契（中册） （二〇〇九）

48. 我说参同契（下册） （二〇〇九）

49. 老子他说续集 （二〇〇九）

50. 列子臆说（上册） （二〇一〇）

51. 列子臆说（中册） （二〇一〇）

52. 列子臆说（下册） （二〇一〇）

53. 孟子与公孙丑 （二〇一一）

54. 瑜伽师地论 声闻地讲录（上册） （二〇一二）

55. 瑜伽师地论 声闻地讲录（下册） （二〇一二）

56. 廿一世纪初的前言后语（上册） （二〇一二）

57. 廿一世纪初的前言后语（下册） （二〇一二）

58. 孟子与离娄 （二〇一二）

59. 孟子与万章 （二〇一二）

60. 宗镜录略讲（卷一至五） （二〇一三至二〇一五）

61. 南怀瑾禅学讲座（上） （二〇一七）

62. 南怀瑾禅学讲座（下） （二〇一七）

打开微信,扫码观看
《复旦大学出版社南怀瑾著作出版纪程》视频

打开微信,扫码观看
南怀瑾先生授课原声视频

打开微信,扫码听南怀瑾著作有声书

《论语别裁》有声书

《易经杂说》有声书

打开微信,扫码看南怀瑾著作电子书

《老子他说》电子书

《金刚经说什么》电子书

购买南怀瑾先生纸质图书,请打开淘宝,扫码登陆
复旦大学出版社天猫旗舰店

图书在版编目(CIP)数据

易经系传别讲/南怀瑾著述. —上海：复旦大学出版社, 2018.8(2024.4 重印)
ISBN 978-7-309-13889-4

Ⅰ.①易… Ⅱ.①南… Ⅲ.①《周易》-研究 Ⅳ.①B221.5

中国版本图书馆 CIP 数据核字(2018)第 196069 号

易经系传别讲
南怀瑾 著述
出 品 人/严　峰
责任编辑/邵　丹

复旦大学出版社有限公司出版发行
上海市国权路 579 号　邮编：200433
网址：fupnet@fudanpress.com　http://www.fudanpress.com
门市零售：86-21-65102580　团体订购：86-21-65104505
出版部电话：86-21-65642845
上海四维数字图文有限公司

开本 787 毫米×960 毫米　1/16　印张 25.75　字数 306 千字
2018 年 8 月第 1 版
2024 年 4 月第 1 版第 8 次印刷

ISBN 978-7-309-13889-4/B·671
定价：49.80 元

如有印装质量问题，请向复旦大学出版社有限公司出版部调换。
版权所有　侵权必究